COUP D'ŒIL

SUR

L'ARMÉNIE

A PROPOS D'UNE MISSION DE LA COMPAGNIE DE JÉSUS

OUVERTE EN ASIE MINEURE PAR LES ORDRES DU PAPE LÉON XIII

PAR

LE P. DE DAMAS

De la Compagnie de Jésus

L'OUVRAGE EST EN VENTE :

AUX BUREAUX DES *MISSIONS CATHOLIQUES*
Lyon, 6, rue d'Auvergne, 6, Lyon

ET

CHEZ MM. DELHOMME ET BRIGUET, ÉDITEURS

LYON	PARIS
Avenue de l'Archevêché, 3.	Rue de l'Abbaye, 13.

1887

COUP D'ŒIL
SUR
L'ARMÉNIE

COUP D'ŒIL

SUR

L'ARMÉNIE

A propos d'une mission de la Compagnie de Jésus,
ouverte en Asie-Mineure,
par les ordres du Pape Léon XIII

Par le P. DE DAMAS

De la Compagnie de Jésus

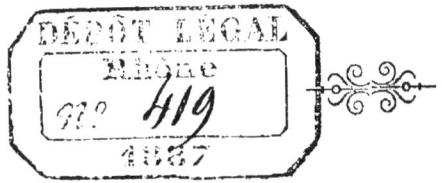

L'OUVRAGE EST EN VENTE :

AUX BUREAUX DES *MISSIONS CATHOLIQUES*

Rue d'Auvergne, 6, LYON

ET

CHEZ MM. DELHOMME ET BRIGUET, ÉDITEURS

LYON || **PARIS**

Avenue de l'Archevêché, 3 || Rue de l'Abbaye, 13

—

1887

EXPOSÉ DU SUJET

Au mois de mai 1881, un Religieux de la Compagnie de Jésus quittait Paris. Il allait à Constantinople ouvrir une maison de procure destinée à servir de point d'attache à une mission en Arménie.

Le Souverain Pontife Léon XIII l'avait ainsi ordonné. Du siège élevé où Dieu l'a placé pour veiller aux intérêts du monde, le Pape avait tourné ses yeux vers l'Orient. Il y avait cherché une nation intelligente et active, capable d'entendre la vérité, de l'accepter d'abord, et d'en promener ensuite le flambeau des rivages de la mer Noire au golfe Persique, de ceux de la Méditerranée aux bords de l'Euphrate et du Tigre, jusqu'aux extrêmes limites de la Perse, et au delà.

Les Arméniens fixèrent ses préférences. Ils sont effectivement doués d'intelligence, d'une activité merveilleuse, et d'une force d'expansion sans égale. Ils se retrouvent partout, en Russie et en Perse comme à Constantinople, et conduisent leurs caravanes jusqu'en Chine et au Japon.

Le Pape espéra que, s'ils étaient catholiques, ils deviendraient apôtres, et il tenta l'entreprise.

Entre autres mesures d'exécution, il ordonna au Général des Jésuites de renouer avec l'Arménie d'anciennes et chères relations. Le Général obéit, et plusieurs d'entre nous se disposèrent aussitôt à aller planter leur tente parmi ces Arméniens qui furent les amis de nos Pères, et voudront bien, nous l'espérons, devenir les nôtres.

Cette rentrée des Jésuites français dans la capitale du mahométisme avait quelque chose de particulièrement émouvant pour eux. Elle rattachait un anneau à la vieille chaîne violemment rompue par la conspiration philosophique du XVIIIe siècle, qui s'attaqua aux Jésuites d'abord, et bientôt à tous les Ordres religieux, dispersa le clergé séculier, brisa les portes mêmes du Vatican, enleva le Souverain Pontife et le jeta sur le rocher de la citadelle de Valence pour y mourir.

Henri IV avait lui-même envoyé les Jésuites à

— VII —

Constantinople. Il avait voulu voir les premiers missionnaires avant leur départ, les assurer de sa protection, et se déclarer devant eux « le premier promoteur de cette très chrétienne entreprise. » Les Pères s'étaient mis en route le 21 janvier 1609. A Rome, le P. Général avait placé à leur tête le P. François de Canillac, de la noble famille des marquis de Montboissier-Canillac, qui donna à l'Eglise Pierre le Vénérable, et perpétue encore aujourd'hui les traditions du vieil et saint honneur chrétien. Le Pape daigna se féliciter, en leur présence, de ce que « cette mission commençait sous son pontificat ; » il les bénit affectueusement, et ils s'embarquèrent le 10 mai 1609.

Les voyages alors étaient longs et les difficultés grandes, et nous serions mal venus, nous missionnaires du xixe siècle, à nous plaindre de nos embarras, lorsque nous considérons les obstacles amoncelés sous les pas de nos devanciers.

Voici des prêtres approuvés, bénis et envoyés par le Pape ! Ils abordent à Corfou, un dimanche matin. L'Archevêque, poussé par les Vénitiens, leur défend de dire la messe. Ils demandent au moins la permission de l'entendre. Le Prélat la leur refuse, leur ordonne de regagner leur vaisseau et de n'en plus descendre. Devant Tinos, ils sont sur le point de tomber entre les mains des corsaires. A Chio, sans un hasard providentiel qui

— VIII —

arrêta, je ne sais où, le triste message, ils eussent trouvé un ordre du Visiteur apostolique pour la Grèce, qui leur enjoignait de regagner immédiatement l'Europe. Dans un petit port de l'Asie-Mineure, l'un d'entre eux pensa mourir sous les coups d'un turc, qu'il n'avait ni provoqué, ni même regardé.

Enfin, dans le Bosphore, ils reçoivent de l'autorité ecclésiastique la défense de débarquer, et ils fussent repartis sans l'intervention de M. de Salagnac, ambassadeur de France, qui alla lui-même les prendre à bord. Trois semaines durant, l'Ambassadeur dut les retenir chez lui, comme en prison, de peur d'embûches, prison d'ailleurs bien douce, car l'Ambassadeur les comblait de prévenances et les contraignait de s'asseoir à sa table.

Le Pape avait ordonné de leur céder le prieuré de Saint-Benoît, alors vacant ; mais l'Evêque et les notables refusent d'obtempérer à l'ordre apostolique. L'Ambassadeur leur fait accorder, en attendant, l'usage de la petite église Saint-Sébastien et va lui-même avec son personnel assister à leurs offices pour les protéger, pendant qu'il écrivait au Pape et le priait de maintenir la concession du prieuré de Saint-Benoît.

Du moment où les chrétiens les malmenaient de la sorte, que ne devaient pas faire les Turcs ? L'Ambassadeur ayant conduit le P. de Canillac à la Sublime Porte, le Grand Vizir s'emporta et prétendit expulser les Jésuites sur l'heure. A grand'peine, le représentant de la France obtint un délai. Mais, bientôt après, des janissaires vinrent enlever les Jésuites de leur maison et les traîner au sérail. M. de Salagnac, averti, courut après eux, sans prendre le temps de faire seller son cheval, arriva assez vite à la Sublime Porte pour pénétrer avec les prisonniers, soutint la colère du terrible Vizir, et obtint un nouveau délai.

Enfin le Pape renouvela ses ordres, et les Pères prirent possession de Saint-Benoît à l'entrée du carême. Ainsi, les missionnaires avaient débarqué à Constantinople le 16 septembre 1609, et n'avaient pu entrer avant le mois de mars 1610 dans le couvent que leur assignait le Souverain Pontife.

Encore, si c'eût été la fin de leurs persécutions ! Mais, en 1617, l'abbé de Moranvilliers, aumônier de l'ambassade, écrivait : On n'a jamais entendu parler d'une telle furie turquesque. On eût dit que Constantinople venait d'être prise d'assaut par les chrétiens. Le Grand Seigneur est dans une colère extraordinaire. On fait la recherche de tous les chrétiens. Le Sultan ordonne de tuer tous les Français. L'Ambassadeur va trouver le Muphti. Peu s'en faut que sa suite ne soit massacrée pendant qu'elle l'attend à la Marine. La nuit suivante, survient une dispute en un logis. Les voisins entendent le bruit. On croit à un soulèvement des Français. On met les Jésuites en prison. On leur reproche d'être les espions de l'Espagne, de baptiser des Turcs, d'absoudre les renégats, de favoriser la fuite des esclaves chrétiens. On dit qu'ils attirent tout le monde dans leur église, pendant que les autres restent désertes. On les accuse de tuer les rois et de vouloir assassiner le Sultan. Le Grand Seigneur passe toute la nuit à cheval. On fait mourir devant lui un Père Cordelier, vicaire patriarcal, qui avait été pris en même temps que les Jésuites. L'Ambassadeur de France court du Vizir au Muphti, dépense des sommes énormes, et finit par obtenir la vie des Pères. On les met sur un bateau, on les chasse. Mais l'Ambassadeur prouve leur innocence. Il obtient leur rappel et leur réintégration à Saint-Benoît.

Ce fut au milieu de pareilles alarmes et par de semblables combats que les Jésuites prirent possession de ce champ de bataille, où ils confortèrent tant de braves, guérirent et consolèrent de si nombreux blessés, se firent les esclaves des esclaves chrétiens, et ouvrirent le ciel à ces infortunés que la barbarie tenait enfermés dans ses bagnes infects.

La Providence ne permit pas qu'en 1881, le successeur du P. de Canillac fît la même sensation, en mettant le pied sur cette terre rougie de sang et arrosée de larmes. On le signala dans les journaux de Stamboul et d'Athènes ; on répéta contre lui les mille sottises qu'on débite à la journée contre les Jésuites, et ce fut tout. Il ouvrit modestement la maison de procure. Les nouveaux missionnaires vinrent successivement lui demander leur feuille de route pour l'Arménie, et la mission fut ainsi ouverte au nom de Sa Sainteté le Pape Léon XIII.

Serons-nous assez heureux pour fixer l'attention des hommes de cœur sur cette entreprise de la papauté à la conquête de nouveaux cieux et de nouvelles terres ? Peut-être ! Car l'intérêt de la cause nous paraît de nature à faire oublier l'insuffisance de celui qui la plaide.

A qui donc cette contrée de la Genèse appelée l'Arménie, ne serait-elle pas sympathique ?

Lorsque, après le déluge, Dieu voulut faire attérir l'arche qui portait l'espoir des générations à venir, il considéra la terre et donna ses préférences à l'Arménie et à sa montagne géante au front neigeux. Noé descendit dans la plaine, il offrit un sacrifice au Seigneur, défricha le sol, planta la vigne ; et la terre commença à se repeupler. Ainsi l'Arménie est-elle devenue le second berceau de l'humanité, notre patrie à tous.

La race antique dont elle est peuplée, mérite nos

sympathies à tous égards. Elle descend de ce petit-fils de Japhet, qui, après avoir vainement travaillé à la construction de la tour de Babel, quitta les plaines de Sennaar pour établir le berceau de ses fils au pied du Mont-Ararat. Elle fut, au temps des croisades, la plus généreuse alliée des Francs. « Aucune nation, dit le Pape Grégoire XIII dans sa bulle de 1584, aucun peuple ne vint plus spontanément à l'aide des soldats de la Croix. Les Arméniens les aidèrent en hommes, en chevaux, en armes, en vivres, en secours de toute sorte, avec courage et fidélité. » (Bull. Rom., p. IV.)

Et c'est acquitter la dette de nos pères que de nous intéresser à leurs malheurs.

D'ailleurs, les circonstances présentes donnent de l'actualité à notre étude.

Au moment où l'Orient se transforme ; à mesure que, d'accord avec le Sultan, les puissances européennes travaillent à l'émancipation successive des chrétiens de la Turquie ; alors que la Grèce, le Monténégro, la Serbie, la Bulgarie et la Roumanie s'érigent en principautés et en royaume, les seuls Arméniens devaient-ils rester ignorés, délaissés ?

La question arménienne a été posée au Congrès de Berlin, et les diplomates devront la résoudre dans un avenir relativement prochain. Or, elle est obscure comme cet Orient mystérieux où les clartés intellectuelles sont en raison inverse de l'éclat de son soleil ; et l'histoire d'une mission catholique doit y jeter quelque lumière, puisque toute question orientale est essentiellement religieuse.

A ceux qui voudront bien nous suivre de leur intérêt et de leurs prières, nous dirons d'abord ce que c'est que les Arméniens.

Ce peuple est si peu connu !

Son nom est dans toutes les bouches, mais qui l'a sérieusement étudié ? L'enseignement classique se borne à l'histoire des grandes races qui ont notablement influé sur les destinées du monde, et laisse dans l'ombre les nations d'un ordre inférieur ; c'est ainsi que l'histoire des Arméniens nous échappe.

Sans doute, nous devrions combler cette lacune dans l'âge mûr ; mais d'autres sollicitudes nous absorbent. A peine avons-nous le loisir de regarder passer, avec quelque attention, les révolutions qui se succèdent avec une rapidité vertigineuse sur le continent européen. D'ailleurs l'histoire des Arméniens n'est point écrite. Il faut l'arracher par lambeaux aux écrivains de la Perse, de Rome, de Byzance ou de l'empire ottoman : et combien peu se sentiraient le courage d'entreprendre ce travail !

Un coup d'œil rapide sur les Arméniens, sur leurs gloires anciennes et sur leurs malheurs, ne sera donc pas, ici, hors de propos.

Après avoir esquissé leur passé, nous exposerons brièvement leur situation politique d'aujourd'hui. Ce mot de politique devrait-il se rencontrer sous la plume d'un missionnaire ? Oui, quand il s'agit de l'Orient, car le schisme est affaire beaucoup plus politique que dogmatique. Une conversion unique, celle d'un homme obscur, revêt forcément une forme politique. Le nouveau catholique n'a pas le droit de se borner à une abjuration prononcée au pied de l'autel de Dieu, dans l'enceinte réservée d'une église, il doit y ajouter un acte politique souvent fort pénible : se présenter devant le conseil du Pacha, rayer son nom de la liste des schismatiques, au risque d'encourir les colères de ces derniers et la malveillance de l'autorité ottomane. Or, s'il en est ainsi de la conversion d'un particulier, que sera-ce d'un retour un peu général vers l'unité ? Ce retour prendra les proportions d'une révolution politique. Les partis s'agiteront ; la Sublime Porte et souvent les grandes puissances devront intervenir. Qui ne se souvient du mouvement catholique bulgare, de l'immixtion de la politique dans une question qui semblait exclusivement religieuse, et de l'avortement causé par les intrigues ? En Orient, nous le répétons, il est presque impossible de triompher de l'erreur d'une manière un peu générale, sans tenir compte des obstacles politiques derrière lesquels elle se retranche. Le missionnaire doit par conséquent les connaître s'il veut éviter les méprises ; et ceux qui, de loin, suivent le mouvement religieux, ne peuvent les ignorer, sous peine de porter de faux jugements.

Une fois ces premières questions éliminées, nous traiterons de la situation religieuse des Arméniens ; nous dirons ensuite ce que l'Eglise a déjà fait pour eux ; enfin nous raconterons les efforts de la Compagnie de Jésus pour le relèvement de cette nation si capable d'influer heureusement sur les destinées de l'Orient.

Puisse cet humble travail contribuer au salut de l'Arménie !

COUP D'ŒIL

sur

L'ARMÉNIE

INDICATION

DES SOURCES AUXQUELLES L'AUTEUR A PUISÉ
SES DOCUMENTS HISTORIQUES

I

1. *Historiens grecs traduits en arménien* : Mar Apas Catina. — Bardesane. — Agathange. — Le Pseudo-Agathange. — Faustus de Byzance.

2. *Historiens syriens traduits en arménien* : Zéroubna d'Edesse. — Zénob de Glag. — Jean Mamigonien.

3. *Historiens arméniens du V⁰ siècle* :

Gorioun. — Moïse de Khorène. — Elisée. — Lazare de Pharbe. — Eznig de Goghp.

M. V. Langlois a estimé ces ouvrages assez importants pour les traduire, avec le concours des membres de l'Académie arménienne de Saint-Lazare de Venise, et des principaux arménistes français et étrangers.

II

Chronique de Mathieu d'Edesse, continuée par Grégoire le prêtre, avec annotations de M. Dulaurier, professeur à l'Ecole des langues orientales vivantes, à Paris.

III

Fragments d'une Histoire des Arsacides.

Histoire d'Arménie, par le Patriarche Jean VI, dit Jean Catholicos.

Ces ouvrages furent publiés par M. J. Saint-Martin, sous les auspices du ministère de l'Instruction publique.

IV

Exploration archéologique en Asie-Mineure, publiée sous les auspices du ministère de l'Instruction publique, par M. Georges Perrot, ancien membre de l'Ecole française d'Athènes, maître de conférences à l'Ecole normale.

V

1. Th. Arzdrouni : — Histoire des Arzdrouni. — Livre des Histoires.
2. Johannès de Dzar : — Histoire de l'Aghovanie.
3. Zacharie le Diacre : — Mémoires historiques sur les Sofis. — Cartulaire de Johannès Vank.
4. Hassan Dchalaliants : — Histoire de l'Aghovanie.
5. Abraham de Crète : — Histoire de Nadir-Chah.
6. Samouel d'Ani : — Tables chronologiques, année par année, jusqu'en 1348, d'après le grand ouvrage d'Eusèbe Pamphile.

M. Brosset, membre de l'Institut impérial

des sciences, à Saint-Pétersbourg, a jugé ces auteurs dignes d'une traduction.

VI

L'éminent Ghévond, vertabet : Histoire des guerres et des conquêtes des Arabes en Arménie.

L'auteur du *Coup d'œil sur l'Arménie* a lu ces ouvrages aussi bien que les annotations des savants modernes. Il en offre humblement le résumé rapide à ceux qui n'ont pas le loisir de remonter aux sources.

Ce récit est-il d'une absolue vérité historique ? — Nous nous garderions bien de l'affirmer. La critique n'a pas dit son dernier mot sur les origines de la nation arménienne. Le dira-t-elle jamais ? — Nous ne le pensons pas. Qui donc fixera définitivement l'histoire de l'Orient, depuis Noé jusqu'à nos jours ?

Nous n'affirmons point.

Nous cherchons à reconstituer, dans ses lignes principales, une histoire peu connue et qui mérite de l'être ; et nous groupons, sans défier la critique, les faits racontés par des historiens fort anciens, auxquels les savants de nos jours ont cru devoir faire l'honneur d'une étude approfondie.

Quand nous parlons, par exemple, des fils d'Haïk, nous ne prétendons pas leur reconstituer une généalogie indiscutable, mais nous ne nous croyons pas le droit de rejeter leur existence au rang des fables, puisque, à l'origine des Arsacides, les archives de la Perse en faisaient une mention spéciale, et que Valarsace, en montant sur le trône d'Arménie, reconnut trois branches de cette lignée antique et leur accorda de grandes prérogatives.

Ainsi en sera-t-il de l'origine des familles princières de l'Arménie, aujourd'hui éteintes. Les historiens du Ve siècle affirment que l'une d'elles descendait de Sennachérib, une autre des souverains de la Chine, une autre de Jacob. Ils disent que personne n'en doutait au moment où ils écrivaient. Sans leur accorder une foi complète, ne devons-nous pas tenir compte d'un fait si anciennement attesté ?

Nous reprochera-t-on de ne pas discuter longuement ces faits ? — Nous ne voulons pas le croire. Le but de cet ouvrage ne comporte pas des digressions savantes.

Nous blâmera-t-on encore de ne pas mieux

fixer les dates ? — Comment oserions-nous le faire, lorsque les savants s'en déclarent incapables ?

Il nous suffira de dire que nous n'avons rien avancé de nous-même, que nous n'avons aucune prétention à l'érudition, et que nous serions heureux de voir une plume mieux autorisée refaire ce récit, dût-elle nous contredire.

Les Arméniens et les Jésuites à Ispahan

Après les fils de saint Dominique, vinrent ceux de saint Ignace de Loyola.

A mesure qu'ils établissaient des résidences de leur Ordre, à Alexandrie, à Damas, à Alep, à Smyrne, à Constantinople, les Jésuites s'étaient mis d'abord à la disposition des Arméniens, comme à celle de tous les chrétiens ; mais, bientôt, frappés de leurs aptitudes merveilleuses, ils résolurent d'organiser en leur faveur une mission spéciale.

Le P. Rigordi s'y entremit le premier, dans le cours de l'année 1650, et ce fut en Perse qu'il jugea convenable de débuter.

Il y avait dans cette patrie des adorateurs du soleil, une nombreuse colonie d'Arméniens.

En 1380, plus de six cent mille fils d'Haïg, chassés à coup de fouet, par l'ordre de Timour-Leng, s'étaient vus pousser vers la Perse comme un immense troupeau ; et, depuis, en 1605, le sanguinaire Scha-Abbas en avait traîné de nouvelles multitudes à Ispahan. Ils y gémissaient livrés, sans défense, au bon plaisir du souverain. Et quel bon plaisir ! Il n'était limité ni par la loi, ni par la conscience. En veut-on la preuve ?

De temps à autre, le Scha accordait à ses concubines le divertissement d'une promenade à visage découvert ; mais, pour éviter les regards indiscrets, il défendait à qui que ce fût de se tenir sur le passage du cortège ; les habitants mêmes des maisons qui bordaient la route, devaient quitter leur demeure pour le temps de la promenade. Un jour, un paysan fut pris en contravention. Par hasard, le monarque était de bonne humeur. Au lieu de faire rouler à ses pieds la tête du délinquant, il lui ordonna de choisir parmi ses femmes celle qui lui plairait davantage, et la lui donna ; en sorte que l'infortunée, parée, enguirlandée pour une fête royale, dut quitter son char pour devenir l'esclave du paysan.

Sous un pareil maître, que n'avaient pas à subir les Arméniens vaincus ?

Aucune injustice ne leur était épargnée.

Tous les ans, par exemple, le 6 janvier, les mères arméniennes se voyaient contraintes de conduire leurs filles au palais. Insensible aux explosions de leur douleur, le Scha désignait ses préférées, et les parquait avec ses concubines jusqu'à ce que, dégoûté, il les mariât à des musulmans.

Une fois, l'argent manqua dans le trésor. Les Arméniens furent frappés d'une contribution de douze mille livres d'or ; et, quand, à force de sacrifices, ils furent parvenus à s'acquitter, on en conclut qu'ils étaient riches, et la charge passagère fut convertie en impôt permanent.

Une autre fois, le Scha conçut le projet de marier les jeunes Arméniennes aux musulmans, et les mahométanes à des chrétiens. Le seul moyen d'éviter ce malheur fut de hâter les unions ; et, plusieurs nuits durant, les mères coururent de maison en maison, mariant à peu près au hasard leurs fils et leurs filles à peine sortis de l'enfance.

Le P. Rigordi résolut de se dévouer au soulagement de tant d'infortunes.

Il lui fallait une autorisation royale. Il s'insinua si bien dans les bonnes grâces du Scha qu'il en obtint l'ordonnance suivante :

« Commandement du Roi, en signe et démonstration d'amitié.

« Sur ce que le très-excellent Père François Rigordi, jésuite, a exposé, savoir : qu'en compagnie de quelques-uns des siens, il désirait s'établir en Perse, et avoir église et maison en la ville royale d'Ispahan et en la sainte ville de Chiras :

« A cette cause, nous ordonnons que : les juges, officiers ou proviseurs, ou autres habitants des dits lieux, ne prennent en aucune façon la hardiesse d'empêcher et molester le susdit et ceux de la Compagnie de Jésus, et qu'ils leur laissent la liberté de construire une église pour la nation arménienne en Ispahan et dans la ville de Chiras, et d'y élire domicile pour y vivre, agir et converser selon les règles et statuts de leur religion ; et qu'ils sachent qu'ainsi il nous convient, et que telle est leur obligation.

« Donné en la province de Korassan, au mois de zikardez (octobre) de l'an 1653. »

Ainsi autorisé, le missionnaire partit pour

recruter des auxiliaires en Europe. La Providence le destinait à semer sans récolter. Il ne put revenir. Le P. Chézaud continua son œuvre.

Homme distingué, habile dans les sciences et surtout en mathématiques, le nouveau missionnaire apprit le persan avec cette facilité qui l'avait rendu maître de l'arabe ; et, grâce à son caractère aimable, il se créa promptement des relations.

Le Premier Ministre l'aima et le présenta au Souverain. Le Scha en fut si charmé qu'il pria le Père de faire des conférences sur la religion aux docteurs mahométans. Ces disputes firent grand honneur aux Jésuites. Bientôt il passa pour le premier des docteurs. Une circonstance assez curieuse le mit surtout en relief. Un arménien, plus zélé qu'instruit, s'était fait battre dans des discussions religieuses mal engagées, et le Scha avait ordonné qu'il devînt musulman, puisqu'il n'était point capable de rendre raison de sa foi. — « J'y consens, avait répondu l'arménien, si les docteurs acceptent de conférer sur les mêmes matières avec le P. Chézaud, et le confondent. » — La discussion eut lieu devant le Premier Ministre.

Le succès du Père fut éclatant, et l'arménien sauvé.

Cependant, le P. Chézaud était considéré comme un étranger de passage. Nous ne savons pourquoi le commandement donné au P. Rigordi ne valait point en sa faveur. Il ne pouvait ni s'établir à demeure, ni surtout appeler des compagnons. Le roi Louis XIV, informé, voulut bien en écrire au Scha. Et le Scha se montra si flatté du procédé du roi de France qu'il eût donné au Jésuite une maison avec des revenus, si le Père n'eût cru prudent de décliner ces offres.

Cette mission arménienne tenait si fort au cœur du Général des Jésuites qu'il ne craignît pas d'enlever au Tonkin son apôtre, pour l'envoyer à Ispahan. Par ses ordres, le célèbre P. de Rhodes prit le gouvernement de la mission; malheureusement le vieillard eut à peine le temps de communiquer à son compagnon le trésor de son expérience, car il mourut dès l'année suivante, 1660, et, de nouveau, le P. Chézaud resta seul.

Un caprice royal vint alors faciliter son apostolat. Jusque-là, dispersés et comme perdus dans l'immense ville, les Arméniens étaient difficiles à atteindre. Tout à coup, ils reçurent l'ordre de quitter la cité et de se transporter de l'autre côté du fleuve. Ils obéirent et bâtirent, sur un magnifique terrain, une ville toute arménienne, qu'ils appelèrent Julfa, en mémoire de la patrie absente. Le groupement des familles chrétiennes rendit plus facile et partant plus fructueuse l'action du P. Chézaud. Il se dépensa tout entier, se fit médecin en même temps que pasteur des âmes, composa des livres religieux en quatre langues et mérita le surnom de bien-aimé. Lorsqu'il fut à bout de forces, les PP. Mercier et Lamaze accoururent à son aide. Il mourut, mais son souvenir resta, et, longtemps après sa mort, on parlait encore du Père bien-aimé.

Les Jésuites ne se bornèrent pas à évangéliser Julfa : ils parcoururent les campagnes. Les villageois les accueillirent avec enthousiasme ; ils les écoutaient comme des oracles, et, ainsi que jadis les Juifs à la prédication de saint Pierre, ils leur disaient : — « Hommes, nos frères, que devons-nous faire ? Ordonnez, nous obéirons. »

Vingt-deux ans après l'ouverture de la mission de Julfa, en 1672, le nuage de l'erreur

— 14 —

était déchiré, la lumière évangélique brillait dans tout son éclat. Les Arméniens de la Perse avaient compris l'absurdité de leur schisme. Ils se levèrent en masse. Ils écrivirent au roi de France. A ses pieds, ils abjurèrent l'erreur et firent une solennelle profession de foi catholique. Les évêques et les notables signèrent au nom de tous ; et si l'homme ennemi ne se fût interposé, l'union de tous les Arméniens de la Perse avec l'Eglise catholique serait, aujourd'hui, un fait accompli.

Malheureusement, la persécution vint arrêter le mouvement.

Les partisans de l'erreur s'en prirent d'abord aux missionnaires des campagnes. Ils essayèrent de ternir leur réputation par des insinuations calomnieuses, et, n'y parvenant pas, ils les firent arrêter par la force armée, en sorte que les villages retombèrent dans les ténèbres.

Ensuite commença une guerre incessante contre les Pères de Julfa.

Trop long en serait le récit. Nous en raconterons un épisode seulement. Il nous montrera d'abord de quelle sorte l'apostolat fut sans cesse entravé, et nous révélera ensuite l'une des causes pour lesquelles la conversion des Arméniens est si difficile : leur timidité, pour ne pas dire leur manque de générosité.

C'était en 1738. Tamas Koulikan venait de partir pour sa guerre contre les Indes. Les Jésuites furent accusés devant le fils du Prince, qui tenait la régence et résidait à Mascat. Le Gouverneur d'Ispahan reçut l'ordre de les juger et prononça une sentence d'expulsion. Toutefois cette condamnation n'eut pas de suite.

Un français, âgé de vingt ans, soignait le Gouverneur pour une plaie dangereuse. Il eut le courage de lui déclarer qu'il suivrait les Jésuites en exil, s'il maintenait sa sentence : et le Gouverneur la déchira.

Une seconde attaque n'eut pas plus de succès. Les ennemis avaient réclamé un nouvel examen de la cause.

Le Vizir, qui tenait à son médecin, accorda cet examen, mais le rendit illusoire.

— « Prouvez, dit-il aux accusateurs, que les Jésuites sont des espions ? Cela m'est d'autant plus nécessaire que, depuis un siècle, ils n'ont jamais donné matière à soupçon. » — L'avocat, préparé pour l'invective, fut surpris d'avoir à se disculper ; il balbutia ; et le Vizir reprit : — « Vous accusez les Jésuites de faire sortir les chrétiens du royaume. Nommez ceux qu'ils ont fait sortir ? » — L'accusateur nomma deux marchands catholiques établis à Venise. — « Eh ! dit le Vizir, combien de vos schismatiques ne vont-ils pas faire le commerce aux Indes et en Moscovie ? Ne maltraitez point les catholiques, et ils n'émigreront pas. » — Aussitôt, passant à un autre chef d'accusation, il ajouta : — « Prouvez maintenant que les Jésuites trompent le peuple ? » — L'accusateur garda le silence. Le Vizir réprimanda vertement les schismatiques, et la séance fut levée.

Deux vertabets coururent alors à Mascat se plaindre du Vizir. Le vice-roi leur donna raison et expédia un courrier porteur d'un ordre d'expulsion contre les Jésuites. La Providence intervint de nouveau. Des voleurs tuèrent le courrier ; l'ordre fut perdu, et les Jésuites restèrent.

Pour la troisième fois, leurs adversaires recoururent à Mascat. Le Régent voulut en finir, il exigea que le P. du Han, supérieur, vînt s'expliquer devant lui. Le Père, en arrivant, dut croire que sa cause était à jamais perdue. On le tint, durant huit jours, à la porte du sérail, au gros du soleil, exposé à la risée des passants ; mais, tout à coup, sans motif apparent, sa fortune changea. Le jour de l'audience, le Régent s'en prit à ses ennemis et leur dit : « Pourquoi rester en désaccord avec les Jésuites sur ce que vous appelez la procession du Saint Esprit ? Avez-vous vu le Saint Esprit ? Votre Patriarche l'a-t-il vu ? En a-t-il reçu une révélation ? » — Il les persiffla longtemps sur ce ton, et finit par renvoyer tout le monde.

Le Patriarche résolut alors de plaider lui-même la cause du schisme. Dans l'espérance d'en imposer, il se présenta à la cour suivi d'un cortège magnifique. Mal lui en prit. Le Régent, blessé de ce déploiement de faste, ne laissa pas au Prélat le temps de formuler sa plainte, il lui demanda quels revenus il avait pour trancher ainsi du grand seigneur. Le Patriarche s'excusa. Il essaya de se faire passer pour pauvre, de peur d'une amende. Il ne réussit pas, fut condamné séance tenante à payer deux mille cinq cents tonans d'or, renvoyé chez lui sous l'escorte d'un officier chargé de rapporter l'argent, et dégoûté pour jamais de renouveler ses plaintes contre les Jésuites.

Ce fut au milieu de semblables tracasseries que les Pères furent condamnés à poursuivre leur œuvre d'apostolat.

Le résultat de ces persécutions fut déplorable. D'abord les missionnaires consumaient la majeure partie de leur temps à se défendre devant les tribunaux, et puis, surtout, ils y perdaient leur prestige.

Aussi longtemps qu'ils furent bien vus du pouvoir, les Arméniens affluèrent vers leur église ; mais le premier froncement de sourcil du souverain dispersa le troupeau. Chacun se renferma chez soi. Des intrigants exploitèrent habilement ces frayeurs. Ils parcoururent les familles, y présentèrent une feuille contenant la promesse écrite de ne plus avoir de rapports avec les Religieux Franks, et obtinrent la signature des chefs de famille.

Plaignons ces natures timides ; mais rendons aux Arméniens ce témoignage : qu'ils ne s'entêtèrent point dans le schisme et se rendirent à la vérité aussitôt qu'ils la connurent.

Disons mieux encore à leur avantage. Le troupeau dispersé, le mouvement général arrêté, les Jésuites ne désespérèrent pas des Arméniens, et le succès démontra qu'ils avaient raison. Ils entreprirent de ramener les familles une à une, en convertirent un grand nombre, et fussent arrivés, peut-être, à les gagner toutes, si le temps leur en eût été accordé. Mais le temps leur manqua. L'ouragan qui, à la fin du XVIIIe siècle, les chassa du monde, sauf de la Prusse et de la Russie, les arracha de Julfa, et les força à laisser leur œuvre imparfaite.

Les Arméniens et les Jésuites à Chamakié

Ce n'était point assez faire pour les Arméniens que de travailler au salut de ceux d'entre eux qui résidaient à Ispahan. Combien d'autres restaient sans secours ! Les Jésuites songèrent à aller les chercher dans la province de Sirvan. Le difficile était d'en obtenir du Scha l'autorisation. Or, au temps même où le P. Pothier en cherchait inutilement le moyen, le comte de Sivry arriva, en qualité d'ambassadeur du roi de Pologne, et comme, un jour, dans une conversation amicale, le Père révélait au comte ses projets et ses embarras, celui-ci lui déclara qu'il était précisément chargé par son souverain de ménager la fondation d'une maison de

Jésuites à Chamakié. Cette coïncidence de vues frappa les deux interlocuteurs. L'ambassadeur n'en mit que plus de zèle à renverser les obstacles, et lorsqu'il partit pour Varsovie, il eut la satisfaction d'emmener avec lui le Jésuite et de l'installer, en passant, dans son nouveau poste.

Le missionnaire devait payer de sa vie son dévouement à la cause arménienne. Il ouvrit une chapelle ; le peuple y afflua. Les abjurations furent nombreuses. Les endurcis, pour s'y opposer, ne reculèrent pas devant les moyens extrèmes.

Le matin du 27 septembre 1687, on trouva le Père assassiné dans son lit.

Les Jésuites n'ont pas coutume de se décourager pour si peu. Le Supérieur d'Ispahan n'avait de disponible qu'un seul prêtre, le P. de la Maze, il lui donna l'ordre d'aller remplacer le martyr de la charité. Le P. de la Maze avait soixante-cinq ans. Le voyage était long, pénible surtout pour un vieillard ; mais les Arméniens, sans lui, fussent restés privés de secours ; le Religieux, obéissant, partit dans les vingt-quatre heures. Dieu bénit ses efforts. Il fit une riche moisson. La gerbe devint si lourde que ses bras tremblants ne pouvaient la soutenir. On lui envoya le P. Champion, récemment arrivé de France. Les deux apôtres se dévouèrent sans restriction. Peu de temps après, ils pouvaient écrire : « Nous n'aurions jamais soupçonné que la mission de Chamakié fût si nécessaire. »

Ce n'est pas que les Arméniens abondassent dans la ville ; ils y étaient, au contraire, peu nombreux ; mais les villages de la province en étaient peuplés, et la multitude des caravanes déversait continuellement dans les khans de la cité une population de voyageurs auxquels on pouvait faire du bien.

Dès qu'une de ces caravanes arrivait, les Pères couraient au caravansérail, faisaient amitié avec les marchands, avec leurs domestiques et leurs chameliers, les évangélisaient ; et ils obtinrent ce résultat : « qu'en arrivant dans la ville et en la quittant, tous les catholiques s'approchaient des sacrements de Pénitence et d'Eucharistie. »

Leur zèle ne se bornait point là. Ils accompagnaient les caravanes durant quelques jours et du haut de leur chameau ils évangélisaient encore. Le soir, à la veillée, ils tenaient des assemblées pieuses. Souvent ils passaient la nuit à entendre les confessions, à recevoir des abjurations, à distribuer le pain des forts aux voyageurs fatigués. En traversant les villages, ils se mettaient en relation avec les Arméniens qui les peuplaient et vivaient sans prêtre, sans autel, sans sacrements. Au retour, ils s'arrêtaient parmi eux et leur donnaient les exercices de la mission.

Sans l'assassinat du P. Pothier, la mission de Chamakié ne paraît pas avoir été entravée par la persécution comme celle d'Ispahan. Aussi le bien fut-il considérable.

« Nous ne sommes ici que deux missionnaires, écrivait l'un des Pères ; si la Providence en envoyait quatre autres, ils auraient du travail. Nous jouissons d'une liberté complète pour le bien. On nous respecte comme les aumôniers des ambassadeurs d'Europe qui vont en Perse ; le roi de Pologne nous soutient chaudement ; nous bénéficions surtout de l'appui qu'avait bien voulu nous accorder le roi Louis XIV, que la France vient de perdre. Les Arméniens et les Persans avaient la plus haute idée de la grandeur et du mérite de ce monarque. Ils le regardaient comme le plus puissant, le plus magnanime des souverains, comme le plus grand des conquérants ; et, en même temps, comme le plus sage, le plus religieux de tous les princes. L'honneur que nous avons d'être nés ses sujets contribua singulièrement à déterminer le roi de Perse à nous permettre d'entreprendre cette mission si visiblement bénie de Dieu. »

Les Arméniens et les Jésuites
à Berlis

A l'époque où le P. Pothier mourait pour les Arméniens de Chamakié, deux Jésuites se rencontrèrent sur les ruines de Ninive : le Père Barnabé, qui faisait un voyage d'exploration, et le P. Nau, échappé de Mardine, où il avait eu la gloire d'être chargé de chaînes, jeté en prison et maltraité pour le nom de Jésus-Christ. Tous les deux avaient la même préoccupation : convertir l'Arménie. Ils se concertèrent, et il fut décidé que le P. Barnabé irait tenter un effort à Berlis, tandis que le P. Nau retournerait à Alep lui chercher du renfort.

Berlis se gouvernait à peu près comme un Etat indépendant. Lorsque son prince mourait, la principauté offrait un présent au suzerain en signe d'allégeance, et puis elle continuait à s'administrer sans souci de l'autorité supérieure. Il suffisait donc au P. Barnabé de se faire agréer par l'Emir.

Le F. Hilaire, son compagnon, fut assez heureux pour guérir le fils de ce prince, atteint de la dyssenterie; cela suffit à faire tomber toutes les barrières. L'Emir permit de louer une maison. Il ordonna même de fournir chaque jour à la subsistance des missionnaires. L'ordre paraît avoir été assez mal exécuté, cependant les Pères n'en furent pas moins satisfaits; à défaut du bien-être, ils avaient l'avantage de passer pour les amis du prince.

Le P. Roche arriva bientôt, envoyé par le P. Nau.

On se mit à l'œuvre. Le peuple s'ébranla. Des conversions s'opérèrent.

Les exemples de vertu donnés par les missionnaires inclinèrent les cœurs vers leur doctrine.

Ce qui frappa d'abord fut leur respect pour le nom de Dieu. On s'en étonnait d'autant plus que, dans le pays, les faux serments étaient un mal habituel. On parla à l'Emir de la réserve des Jésuites. Il refusa d'y croire et paria cent écus qu'il les ferait succomber. Il les appela sous un vain prétexte, prit à tâche de les contredire, et finit par les sommer d'affirmer une chose avec serment. Vaincu dans la lutte, il paya les cent écus, et manifesta hautement son admiration.

La peste se déclara. Les Jésuites se prodiguèrent aux malades. Le P. Roche, attaqué, passa trois jours sans mouvement et sans connaissance. Le F. Hilaire succomba.

Une autre occasion se présenta d'exercer la charité chrétienne. Un homme excité par le vin, entra chez le P. Roche, et lui demanda ce qu'il n'était pas au pouvoir du missionnaire de lui accorder. Irrité du refus, le misérable se rua sur le Père et le frappa avec une telle violence, que les voisins accoururent au bruit.

L'autorité prévenue voulut sévir, et le coupable allait porter la peine de son crime, lorsque sa famille eut l'idée de le sauver par l'entremise de sa victime elle-même. Elle implora le Père Roche, qui aida son bourreau à s'évader.

Des adhésions éclatantes facilitèrent bientôt aux Jésuites l'exercice de l'apostolat.

Un vieux Prélat se manifesta hautement en

leur faveur. Il les conjurait d'aller à Echmiadzin convertir le Patriarche, afin que toute la nation le suivît dans son retour à l'Eglise catholique. Malheureusement il n'eut pas le courage d'être conséquent avec lui-même. Il recevait les remontrances des Pères, leurs reproches, et des reproches sévères ; mais la peur le retint. Il n'osa point abjurer le schisme.

Un savant docteur eut un peu plus de courage : il se décida à l'abjuration, mais en secret. Il partit pour Alep, où il finit ses jours sous la direction des Jésuites de cette ville.

Un Evêque schismatique se montrait l'ennemi déclaré des missionnaires, et son attitude était d'autant plus fâcheuse que le Prélat jouissait d'une grande réputation pour sa vie régulière et mortifiée. Sur ces entrefaites, son disciple de prédilection se blessa, fut mal pansé et se vit aux portes de la mort. Le P. Barnabé lui rendit la santé. A dater de ce jour, l'accès du monastère lui fut largement ouvert. Il en profita pour traiter avec les Religieux des sujets de controverse. Dieu bénit ses efforts. L'Evêque ouvrit les yeux et prêcha publiquement la vraie foi.

Le mouvement de retour à l'unité fut si considérable, que les schismatiques opiniâtres s'en alarmèrent. Ils se plaignirent de ce que, par les intrigues des deux prêtres français, tous les Arméniens allaient devenir Francs, et ils se mirent en guerre.

Ils ouvrirent d'abord une souscription pour attaquer les Jésuites en justice. Leur souscription échoua. Ils furent plus heureux dans une seconde tentative.

Les Pères avaient reçu du frère de l'Emir une maison sur laquelle, à tort ou à raison, plusieurs élevaient des prétentions. Le donateur s'étant absenté, on en profita pour chasser les Jésuites à main armée. Plaintes furent portées à l'autorité, qui ordonna de réintégrer les Pères. Forts de leur droit, les Jésuites rentrèrent en brisant les scellés, sans songer que la justice seule a ce pouvoir. On s'en prévalut contre eux, et, de guerre lasse, ils abandonnèrent la maison.

Tout servait de prétexte à leurs ennemis pour leur nuire.

Un jour, les Pères envoyèrent acheter du vin chez le seul marchand qui eût le droit d'en vendre. Le maître était absent. Son frère livra le vin avec empressement. Mais, à son retour, le marchand fanatique, entrant en fureur, fit appeler le P. Barnabé, le maltraita, le frappa du poing, l'enferma dans une écurie, et vint à notre maison pour en enlever les autres habitants. En son absence, le P. Barnabé saisit le moment de s'échapper et courut chez l'Emir. Un domestique le poursuivit, l'arrêta sur la grande place, et le frappa si fort que le peuple en eut pitié et fit cesser les coups. Comme l'Emir était absent, on en profita pour mettre le P. Barnabé en prison et le charger de chaînes. Le P. Roche eut l'heureuse idée de faire intervenir la Sultane, qui ordonna de relâcher le prisonnier, manda le persécuteur et l'eût condamné à voir tous ses biens confisqués sans l'intervention des Pères.

Ces chicanes et mille autres n'étaient pas faites pour décourager les hommes de Dieu ; et volontiers ils eussent consacré leur vie entière aux habitants de Berlis, lorsqu'une indication de la Providence les conduisit ailleurs.

On les prévint tout à coup que l'accès d'Erzeroum leur était ouvert. S'ils eussent été plus nombreux, ils se fussent divisés. Une partie d'entre eux eût pu se rendre à Erzeroum tandis que l'autre serait restée à Berlis. Mais ils n'étaient que deux. Force leur était d'opter pour l'une ou pour l'autre ville. Or, il n'y avait point à hésiter. Erzeroum était un centre d'action autrement important que Berlis. La croix plantée sur ses hauteurs rayonnerait de plus haut et plus loin sur l'ensemble des Arméniens.

D'ailleurs, à Berlis, l'action de l'un des deux Pères était paralysée par une fantaisie égoïste du Pacha d'Ouan. Cet autocrate retenait constamment chez lui un des Jésuites à titre de médecin. Or, si utile que soit la profession médicale, ce n'est pas la peine de faire vœu de pauvreté, de chasteté et d'obéissance pour exercer la médecine. Tout se réunissait pour faire pencher la balance du côté d'Erzeroum.

Lorsque cette résolution fut connue, la ville entière s'en émut.

Le peuple déclara qu'il ne laisserait jamais s'éloigner ceux que sa reconnaissance appelait la Providence du pays. Il n'y eut pas jusqu'au marchand, qui avait mis aux fers le P. Barnabé, qui ne fît instance pour les retenir.

L'Emir pensa qu'ils fuyaient peut-être les mauvais traitements de quelques ennemis, et leur offrit sa garantie.

Mais les Pères eurent le regret de ne pouvoir répondre à des vœux si touchants. Ils promirent de revenir de temps en temps et partirent en pleurant.

Les Arméniens et les Jésuites à Erzeroum

Erzeroum n'est ni la plus ancienne ni la plus illustre des cités de l'Arménie. Elle le cède à beaucoup d'autres, à Vagharschabad, par exemple, qui fut fondée six siècles avant l'ère chrétienne.

Anatolius, général des armées de Théodose, en posa les fondements l'an 415. Il l'appela Garin. Ce nom ne lui resta point. On essaya vainement, plus tard, de la nommer Théodosiopolis ; elle finit par être désignée prosaïquement sous l'appellation arabe d'Arzel-roum (pays des Romains), dont on a fait Erzeroum.

Le séjour de cette ville n'a rien d'attrayant.

La neige y couvre la terre durant la moitié de l'année. Le thermomètre y descend à quarante-six degrés. L'armée de Lucullus y souffrit horriblement.

Le Général, qui avait vu faire la moisson en Italie, s'étonnait de rencontrer encore l'hiver en Orient. Dans l'équinoxe d'automne, ses soldats campaient sous la neige et devaient casser la glace pour passer les rivières. L'armée d'Alexandre Sévère ne fut pas plus heureuse que la sienne, et Zonare nous apprend qu'on relevait sans cesse, le long des chemins, des soldats à demi gelés, auxquels on était obligé de couper les pieds et les mains.

Aux rigueurs du froid se joignent, pour le tourment des hommes, cette rareté et cette mauvaise qualité des vivres qui ont motivé le dicton populaire : « Si on voulait donner à déjeuner au diable, il faudrait lui offrir le café sans sucre, le caviar et le tabac d'Erzeroum. »

Mais qu'importaient à nos missionnaires ces conditions défectueuses ? Ils trouvaient là huit mille Arméniens résidants et une multitude d'autres répandus dans la campagne. Leur fallait-il autre chose ?

En vertu d'une autorisation verbale du Grand Seigneur, donnée à M. de Guilleragues, notre ambassadeur, le P. Roche s'y présenta, en 1688, pour essayer de s'y faire une place au soleil.

Il se préoccupa d'abord de se concilier la bienveillance des Turcs, et leur offrit le tribut de ses connaissances en médecine. L'un d'eux avait reçu vingt-quatre coups de couteau, et ses entrailles sortaient par les ouvertures. Le missionnaire le guérit. Le Turc lui remit autant de pièces d'or que de blessures cicatrisées. Le Père les distribua, en sa présence, à des chrétiens pauvres. Et les musulmans de chanter les louanges du prêtre désintéressé.

La médecine fut encore le passeport du Père auprès du Patriarche, qui haïssait Rome et refusait à son envoyé l'autorisation de dire la messe et de prêcher dans ses églises. Il eut le bonheur de retirer le Prélat des bras de la mort, et en obtint ce qu'il voulait.

Avant peu, la position fut conquise et la victoire assurée, non au médecin, grâce à Dieu, mais à l'apôtre, car le Père ne faisait point de la médecine pour la médecine. Il prodiguait ses soins à la condition qu'on accepterait son enseignement. A un vieux Prélat qui souffrait d'une ophthalmie cruelle, il promit la guérison, pourvu qu'il se laissât instruire ; et s'il ne fut pas assez heureux pour obtenir une abjuration, du moins parvint à faire promettre à son obligé de ne plus enseigner l'erreur. Partout où on l'appelait l'apôtre exigeait qu'on lui laissât faire le catéchisme aux enfants de la maison, et il ne sortait pas sans avoir adressé une vive exhortation aux adultes.

Le mouvement de conversion ne tarda pas à se manifester.

A peine sacré, l'Evêque de Trébizonde courut se faire instruire par le Père, fit une confession générale de sa vie, et abjura l'erreur.

Un autre Evêque, avancé en âge, abjura également et se mit à prêcher la foi catholique dans les villages.

Un prêtre de passage entendit le P. Roche se convertit et devint apôtre. Parvenu au terme de son voyage, Aquiesca, en Géorgie, il écrivait : « Je ne désespère pas d'amener toute la ville au catholicisme. »

Deux autres prêtres, ennemis mortels des Jésuites, finirent par se rendre et devinrent fervents.

Le Père conquit un ascendant qui lui permettait les démarches les plus hardies.

Un jour, devant lui, du haut de la chaire, un vertabet osa enseigner l'hérésie. A peine le discours fini, le P. Roche se lève et réfute si victorieusement le docteur que l'assemblée exige une rétractation, séance tenante. On va plus loin. On dénonce le vertabet au Patriarche, qui lui fait couper la barbe, humiliation terrible pour un Oriental.

L'Evêque schismatique d'Erzeroum vénérait le Père Roche. Il apprit un jour qu'il devait passer devant son monastère pour se rendre en Géorgie. Il le fit surveiller, et, lorsqu'il reçut avis de sa présence, il marcha au devant de lui avec tous ses Religieux, au son des instruments de musique, et chantant des hymnes. Devant la porte du monastère, il le revêtit d'un superbe ornement sacerdotal, et puis l'introduisit processionnellement dans l'église.

Quelquefois des turcs qui n'avaient encore jamais rencontré le P. Roche, arrêtaient dans la rue cet étranger, lui tiraient la barbe et lui crachaient au visage. Mais, dès qu'ils apprenaient son nom, ils couraient lui demander pardon.

Il faut dire que le Jésuite donnait l'exemple de toutes les vertus.

Un jour, un turc lui demande une chose impossible. Irrité du refus, il le maltraite et l'outrage indignement. Le Père ne se plaint pas ; mais le Gouverneur, informé, soumet le turc à une rude bastonnade et le jette aux fers. Le Père accourt, se précipite aux pieds du Gouverneur : « Je ne me relèverai pas, lui dit-il, que vous ne m'accordiez à l'avance ce que j'ai à demander. » — Le Pacha s'imagine que le solliciteur réclame une vengeance éclatante. Il promet. O surprise ! Le Père demande la grâce du coupable. Le Pacha le fait retirer du cachot, mais lui inflige une forte amende. Le Père la fait lever. Les exécuteurs exigent que le coupable paye au moins les bâtons cassés sur son dos. Le Père acquitte lui-même la dette.

La peste se déclare à Erzeroum. Le P. Roche devient infirmier, médecin, confesseur de tous les moribonds. Il se prodigue tellement qu'il en meurt.

La ville entière s'émeut.

Il est mort de la peste, et la prudence veut qu'il soit enterré en secret et sans pompe.

La population s'y oppose. On le place dans un cercueil ouvert ; on lui baise les pieds et les mains sans craindre le fléau ; on le porte processionnellement dans toute la ville. Chose remarquable, la peste cesse dès cet instant. Les Turcs eux-mêmes en rendent témoignage.

Aussi, lui érige-t-on un tombeau, où, les mercredis et vendredis, on va brûler de l'encens, allumer des cierges et prier.

Le P. Villotte accourt d'Ispahan pour remplacer le P. Roche. Lui aussi sera un grand missionnaire. Il laissera en Arménie des ouvrages que nous retrouvons aujourd'hui dans les bibliothèques. Le P. Roche s'est servi de la médecine pour arriver à faire entendre la doctrine chrétienne ; le P. Villotte compose un jeu de hasard qui oblige à repasser, en s'amusant, les principales vérités de la religion. Il le rend si intéressant que toutes les familles le pratiquent.

A côté du P. Villotte, le P. Levert s'improvise maître d'école, et, parce que ses élèves sont de forces inégales, il se fait tout à tous. A l'un il enseigne le turc, à l'autre l'arménien, à celui-ci le français, à tous le catéchisme. Il en fait de petits apôtres. Par son inspiration, chaque enfant élève un oratoire dans sa maison, avec les images qu'il a reçues du Père. Il y convoque la famille entière, il y répète la leçon de catéchisme qu'il a apprise à l'école, il termine par une prière publique.

Après le P. Levert, le P. Portier se prodigue également aux enfants. Lui aussi en fait des apôtres. Il en choisit douze qu'il prépose aux douze quartiers de la ville.

Leur fonction est de rassembler du monde, sous un prétexte ou sous un autre, dans une maison. L'auditoire formé, on commence la prière, et le Père vient terminer la réunion par une instruction sur l'une des principales vérités du salut.

Grâce à ces industries et à d'autres, les Jésuites acquièrent un ascendant chaque jour plus considérable. Les schismatiques affluent vers eux. Les Pères les accueillent, le flambeau de la vérité à la main. La lumière éclate ; l'erreur pâlit ; les abjurations se multiplient.

Cet état de choses dura quatre ans. Mais, hélas ! voici venir les mauvais jours. La cupidité d'un Pacha va mettre en échec le crédit des Jésuites. Leurs ennemis s'enhardiront. La peur, ce fléau des Arméniens, s'emparera des cœurs, et l'œuvre du salut restera inachevée.

Six Jésuites traversaient Erzeroum pour

gagner la Perse et la Tartarie. Le Pacha avait besoin d'argent. Il espéra en extorquer aux voyageurs. Il fit semblant de les prendre pour des espions, et les retint dans la ville, sous la surveillance de la police. Les Pères réclamèrent à Constantinople ; mais c'était chose longue, à cette époque, que de communiquer par la mer Noire avec les rives du Bosphore. Bien du temps se passa avant l'arrivée d'une réponse, et, durant ce temps, les Jésuites restèrent dans un état humiliant de suspicion.

Les schismatiques obstinés jugèrent le moment favorable pour ébranler leur crédit. N'osant les attaquer en face, ils s'insurgèrent contre leur ami, l'Evêque d'Erzeroum, l'arrachèrent de son siège et lui substituèrent un mauvais prêtre. Le peuple recourut aux Jésuites. Ceux-ci montrèrent au Pacha le firman qui défendait de tourmenter leurs amis. Le Pacha déclara le firman nul et extorqué par la ruse ; il renvoya les solliciteurs avec dureté.

Dès lors l'étoile des Pères pâlit. On s'éloigna d'eux. Le temps du devoir pascal arriva. Personne n'osa le remplir, et il n'y eut plus ni repos ni trêve pour les Jésuites à Erzeroum. Les schismatiques les attaquèrent de front.

Ils s'engagèrent à prouver, dans une dispute, qu'ils étaient des imposteurs. Sans doute, le P. Villotte releva le gant et triompha. Il avait accepté le défi à la condition qu'un jury impartial écrirait les demandes et les réponses, et il avait argumenté de manière à forcer ses adversaires à signer, au procès-verbal, une profession de foi catholique ; mais il arriva en cette circonstance ce qui advint autrefois dans les disputes contre les Luthériens. Les vaincus sentirent qu'ils ne triompheraient que par la force brutale, et ils en appelèrent au sabre du Pacha.

Une réponse de Constantinople arriva bien sur ces entrefaites ; le Grand Seigneur fit déclarer qu'il couvrait les Jésuites de sa protection. Malheureusement, le Pacha était trop engagé pour reculer. Usant d'artifice, il convoqua le peuple, le fit soudoyer aux frais des schismatiques, et lui fit crier qu'il ne voulait pas devenir Franc, qu'il n'avait d'autre roi que César. Alors, nouveau Pilate, il se déclara incapable d'aller contre la manifestation populaire, malgré le bon vouloir du Sultan.

De chez lui, les meneurs entraînèrent le peuple à l'église. L'Evêque Tcholax monta en chaire et déclara excommuniés tous les amis des Jésuites. Le peuple trembla et promit tout ce qu'on voulut. Aussitôt on lança la foule contre la maison des Pères, contraints de se barricader. Le Pacha, au lieu de calmer l'émeute, ordonna aux Jésuites de quitter la ville sur-le-champ.

Les proscrits réclamèrent au moins une escorte. On les fit suivre de quelques soldats, qui ne tardèrent point à les abandonner en pleine montagne, dans un endroit périlleux, sans vivres et sans argent. Avec des peines inouïes, les exilés se réfugièrent auprès de leurs frères de Van.

Erzeroum resta sous le coup de la terreur. On bâtonna, on rançonna les catholiques. On écrivit au Grand Seigneur pour qu'il ordonnât le massacre des Arméniens devenus Francs.

A la suite de tant d'excès, il y eut une apparence de réparation. Les PP. Ricard et Portier étaient allés demander justice à Constantinople et l'avaient obtenue assez promptement. Le 2 mai, ils étaient sortis d'Erzeroum ; le 5 juillet, le Pacha recevait le cordon et mourait étranglé. L'Evêque Tcholax fut frappé par les schismatiques eux-mêmes pour un crime infâme. Un autre persécuteur, Fézula Effendi, s'était cru inattaquable, parce qu'il avait été précepteur de Mahomet IV et jouissait de la faveur de Moustapha ; mais, un peu après, la hache eut raison de ce misérable, et son corps fut traîné dans les rues avec ignominie. L'orage semblait passé ; l'horizon se rassérénait ; l'avenir paraissait sourire ; cependant ce n'était qu'une trêve !

Rappelé par le Pacha lui-même, le P. Villotte, lorsqu'il arriva, le 19 décembre 1692, ne trouva pas un catholique qui osât le recevoir et dut accepter l'hospitalité d'un protestant anglais nommé Prescot.

La peur, toujours la peur.

Que faire ?... Retourner à Constantinople parut le moyen de calmer les frayeurs. Le Père s'y rendit, arriva le 6 avril 1693, et dut aller chercher l'Ambassadeur de France à Andrinople, où M. de Châteauneuf avait suivi le Sultan. Il lui fallut attendre un an le bon plaisir du Grand Seigneur ; et le 7 mai seulement de 1694, il rentrait à Erzeroum.

Hélas ! ce ne fut pas pour longtemps. Avouons-le avec tristesse, un gentilhomme français, un traître, fit contre les Jésuites, ses compatriotes, le jeu des schismatiques. Il avait dû quitter la France pour de honteux motifs, et s'était réfugié à Ispahan. Ses passions, qui semblaient s'être apaisées à la suite d'un voyage aussi fatigant, se ravivèrent sous l'influence du climat et des délices de la Perse. Pour mieux se livrer au libertinage, il résolut de se faire mahométan. La crainte des Européens résidant à Ispahan, le retint d'abord, et puis il fut mis aux arrêts dans le palais de l'ambassade par le P. Zaposki, Jésuite, alors envoyé du roi de Pologne auprès de la cour de Perse.

Enfin il s'échappa et parvint à Erzeroum le jour même où le P. Villotte y revenait de Constantinople.

Dès le lendemain, 8 mai, il pria le Muphti de l'inscrire parmi les serviteurs de Mahomet, et, pour témoigner de sa sincérité, il accusa devant lui les Français, et surtout les Jésuites. A l'entendre, ces derniers étaient des gens de rien, mourant de faim dans leur pays, espions des princes chrétiens, qui avaient l'art de s'insinuer par la médecine, les mathématiques et un faux zèle religieux. Il citait des îles, des villes, des provinces entières dont les Français

.es Hollandais, les Espagnols, les Portugais s'étaient rendus maîtres par leur moyen. Il assurait que Scio ne venait de tomber entre les mains des Vénitiens que grâce à leurs intrigues.

Il fit tant d'impression sur l'esprit public, que les meilleurs catholiques eux-mêmes crurent devoir conjurer le P. Villotte de s'éloigner pour un temps.

De tous les Jésuites, il était le plus en vue. S'il disparaissait, les autres, croyait-on, jouiraient d'une tranquillité relative.

Le Père consentit à partir ; mais comme il est vrai que l'homme propose, et que Dieu dispose, au moment où les Pères étaient réunis pour lui dire adieu, un officier vint leur demander, de la part du Pacha, que le plus capable d'entre eux allât expliquer à Son Excellence une carte de géographie dont le gentilhomme français lui avait fait présent. Le P. Villotte était naturellement désigné, du moment où il s'agissait du plus capable. Il se rend au palais, ses explications ravissent le despote, qui lui dit : « J'étais résolu à t'intimer l'ordre de partir d'Erzeroum avec tes frères. J'aime mieux te garder. Va dire aux autres Jésuites de partir, et reste pour me faire de nouvelles cartes. » Il fallut obéir. Les Pères s'exilèrent. Le P. Villotte resta. Mais, son travail fini, comme l'exercice du ministère lui était interdit, il partit en secret.

L'exaspération des schismatiques était arrivée à tel point que le Père pensait être obligé de suivre cet ordre de l'Evangile : « Quand on vous persécute dans une ville, fuyez dans une autre. » — Il avait donc écrit à ses supérieurs de France pour proposer, non pas certes d'abandonner les Arméniens, mais de quitter Erzeroum pour un temps, et de transporter la mission de l'autre côté de l'Euphrate, dans la petite Arménie, à Tokat, ville obscure mais commerçante.

Or, en arrivant à Trébizonde, il trouva des lettres qui lui apprenaient que la situation avait changé. Le gentilhomme français, convaincu de ne pouvoir trouver à Erzeroum ni richesses, ni gloire, l'avait quitté pour gagner Constantinople. C'était un ennemi de moins. Le Père le vit à son passage à Trébizonde, il voulut lui rendre le bien pour le mal ; il s'efforça de le ramener à la religion catholique. Le gentilhomme fut touché, il pleura, mais le courage lui manqua. Il alla demander à la Porte un emploi dans l'armée. Il l'obtint ; seulement on lui offrit un grade si infime que, dans son désespoir, il s'ouvrit le ventre d'un coup de sabre, et mourut dans la rage.

Bientôt arriva une lettre de l'Ambassadeur de France avec des ordres formels du Sultan de rétablir les Jésuites à Erzeroum. Le Père n'en augura rien de bon. Cependant pouvait-il, pilote généreux, abandonner son navire sans avoir essayé un dernier effort pour le sauver ?

Il repartit.

Ses prévisions ne l'avaient pas trompé. En arrivant, il apprit que le Pacha lui en voulait à mort et qu'il avait juré de le faire massacrer, s'il reparaissait. Il écrivit donc au P. Chaumel de venir prendre sa place, et se dirigea, sans bruit, du côté d'Erivan.

Il y arriva pour apprendre la mort du P. Chaumel.

Faudra-t-il donc abandonner les Arméniens d'Erzeroum ?...

Pendant qu'il délibère, il reçoit un nouveau courrier de l'Ambassadeur de France. Le Sultan veut que les Jésuites rentrent à Erzeroum. A quoi se décider ? La fatigue et le chagrin l'ont rendu malade. Un nouveau voyage lui est difficile. Et puis il se défie. L'expérience lui a appris que les Pachas, selon leur caprice, mettent les lettres du Grand Seigneur tantôt sur leur tête, tantôt sous leurs pieds. Toutefois, puisqu'il reste un espoir de sauver la position, il se décide à partir.

Il entre sans bruit à Erzeroum, va droit à l'Uléma, chef de la religion en cette ville, et lui présente les ordres écrits de la Sublime Porte. L'Uléma le plaisante. « Si vous n'êtes ni médecin ni marchand, lui dit-il, vous n'avez rien à faire ici ; » et il le renvoie en d'assez mauvais termes.

Le missionnaire n'avait que trop prévu l'avenir. L'heure de la ruine était sonnée.

Le Sultan mourut sur ces entrefaites et fut remplacé par un ennemi acharné des chrétiens. Le 30 mai, l'Ambassadeur de France prévint le Père que le nouveau maître de l'empire avait lancé un édit foudroyant contre les Arméniens convertis et contre les auteurs de leur conversion ; qu'il enjoignait aux Arméniens de redevenir schismatiques ou de se faire mahométans ; et qu'il chargeait les Pachas d'expulser les missionnaires. L'Ambassadeur ajoutait que, pour le moment, il fallait se retirer dans les villes où il y avait des Consuls français, et s'y mettre sous la protection du roi.

En conséquence, le 1er juin 1695, les missionnaires durent quitter leur troupeau et le laisser sans pasteur, attendant des jours meilleurs qui ne vinrent pas.

Ah ! si on avait pu continuer l'œuvre commencée, quel bien n'eût-on pas réalisé ?

Lorsque le P. Roche entra à Erzeroum en 1688, il y trouva trois catholiques. A sa mort, on comptait soixante-dix familles converties ; et, en 1692, les schismatiques en accusaient quatre cents. Or, les Jésuites n'avaient réellement travaillé que quatre années sur sept, car les trois dernières furent des alternatives d'expulsion et de retour, et prouvèrent seulement au prix de quels sacrifices les Pères étaient résolus à se dévouer pour les Arméniens.

Les Arméniens et les Jésuites à Erivan

Parmi les antiques cités dont les Arméniens vénèrent la mémoire, Erivan tient la première place. N'est-elle pas assise sur le sol où Noé, descendant les pentes de la montagne biblique, éleva un autel pour offrir un sacrifice au Seigneur ? N'est-elle pas le berceau des fils du vaillant Haïg, celui de l'Eglise arménienne, le siège de saint Grégoire l'Illuminateur ?

Moïse de Khorène, par une figure orientale, l'appelle l'œil d'une superbe tête, dont les futaies verdoyantes et les vignes diaprées sont la chevelure. Une assez forte rivière, le Zengag, la traverse dans sa longueur, tandis qu'un moindre cours d'eau, appelé Querk-Boulak, distribué en mille canaux, porte la fraîcheur dans ses quartiers excentriques. Sa forteresse est remarquable. Entourée de trois côtés par des murs flanqués de tours, elle est bornée, au nord-ouest, par un précipice abrupt, profond, large, au fond duquel un fleuve roule, en grondant, ses eaux tumultueuses.

Le Mont-Ararat la domine avec majesté.

Longtemps cette montagne fut l'objet d'une terreur superstitieuse. On assurait que Dieu y conservait les débris de l'arche, et que nul ne pouvait y mettre le pied sans mourir.

Un moine téméraire avait voulu, disait-on, s'en assurer. Après avoir gravi longtemps, il s'était endormi, et, le lendemain, s'était réveillé à son point de départ. Une seconde tentative avait eu le même résultat.

Au XVIIe siècle seulement, un Hollandais, Jean Struys, entreprit une exploration sérieuse du mont vénéré. « Nous partîmes le matin, dit-il, pour visiter les ermites de la montagne. Le premier ermitage est si éloigné, que nous mîmes sept jours à l'atteindre, en grimpant cinq lieues par jour. Nous trouvions tous les soirs un asile chez un ermite qui nous donnait un paysan pour nous conduire, et un âne pour porter des vivres et du bois, précaution indispensable, car il ne croît ni arbre, ni hallier, ni ronce sur la montagne. Les premiers nuages que nous traversâmes étaient obscurs et épais, les autres pleins de neige. Dans les derniers, nous pensâmes mourir de froid, quoique nous eussions pris la précaution de courir, et nous fussions morts, si la traversée eût duré plus d'un quart d'heure. »

Malgré son courage, le savant ne parvint point au sommet.

Un Français, Tournefort, avoue sans forfanterie qu'avant même de faire un pas, il prit la résolution de s'arrêter aux premières neiges.

En 1830, le docteur Parrot, professeur de physique à Dorprat, eut l'honneur d'atteindre le premier cette cime plus haute que le mont Blanc. Arrivé à quinze mille cent trente-huit pieds au dessus du niveau de la mer, il éleva une grande croix en l'honneur du Tzar Nicolas et fut obligé de redescendre précipitamment, pour éviter d'être emporté par une tourmente ; mais il ne perdit pas courage, il renouvela son ascension. Le 27 septembre, après cinq jours de fatigues, il parvint au point culminant, sur une plate-forme de deux cents pas de diamètre.

A quelque distance du Mont-Ararat, près des sources de l'Euphrate méridional, s'élève une autre montagne non moins chère au cœur des Arméniens, le Niphate, au pied duquel Tiridate fut baptisé par saint Grégoire l'Illuminateur.

Ainsi Erivan est-il un lieu sacré pour les enfants d'Haïg.

Mais, comme toute médaille a son revers, les villes les plus intéressantes ont leur côté défectueux, et celle d'Erivan n'échappe point à la loi commune.

Les chaleurs y sont torrides. L'été n'est pas supportable dans les maisons, il faut le passer sous la tente. Les fruits, très abondants, y sont malsains. Enfin les tremblements de terre en rendent le séjour dangereux, et ils sont fréquents. Quinze ans avant l'arrivée des Pères, presque toutes les maisons avaient été renversées par un de ces cataclysmes, et la moitié des habitants ensevelis sous les ruines.

Les Jésuites tenaient à s'établir dans cette ville, à cause du voisinage d'Ezchmiadzin, où réside le principal Patriarche de l'Eglise arménienne. Ils s'étaient dit que s'ils venaient à bout de convertir un Patriarche, toute la nation suivrait son pasteur.

Peut-être n'eussent-ils jamais réussi à obtenir l'autorisation nécessaire à cette fondation, sans une de ces coïncidences que Dieu ménage souvent à ses apôtres.

Plusieurs bourgs et villages catholiques de la province de Nachivan étaient en butte à des persécutions cruelles. Dans leur malheur, ils tournèrent leurs regards vers la France, et lui demandèrent protection. Le roi Louis XIV ne la fit pas attendre. Il écrivit au Scha de Perse : « Très-Haut, très-Excellent, très-Magnanime et Invincible Prince, notre très-cher et bon ami, Dieu veuille augmenter votre grandeur et vous donner une fin heureuse.

« L'affection particulière que nous avons toujours eue pour tous les chrétiens, et spécialement pour les Arméniens catholiques de la province de Nachivan, qui ont le bonheur de vivre dans votre puissant empire, nous a souvent porté, aussi bien que nos prédécesseurs, à marquer à Votre Majesté, combien nous sommes sensible aux bons traitements qu'ils ont reçus, à notre recommandation, des gouverneurs des lieux qu'ils habitent. Mais, comme ces gouverneurs changent, et que les nouveaux ne peuvent être informés des intentions favorables que Votre Majesté a pour toutes les choses où nous nous intéressons, nous serions aise qu'Elle voulût bien renouveler ces mêmes ordres, afin que les dits Arméniens catholiques de la province de Nachivan en puissent ressentir incessamment les effets. Nous nous promettons qu'Elle étendra cette protection sur toutes les Eglises chrétiennes, et qu'Elle favorisera l'Evêque de Césarople, que nous avons chargé de cette lettre, et que nous avons déclaré notre Consul de Bagdad, pour contribuer en tout ce qu'il pourra au commerce, à l'union et à la bonne correspondance que nous souhaitons être éternellement entre nos deux empires.

« Nous nous assurons encore que Votre Majesté protégera les Religieux français établis dans ses Etats, et surtout les Jésuites, pour qui nous avons une affection particulière, et qui, en l'absence de l'Evêque de Césarople, seront toujours auprès d'Elle comme des gages de l'estime et de l'amitié que nous lui portons. Nous ne doutons point aussi que Votre Majesté ne soit bien persuadée que, dans les occasions qui s'en présenteront, nous ne lui en donnions des marques très-assurées.

« Sur ce, nous prions Dieu qu'il veuille augmenter votre grandeur, et lui donner une fin heureuse.

« Ecrit à Saint-Germain-en-Laye, ce vingtième mars, 1681. »

Le roi fit accompagner cette lettre de présents remarquables par la perfection de l'ouvrage et la nouveauté de l'invention. C'étaient des machines destinées à reproduire les phénomènes des éclipses et de la conjonction des planètes.

Il fallait des savants pour en expliquer le mécanisme. On choisit deux Jésuites, le P. Longeaux et le P. Pothier. Après un an de voyage, les deux messagers arrivèrent à Ispahan, et, le 10 février 1683, dans une audience solennelle, l'Evêque de Césaropolis, à la fois Délégué du Saint Siège et Consul de France, remit le message royal et les présents. Le Scha, ravi des explications des Pères, dit à l'Evêque : — « Je suis content de vous, j'espère que vous l'êtes de moi ; je ferai en sorte que votre satisfaction aille toujours en croissant ; » et il remit aux Jésuites le Rakamon ou patente royale qui les autorisait à s'établir à Erivan.

Au P. Longeaux fut confié le périlleux honneur d'ouvrir la mission. « Je pars seul, écrit-il à un de ses amis, sans savoir la langue et sans connaître personne dans le pays, mais plein de confiance en Dieu. Je vais me mettre entre les mains de deux nations qui haïssent tellement l'Eglise Romaine, que le P. Supérieur m'a dit nettement que je serai la victime de la mission, et que je cours risque d'être empoisonné ou assommé. Prions Dieu que je ne me rende pas indigne de cette grâce... »

A son arrivée, le Khan était à la campagne. Le Père alla l'y trouver. Le Grand Chambellan le pria de partager sa tente et sa table, jusqu'à ce qu'on lui eût dressé un abri. Il fut comblé d'honneurs par tous les officiers. A l'audience, le Khan lui dit : « J'ordonnerai d'exécuter ce que vous souhaitez. Choisissez un lieu qui vous agrée, et, à mon retour à Erivan, je vous remettrai l'autorisation écrite de l'acheter. » Il lui confia ensuite une lettre de recommandation pour le Gouverneur de la ville. Quelques jours plus tard il invita de nouveau le Père à l'aller voir, l'accueillit aimablement, lui envoya des mets de sa table, lui fit dresser une tente pour la nuit, le reçut le lendemain avec les mêmes honneurs, et le congédia après l'avoir comblé de prévenances.

Quelle action diabolique vint détruire l'effet de cette faveur ? Il n'est, hélas ! que trop facile de le conjecturer.

Le Patriarche s'était ému, en voyant le Jésuite si bien accueilli. Il avait fulminé l'excommunication contre tout Arménien qui aurait des rapports avec lui, oserait lui vendre ou lui louer une maison. En vain le Père avait-il essayé de le fléchir par une visite obséquieuse ; le Prélat lui avait fermé sa porte. Sa colère alla-t-elle jusqu'à gagner l'un des domestiques du Vice-Roi pour le faire empoisonner ? On l'a dit. Toujours est-il qu'au moment de retourner à Erivan, le Père fut introduit dans une tente voisine de celle du Khan, où lui furent présentés les fruits et les confitures qu'on avait coutume d'offrir aux personnages les plus qualifiés, et qu'à son arrivée dans la ville, il fut pris de convulsions étranges et mourut. (Sept. 1684.)

Le Patriarche défendit de l'enterrer. Trois jours durant, il resta sans sépulture, et il fallut l'intervention du Gouverneur pour le faire inhumer.

Le P. Roux, supérieur à Ispahan, vit que le poste était périlleux. Il le revendiqua pour lui-même et partit en novembre. Il arriva le 16 janvier 1685, se logea modestement dans un caravansérail, y vécut solitaire, délaissé, épiant l'occasion de se faire bien venir du Patriarche.

Le P. Roux pria ; le sang du P. Longeaux cria sans doute vers le Ciel ; et Dieu changea tout à coup le cœur du Patriarche. D'ennemi il devint ami, donna aux Jésuites un terrain et une maison, et leur permit de dire la messe et de prêcher dans leurs églises. Un peu plus tard, ce Prélat, étant allé à Constantinople, y tomba malade, fit appeler l'Archevêque latin et les Jésuites, se déclara catholique, exhorta les docteurs de sa suite à abjurer le schisme et désigna pour son successeur l'Evêque de Tauris, déjà catholique et surnommé le juste pour sa sainteté.

En ce moment, les Pères crurent avoir atteint leur but ; mais l'erreur ne se laisse pas vaincre si facilement. Des intrigues empêchèrent l'intronisation de l'élu ; un schismatique prit sa place.

La conduite du nouveau Patriarche à l'égard des Jésuites fut un mystère.

D'abord, il les combla de prévenances. Le P. Roux étant tombé malade, il l'envoya visiter chaque jour par un de ses Evêques, et lui fit porter des mets de sa table. A la mort du Père, il redoubla ses témoignages de vénération. L'usage défendait d'enterrer avec pompe tout autre qu'un Evêque. Le Patriarche passa outre. Evêques, vertabets, croix et bannières, tout fut mis en mouvement. Durant sept jours, on célébra un service funèbre auquel assista le Patriarche ; et, matin et soir, entouré de son clergé, ce même Prélat passa une demi-heure en prière sur le tombeau.

Lorsqu'arriva le P. Gaspard du Puis pour remplacer le P. Roux, le Patriarche encore s'employa à lui faire acheter une maison dans de bonnes conditions ; et le Père écrivait en France : — « Ce Prélat nous prévient de ses politesses. J'ai obtenu pour tous les Jésuites la permission de dire la messe dans les églises arméniennes.

« J'ai même été assez heureux pour rendre service à des missionnaires français qui ne sont point de notre Ordre. Les schismatiques d'Hamadan les accablaient de vexations. Le Patriarche a fait cesser les persécutions et rappelé l'Evêque qui les intentait.

« Je lui ai donné le portrait du Roi. Il l'a reçu avec respect, l'a baisé, et la fait placer sur la porte de l'église, comme pour indiquer que le Roi de France est le protecteur des chrétiens. »

Qu'est-ce qui changea le cœur du Prélat ? — Nous l'ignorons. Les Jésuites l'entouraient de leurs hommages. Ils avaient même eu la bonne fortune de le guérir d'une grave maladie. Rien ne leur faisait pressentir un refroidissement, lorsque, tout à coup, d'ami, le Patriarche devint ennemi acharné. Le P. du Puis, atteint d'un mal mortel, fut abandonné seul aux soins d'un domestique allemand, d'une maladresse extrême, mourut dans un isolement complet, fut déclaré indigne de la sépulture chrétienne, et finit par être jeté, de guerre lasse, dans je ne sais quelle fosse, en un lieu désert.

Les Jésuites ne s'intimidèrent point. Ils attendirent l'heure de Dieu.

En 1697, ils crurent l'avoir entendu sonner. Ils avaient amené le Patriarche alors existant, à envoyer au Saint-Siège une profession de foi catholique. Ils attendaient la réponse du Pape, lorsqu'une abominable intrigue vint tout remettre en question.

Stéphanos, Evêque d'Ispahan, briguait les honneurs de la chaire primatiale. Fatigué d'attendre une succession qui ne s'ouvrait pas, il obtint du Scha la déposition du Patriarche et l'ordre de l'enfermer dans un couvent perdu de la montagne.

Le seul espoir qui resta aux Pères était de contre-carrer l'action de Stéphanos. Ils s'y employèrent de toutes leurs forces.

Sur leur conseil d'abord, le Patriarche exilé se munit d'une forte somme d'argent, parce qu'en Orient, plus qu'ailleurs, la clé d'or ouvre toutes les portes. Il fut libéral envers ses gardiens, se ménagea leur connivence, s'échappa et se réfugia chez les Capucins de Tauris, qui l'accueillirent sur la recommandation des Jésuites.

Ce premier pas fait, les Pères songèrent à en faire un second.

Un nouveau Gouverneur venait d'être désigné pour Erivan. A son passage à Tauris, les Pères lui firent expliquer le complot de Stéphanos, et obtinrent qu'il ne placerait pas le coupable sur le trône patriarcal avant d'avoir informé la cour de Perse et reçu une réponse.

Le Gouverneur tint sa promesse autant

qu'il le put. Lorsqu'au jour déclaré favorable par les astronomes pour son entrée solennelle, il s'approchait d'Erivan, revêtu de drap d'or, et précédé de dix timbaliers et de douze trompettes montés sur des chameaux, il rencontra Stéphanos qui l'attendait sous une tente magnifique avec un nombreux clergé, il écouta froidement sa harangue et passa dédaigneusement. Les jours suivants, il répondit de la même manière à ses obséquiosités ; mais, quand il vit que la cour de Perse s'obstinait à garder le silence, il céda, et la cause de la justice parut à jamais perdue. Or, c'était en ce moment-là même qu'elle allait se gagner. Le Gouverneur avait pour hôte et pour ami, un Prince géorgien fort influent auprès du Scha. Ce Prince tomba malade, appela les Jésuites pour le soigner, guérit, et, pour reconnaître les services de ceux qui lui avaient rendu la santé, s'engagea à écrire à Ispahan, en faveur du Patriarche injustement déposé.

L'effet ne se fit pas attendre. Le jeudi gras, Stéphanos, à table, en nombreuse compagnie, vit entrer un officier qui le déclara déchu de sa dignité, condamné à mille écus d'amende et à la prison perpétuelle. Pendant qu'il sortait entouré de soldats comme un captif, le vrai Patriarche rentrait en triomphe.

Malheureusement, la peur avait influé sur le cœur du Prélat. Quand il se vit réintégré, il ne songea qu'à maintenir sa position. Il ne reprit point ses rapports avec Rome ; et, une fois de plus, il fut prouvé que les hauts dignitaires des malheureuses Églises orientales sont plus loin du royaume de Dieu que les petits et les humbles.

Les Arméniens et les Jésuites
à Trébizonde

Les Jésuites restèrent trente-quatre mois à Trébizonde, et furent chassés.

L'histoire de cette mission est celle d'un long effort pour travailler au salut des Arméniens, effort malheureux.

La ville est petite, entourée d'une enceinte fort étendue. Elle connut la gloire des capitales. Elle donna son nom à un empire éphémère, lorsque les empereurs grecs, expulsés de Constantinople, transportèrent leur trône de ce côté de la mer Noire.

Le sol y est fertile. Des arbres nombreux, semés parmi les maisons et bien loin autour, font du promontoire sur lequel elle repose, une forêt enchantée.

Trébizonde renfermait vingt mille habitants à l'époque dont nous nous occupons.

Les Arméniens comptaient pour peu dans ce chiffre. Ils étaient surtout répandus dans les villages. Ils croupissaient, hélas ! dans l'ignorance. — Un Evèque disait, en pleurant : « Il m'arrivera le contraire de ce qui advint à Saint Grégoire. Il n'avait trouvé que dix-sept chrétiens dans sa ville épiscopale, il y laissa dix-sept païens seulement ; tandis que j'ai trouvé beaucoup de chrétiens, et qu'ils m'échappent successivement. » Les Turcs saisissaient toutes les occasions de provoquer des apostasies, et n'y réussissaient que trop.

Un exemple, entre mille, montrera comment s'opéraient ces déplorables transactions.

Un Grec fut accusé d'avoir prononcé dans l'ivresse une profession de foi musulmane. Le Pacha le mit en prison avec ordre d'abjurer le christianisme. Comme il s'y refusait, on le roua de coups. Les chrétiens se cotisèrent, obtinrent sa libération, et le pauvre homme se crut à l'abri pour toujours. Sur ces entrefaites, le Pacha fut remplacé. Son successeur, qui voulait de l'argent, donna l'ordre d'incarcérer de nouveau le malheureux libéré. Les chrétiens eurent quelque peine à réunir une seconde somme. Le prisonnier se lassa de leurs lenteurs, et apostasia.

Il n'en fallait pas tant pour animer le zèle des Jésuites.

Le P. Beauvillier, le P. Fillac et un troisième compagnon débarquèrent à Trébizonde en mai 1691.

L'accueil de l'autorité ecclésiastique fut cordial.

« A peine descendu du bateau, écrit le P. Beauvillier, nous allâmes saluer le Vicaire Général. Il était absent. Dès le lendemain, il accourut pour nous voir au Khan, et nous entraîna presque de force à la maison de ville de l'Evêque, la mettant à notre disposition aussi bien que l'église attenante. »

« A son tour, l'Evêque arriva de la campagne. Beau vieillard, avec sa grande barbe blanche, ses vêtements simples et sa crosse en bois, il nous représentait ces Evêques de la primitive Eglise, arrachés au désert.

« C'est lui qui, aussitôt après son sacre, vint à Erzeroum se mettre sous la conduite du P. Roche et abjurer le schisme.

« Il conjura les Pères de s'établir à Trébizonde, les assurant qu'il serait leur premier élève de théologie. Le Vicaire Général faisait le même vœu et la même promesse. — « J'étais tailleur, disait-il, avant d'être prêtre, et j'exerce encore le métier pour gagner ma vie. Je n'ai eu ni le temps, ni le moyen, ni l'occasion de m'instruire des devoirs de mon ministère. Je sais lire, c'est toute ma science. Nos autres prêtres, nos vertabiets même, n'en savent guère plus, excepté quelques-uns qui ont trouvé les livres des Jésuites traduits en arménien. »

Les Pères se mirent au travail, et obtinrent quelques succès. Par suite de combinaisons diverses, ils durent quitter Trébizonde au bout d'un an, mais ils furent remplacés par le P. Portier et le P. Ricard.

Sur le conseil d'un homme fort sage, les nouveaux arrivants allèrent présenter au Pacha les lettres patentes du Grand Seigneur. Le Pacha déclara ces patentes fausses, les jeta à terre, et ordonna aux Pères de quitter le pays.

Les missionnaires ne sortirent point de la ville, mais s'enfermèrent dans leur maison, en attendant que l'Ambassadeur, prévenu, leur fît rendre justice. Le Pacha ferma les yeux. Les

Pères se croyaient sûrs dans leur asile, car le bail avait encore trois mois à courir. Cependant il prit fantaisie au propriétaire de les chasser. Ils essayèrent de résister, mais ils furent lapidés dans leur demeure, et obligés de chercher refuge ailleurs.

Ce n'était que le commencement des douleurs. Le Pacha étant parti pour la guerre, le grand juge fit comparaître les Jésuites, les insulta, et les envoya en prison. La demeure ordinaire des prisonniers parut trop douce. On fit descendre les Pères dans une basse-fosse humide et obscure, à leurs fers on ajouta des ceps qui leur entravaient les jambes, à tel point qu'ils ne pouvaient ni s'asseoir ni se coucher sans se mettre dans un état violent, on les plaça sur un égout béant et infect, on les garda à vue, on ne leur accorda ni pain ni eau. Leur serviteur ayant essayé de leur apporter quelque chose, fut menacé de la bastonnade. Aucun ami ne s'interposa pour eux, et cette ingratitude paraît avoir été la plus vive de leurs peines.

Après de longs jours, le grand juge leur accorda grâce, à la condition de payer cinq cents écus. Ils ne les avaient pas. On vendit leurs petits meubles, et, quand ils n'eurent plus rien, on les jeta dans la rue, avec ordre de quitter la ville dans les vingt-quatre heures.

Ils se dirigeaient vers la campagne, où ils se proposaient d'attendre sous les arbres, le départ d'un bateau pour Constantinople, lorsqu'un homme pauvre, mais généreux, leur offrit l'hospitalité. Ils passèrent la nuit sous son toit. Le chef de la police en eut vent, il eut l'audace d'aller les trouver le lendemain matin et d'exiger d'eux quinze cents écus. Ils étaient sans ressource : ils quêtèrent, obtinrent la somme, et finirent par s'embarquer.

A Constantinople, M. de Châteauneuf sollicita de nouveaux ordres du Grand Seigneur, et les Pères repartirent.

Peu après, le P. Ricard écrivait : « Les affaires de Trébizonde vont très bien. On a déposé le Cadi qui nous avait persécutés. Son successeur, que je suis allé voir, m'a promis de nous faire rentrer en possession de notre maison, et de nous protéger. Le Pacha, de son côté, a reçu de la Porte une lettre où on lui dit que la considération due à l'Empereur de France oblige d'avoir des égards pour ses sujets.

Le P. Ricard se contentait de peu. Dans son

zèle, il ne voyait qu'une chose : obtenir la faveur de se dévouer aux Arméniens de Trébizonde. On la lui accordait, il déclarait, dès lors, que tout allait bien. Et, cependant, il s'en fallait que tout fût pour le mieux. Une autre lettre dit : « On ne saurait être plus mal reçu que nous le sommes de la population : schismatiques et infidèles se disputent à qui nous fera le plus d'avanies. Dans les rues on nous poursuit d'injures et de huées. Un de nos anciens serviteurs alla dénoncer le P. Ricard et le F. Henry. On les mit aux fers. Profitant de la liberté qui m'était laissée, je fus assez heureux pour faire tomber leurs chaînes. Le Pacha était furieux de ce que nous avions porté plainte à Constantinople ; il le laissait voir et enhardissait ainsi nos ennemis par son attitude hostile. Un docteur infidèle souffleta publiquement le P. Ricard. Un juge dit, et nous l'entendîmes, que ce serait une bonne œuvre de nous égorger quelque part en secret. Toute la ville se rangea du côté du Pacha, et nous nous vîmes dénués de secours, en danger de mort incessant.

« Nous fîmes un vœu à Marie Immaculée : nous lui promîmes de mettre la mission sous le vocable de l'Immaculée Conception, mystère inconnu jusque-là dans le pays.

« Le Pacha apprit alors que j'avais quelque teinture de la médecine. Il m'appela, me reçut avec affabilité, me montra ses mains ulcérées et me dit que personne n'avait réussi à le guérir. Dieu m'accorda la grâce de le faire. A dater de ce moment, il se montra aussi aimable qu'il avait été cruel. Son fils reçut également de nous la guérison d'une longue maladie. Il voulait nous faire agréer une forte somme d'argent, que nous refusâmes. Nous lui offrîmes un portrait du roi de France, il le plaça avec honneur dans son divan et ne cessa de le montrer en faisant du roi mille éloges.

« Aussitôt que le Pacha fut de nos amis, la ville entière nous témoigna des sympathies. On se dispute à qui nous aidera à trouver un logement ; enfin nous commençâmes sérieusement à faire la mission.

« Hélas ! Dès l'année 1695, l'œuvre fut détruite. Le tourbillon qui emporta notre Eglise d'Erzeroum, renversa celle de Trébizonde. L'orage était trop fort, l'Ambassadeur de France ne pouvait lui faire tête, malgré son indiscutable habileté. Il fallut quitter Trébizonde. »

Les Arméniens et les Jésuites chassés de leurs demeures

Les Jésuites, obligés de céder à la violence, ne se déclarèrent pas vaincus. Chassés officiellement, ils restèrent, et se cachèrent plutôt que d'abandonner les Arméniens.

Ils divisèrent en deux parts le territoire qui environne Erzeroum et Trébizonde.

La première portion, sous le vocable de saint Grégoire l'Illuminateur, englobait les villes de Torzon, d'Hassan-Kala, de Kars, d'Arabkir et de Bayazid, avec quarante villages.

La seconde, appelée mission de saint Ignace, s'étendait aux villes d'Ispire, de Baybourt, d'Akaska, de Trébizonde, de Gumuch-Hané, et comprenait aussi vingt-sept villages.

Le P. Ricard et le P. Monnier résolurent de

travailler là au salut des âmes à quelque prix que ce fût. Il y allait de leur vie, mais qu'importe ?

Quelques prêtres arméniens consentirent à les aider dans cette périlleuse entreprise. Ils recevaient d'eux le mot d'ordre, et s'en allaient de ville en ville, annonçant l'arrivée des missionnaires, désignant les maisons et les heures auxquelles on se réunirait. A leur tour, arrivaient les Pères. Le P. Ricard se montrait au grand jour. Il se donnait comme médecin. On lui ouvrait toutes les portes, même celles des Turcs, qui ne se doutaient guère de la bonne œuvre à laquelle ils aidaient. Quant au P. Monnier, il se cachait pour réserver tout son temps au ministère sacré. Le jour, on ne le voyait pas ; la nuit, il allait tantôt dans une maison, tantôt dans une autre. On s'y réunissait sous divers prétextes. Le Père instruisait les chrétiens de leurs devoirs et entendait les confessions. Tout était fini avant le jour. Cependant, le matin, un prêtre arménien, moins observé, allait porter la communion dans les maisons. Toujours quelques schismatiques profitaient de la circonstance pour entrer dans le sein de l'Eglise catholique.

Les Pères ne prêchaient pas dans les villes et les villages seulement. La grande route, la tente qu'on dressait le soir pour l'enlever le matin, la plaine où se prenait le repas du milieu du jour, tout endroit leur était bon pour annoncer Jésus-Christ.

Ils s'adjoignaient aux caravanes comme de pauvres voyageurs. Ils y passaient inconnus, au milieu de deux ou trois cents marchands, de serviteurs, de muletiers et de chameliers. Ils s'attiraient la confiance par des procédés avenants, arrivaient doucement à parler religion, et des hommes qui voyageaient uniquement pour gagner de l'argent, rencontraient, sans la chercher, la perle précieuse de l'Évangile. Lorsque la caravane stationnait quelque temps dans un centre populeux, les marchands trafiquaient, les hommes de peine se reposaient, les Pères organisaient des réunions chrétiennes et répandaient la semence qui germe pour l'éternité.

Quelquefois le P. Ricard et le P. Monnier marchaient ensemble ; d'autres fois, ils se séparaient.

En 1711, le P. Ricard eut la hardiesse de pénétrer à Trébizonde. Il y réconcilia avec l'Église un Évêque, vingt-deux prêtres, et huit cent soixante-quinze schismatiques.

Pendant ce temps-là, le P. Monnier entrait clandestinement à Kars. Il eut beau se cacher, le bien éclata et mit sur la trace du Jésuite. L'Evèque schismatique et les chefs de la nation finirent par le découvrir. Ils le dénoncèrent. En l'absence du Pacha, son Kiaya, ou remplaçant, prit sur lui d'incarcérer le missionnaire. Le Pacha revenu, d'honnêtes gens l'éclairèrent et prouvèrent l'innocence de l'accusé. Le Pacha fit justice, emprisonna son Kiaya dans le cachot d'où sortait sa victime, et le Père se retira providentiellement ainsi d'un mauvais pas qui eût pu lui coûter la vie.

Cet incident ne découragea pas le missionnaire. Dieu le protégeait visiblement. Il résolut d'aller revoir son cher troupeau d'Erzeroum. C'était hardi. Comment venir à bout de se cacher dans une ville où il était si connu ?... En 1713, il eut la bonne fortune de soigner un Agha et de le guérir. L'Agha partait pour Erzeroum, le Père lui demanda la permission de se glisser, en quelque sorte, dans ses bagages, et de s'y cacher comme un objet de contrebande. Le musulman y mit de la bonne volonté. « Grâce à cette espèce d'escapade, écrivait le missionnaire, j'ai eu la consolation de ramener à l'Eglise sept cents schismatiques. »

Un autre Jésuite, le P. Grégoire, polonais, expulsé d'Erivan, s'était réfugié au village de Perkenik, près de Sivas. Les familles catholiques y étaient peu nombreuses. Le Père s'ingénia de son mieux. Il associa à son apostolat un arménien catholique appartenant aux Frères-unis. Ce jeune homme ouvrit une école, épousa la fille du curé schismatique, convertit son beau-père, et l'amena à faire abjuration entre les mains du Jésuite polonais. La conversion du pasteur entraîna celle du troupeau. Aujourd'hui, le village n'abrite pas un seul arménien schismatique. Il est ferme dans la foi catholique, c'est un de nos centres importants.

Ainsi, d'une part, les Jésuites, poursuivis, traqués, mis en demeure d'abandonner la nation arménienne, ne cédèrent point et combattirent jusqu'à la dernière heure.

Ainsi, d'autre part, les Arméniens, en grand nombre, répondirent à leur appel, comme leurs pères avaient répondu à celui des Dominicains, et prouvèrent que leur nation n'avait pas obstinément fermé les yeux à la vraie lumière.

LIVRE PREMIER

LES ARMÉNIENS. LEURS MALHEURS. LEUR SCHISME. LEUR TRISTE SITUATION AU TEMPS ACTUEL.

I

Qu'est-ce que les Arméniens ?

A les entendre, les Arméniens habitent le paradis terrestre et parlent cette langue mélodieuse dans laquelle Adam et Eve célébraient leur bonheur et conversaient avec Dieu.

Leur théorie est ingénieuse :

Moïse place l'Eden près des sources de quatre grands fleuves, qui arrosent des contrées lointaines. Il les appelle Efrad, Hidékel, Guihon et Picon.

Or, quatre grands fleuves prennent leur

source en Arménie, l'Euphrate, le Tigre, le Cyrus et l'Araxe, et, comme Euphrate ressemble à Efrad, c'en est assez pour établir l'identité.

On objecte qu'il faut plus que de la bonne volonté pour retrouver le Tigre dans Hidékel, Guihon dans Cyrus, et Picon dans Araxe ; mais l'amour-propre national ne se laisse point interloquer pour si peu. Le cours des siècles aura transfiguré les noms, et voilà tout. Adam fut donc créé sur la terre qui est près de l'Arménie, et Dieu le transporta dans ce séjour privilégié pour y jouir de tous les bonheurs.

Quant au langage, la démonstration est encore plus simple.

D'après la Bible : « le vingt-septième jour du septième mois, l'arche se reposa sur les montagnes de l'Arménie.

« Noé sortit donc de l'arche avec ses fils, sa femme et les femmes de ses fils.

« Toutes les bêtes sauvages en sortirent aussi, les animaux domestiques, et tout ce qui rampe sur la terre, chacun selon son espèce.

« Or, Noé dressa un autel au Seigneur, et, prenant de tous les animaux et de tous les oiseaux purs, il les lui offrit en holocauste sur cet autel.

« Et Noé, qui était agriculteur, commença à labourer la terre, et il planta la vigne. »

Or Noé parlait la langue d'Adam. Dieu ne dit-il pas, en effet, qu'avant la tour de Babel, les hommes n'avaient qu'une même langue ? Donc Noé apporta en Arménie la langue du paradis terrestre, et elle y resta.

Que Noé ait parlé la langue primitive dans les plaines de l'Ararat, nous n'en doutons pas. Mais il est plus difficile d'admettre qu'elle s'y perpétua.

Effectivement, trop resserrés dans les montagnes de l'Arménie, les descendants du patriarche émigrèrent vers les plaines de Sennaar ; et lorsqu'ils entreprirent d'y élever une tour pour escalader le ciel, Dieu confondit leur langage, en sorte qu'ils ne s'entendaient plus entre eux. Que devint alors la langue primitive ?

Les Arméniens expliquent le récit biblique, et ils disent : « Il serait absurde de prétendre que la totalité ou même la moitié des descendants de Noé quitta des demeures tranquilles, des terres cultivées, un si beau pays enfin, pour se répandre à travers des contrées inconnues. »

Alors tout s'explique. Les émigrants seuls

eurent à subir la confusion des langues. Et ceux qui eurent le bon esprit de rester, perpétuèrent le langage qu'ils tenaient de Noé, et qui venait d'Adam.

Mais pourquoi les Arméniens renversent-ils eux-mêmes leur système par les noms qu'ils se donnent et celui qu'ils attribuent à leur patrie?

Entre eux, ils ne se nomment point Arméniens. Les étrangers seuls les désignent ainsi. Ils s'appellent Ask'hanazéan, c'est-à-dire, fils d'Askénez; ou bien Thorkomatsi, fils de Thorgon; ou plus communément encore fils d'Haïg, d'où leur patrie a reçu le nom d'Haïasdan.

Or, Haïg, leur père et leur premier roi, n'était-il pas à Babylone parmi les constructeurs de la tour de Babel? Ne vint-il point des plaines de Sennaar s'emparer de l'Arménie? N'y apporta-t-il pas sa langue? Et peut-on admettre qu'après la lui avoir imposée, Dieu lui permit de la quitter pour reprendre celle du paradis terrestre?

Cette part faite à la légende, disons, à la gloire des Arméniens, que leur origine remonte à la plus haute antiquité.

Ecoutons leur meilleur historien, Moïse de Korène, raconter leur généalogie :

« Le troisième patriarche après Japhet engendra trois fils, Askanaz, Riphad et Thorgon ; et, comme il possédait en propre et personnellement le pays des Thraces, il jugea convenable de partager en trois lots ce royaume et ses autres possessions, pour les donner en héritage à ses trois fils. Il assigna la Sarmatie à Askanaz ; Riphad reçut le pays des Saramades ; et quant à Thorgon, s'étant approprié par la suite l'Arménie, et en étant devenu le souverain, il conserva le nom de sa dynastie à ce royaume, qui portait celui d'Askanaz.

« Ainsi, retenez bien que nous descendons à la fois d'Askanaz et de la maison de Thorgon ; c'est le moyen de croire à l'authenticité des traditions concernant les premiers chefs de notre nation, bien que quelques-uns adoptent sur ce point une opinion différente.

« Les saintes Lettres gardent le silence sur la descendance de Thorgon. Mais un certain Mar-Abbas-Catina, syrien de nation, fut, par l'ordre de notre roi Vaghaschag, visiter les archives des rois de Perse. Plein d'intelligence et versé dans les lettres chaldéennes et grecques, il découvrit, après de longues recherches, un livre authentique, qu'Alexandre, fils de Nectanébe, avait fait traduire du chaldéen en grec. Ce livre renfermait beaucoup de renseignements sur l'histoire de plusieurs autres peuples. Mar-Abbas les laissa de côté comme étrangers à son travail, et recueillant uniquement ce qui concernait notre nation, il vint le présenter à Vagaschag. Grâce à lui, notre histoire fut connue et acquit une authenticité indubitable.

« Voici comment Mar-Abbas raconte nos origines :

« Haïg, dit-il, célèbre par sa beauté, sa force et sa chevelure bouclée, par la vivacité de son regard, par la vigueur de son bras, prince valeureux et renommé entre les géants, s'opposa à tous ceux qui levaient une main dominatrice sur les géants et les héros. Dans son audace, il entreprit d'armer son bras contre la tyrannie de Bélus. Lorsque le genre humain se dispersa sur toute la terre, au milieu d'une masse de géants d'une force démesurée, chacun, poussé par sa frénésie, enfonçait le glaive dans le flanc de son compagnon ; et tous s'efforçaient de dominer les uns sur les autres ; mais, la fortune aidant, Bélus était venu à bout de se rendre maître de toute la terre. Haïg refusa de lui obéir, et, après avoir engendré son fils Arménag à Babylone, il s'en alla au pays d'Ararat, situé du côté du nord, avec ses fils, ses filles, les fils de ses fils, hommes vigoureux, au nombre d'environ trois cents, avec les fils de ses serviteurs, les étrangers qui s'étaient attachés à lui, et avec tout ce qu'il possédait. Il s'arrêta auprès d'une montagne où quelques-uns des hommes, précédemment dispersés, avaient fait halte pour s'y fixer. Haïg soumit ces hommes à son autorité, fonda en ce lieu un établissement, et le donna en apanage à Gatmos, fils d'Arménag.

« Quant à lui, il s'en alla au nord-ouest, s'établit sur une plaine élevée, appelée Hark (Pères), ce qui veut dire : ici habitèrent les Pères de la race de Thorgon. Puis il bâtit un village qu'il appela Haïgaschen (construit par Haïg).

« Cependant, Bélus, le Titan, ayant affermi sur tous sa domination, envoya dans le nord, vers Haïg, un de ses fils, accompagné d'hommes fidèles, pour l'obliger à se soumettre à lui : — « Tu t'es fixé, dit-il à Haïg, au milieu des glaces et des frimas. Réchauffe, adoucis l'âpreté glaciale de ton caractère hautain, et, soumis à mon autorité, vis tranquille là où il te plaît, sur toute la terre de mon empire. » — Mais Haïg congédia les envoyés de Bélus avec dédain.

« Alors, Bélus, le Titan, rassemblant ses forces, marcha au nord, à la tête d'une nombreuse infanterie, contre Haïg, et arriva au pays d'Ararat, non loin de l'habitation de Gatmos. Celui-ci s'enfuit vers Haïg, et envoya en avant de rapides coureurs, chargés de lui dire : — « Sache, ô le plus grand des héros, que Bélus vient fondre sur toi avec ses braves immortels, ses guerriers à la taille élevée, et ses géants. En apprenant qu'ils approchaient de mon domaine j'ai pris la fuite. Me voici, j'arrive en toute hâte ; avise sans plus tarder à ce que tu dois faire. »

« Bélus, avec son armée audacieuse et imposante, pareil à un torrent impétueux qui se précipite du haut d'une montagne, se presse d'arriver sur les confins des possessions d'Haïg. Il se confiait dans la force et la valeur de ses soldats ; mais Haïg, ce géant calme et réfléchi, à la chevelure bouclée, à l'œil vif, rassemble aussitôt la petite phalange de ses fils et ses petits-fils, guerriers intrépides, habiles tireurs d'arc, avec les autres hommes qui vivaient sous sa dépendance, et arrive au bord d'un lac dont les eaux salées nourrissent de petits poissons. Là, haranguant ses troupes, il leur dit : — « En marchant contre l'armée de Bélus, efforçons-nous d'arriver à l'endroit où il se tient entouré par la multitude de ses braves. Si nous mourons, ce que nous possédons tombera aux mains de Bélus ; si nous nous signalons par l'adresse de nos bras, nous disperserons son armée, et nous serons maîtres de la victoire. »

« Aussitôt, franchissant un large espace, les soldats de Haïg s'élancent dans une plaine entourée de très-hautes montagnes, et se retranchent sur une hauteur à droite d'un torrent. Alors, levant les yeux, ils voient la masse confuse de l'armée de Bélus courant çà et là avec une audace farouche, sur toute la surface du pays. Cependant, Bélus, tranquille et confiant, se tenait, avec une forte escorte, à la gauche du torrent, sur une éminence, comme dans un poste d'observation. Il portait un casque de fer à la crinière flottante, avec une cuirasse d'airain qui lui garantissait le dos et la poitrine, des cuissards, des brassards, et une épée à double tranchant suspendue à sa ceinture. De la main droite, il tenait une bonne lance, et de la gauche, un épais bouclier. Haïg, voyant le Titan, ainsi armé de toutes pièces, au milieu d'une troupe d'élite, place Arménag avec ses deux frères à sa droite, Gatmos et deux autres de ses fils à sa gauche, parce qu'ils étaient habiles à tirer de l'arc et à manier l'épée, et lui-même à l'avant-garde, avance doucement, suivi de ses troupes disposées en triangle.

« Les deux armées s'étant rapprochées, les géants, dans leur choc impétueux, font retentir la terre d'un bruit épouvantable, et, par la fureur de leur attaque, répandent au loin la terreur. De part et d'autre, grand nombre de robustes géants atteints par le glaive, tombent renversés à terre.

« Cependant la bataille reste indécise. A la vue d'une résistance aussi inattendue et si pleine de danger, Bélus effrayé remonte sur la colline d'où il était descendu, car il croyait trouver un abri sûr au milieu des siens, et il se tient là jusqu'à ce que, toute son armée étant arrivée, ils puissent recommencer l'attaque sur toute la ligne. Haïg, l'habile tireur d'arc, comprenant cette manœuvre, se place en face du roi, bande son arc à la large courbure, décoche une flèche munie de trois ailes, droit à la poitrine de Bélus, et le trait, le traversant de part en part, sort par le dos et retombe à terre. C'est ainsi que le fier Titan, abattu et renversé, expire. Ses troupes, à la vue de ce terrible exploit, prennent la fuite sans qu'aucun ose se retourner en arrière.

« Mais assez sur ce sujet.

« Haïg couvre de constructions le champ de bataille et lui donne le nom d'Hark, à cause de la victoire remportée ; d'où le canton encore à présent s'appelle Haïotz-tzor (vallée des Arméniens). La colline où Bélus succomba avec ses braves guerriers, fut nommée Kérezmank (les tombeaux), et l'on dit encore à présent Kérezmank. Le corps de Bélus, peint de diverses couleurs, fut transporté à Hark, et enterré sur une hauteur, à la vue de ses femmes et de ses fils. Or, notre pays est appelé Haïk, du nom de notre ancêtre Haïg. »

Après ces événements, une foule de faits sont racontés par Mar-Abbas-Catina ; mais nous n'inscrirons ici que ce qui est nécessaire à notre histoire.

« Son expédition terminée, Haïg retourna à sa première habitation, donna à Gatmos, son petit-fils, une grande partie du butin fait à la guerre, ainsi que plusieurs des plus braves de ses gens; lui ordonna de demeurer dans son séjour primitif, et, s'en étant allé, s'arrêta au lieu appelé Hark ; après quoi, ayant vécu encore de longues années, il mourut léguant à son fils Arménag le gouvernement de la nation tout entière.

« Arménag laisse deux de ses frères, Khor et Manavaz, avec Paz, fils de Manavaz, et toute leur suite, au lieu appelé Hark. Manavaz reçut Hark en apanage. Son fils eut, au nord-ouest, le littoral de la mer salée, qu'il appela de son nom. De Manavaz et de Paz sont issues, dit-on, les familles satrapales des Manavazian, des Peznouni, des Ouortouni qui, après saint Tiridate, se sont détruites, assure-t-on, l'une l'autre dans les combats. Khor multiplie au nord et fonde des villages. De lui est issue la grande satrapie des Korkhorouni, hommes braves et renommés, comme le sont encore leurs descendants actuels.

« Arménag, emmenant avec lui la multitude des siens, se dirige au nord-est, et débouche dans une plaine environnée de montagnes. Parmi ces montagnes s'élève un pic neigeux, orienté au sud et si haut qu'un voyageur, muni d'une bonne ceinture, ne saurait l'atteindre en moins de trois jours. C'est véritablement une antique montagne, une aïeule, au milieu de montagnes de formation récente. Du flanc de ces monts jaillissent des eaux limpides qui se promènent, comme de jeunes filles, à travers la plaine, avant de se réunir en un fleuve.

« La plaine, située à l'est, s'étend au loin sous les rayons du soleil. Arménag s'établit dans cette plaine profonde, couvre d'édifices la partie nord, appelle de son nom le pied de la montagne, et veut que ses domaines se nomment le *pied d'Arkadz*.

« Arménag engendra Armaïs, et, ayant vécu un grand nombre d'années, il mourut.

« Son fils Armaïs construisit son habitation sur une colline au bord du fleuve. De son nom, il appela la colline Armavir, et, du nom de son petit-fils, il appela le fleuve Eraskh. Son fils Schara était un grand mangeur ; il l'envoya avec sa suite, derrière la montagne, vers le nord, dans une plaine fertile, merveilleusement arrosée, qui pouvait fournir à tous les besoins de son extraordinaire appétit. Cette vallée prit le nom de Schirag, en souvenir de Schara. Elle donna lieu à ce proverbe que les villageois opposent aux gourmands trop exigeants : « Si tu as le gosier de Schara, nous n'avons pas les greniers de Schirag. »

« Amaïs engendra son fils Amasia, et mourut après avoir encore vécu de longues années.

« Amasia, établi à Armavir, engendra Kégham, Parokh le valeureux, et Tzolag à l'œil flamboyant. Puis, traversant le fleuve, il gagna la montagne du midi, au pied de laquelle il établit, à grands frais, deux habitations ; l'une à l'orient, près des sources qui jaillissent à la base de la montagne, l'autre à l'ouest de celle-ci, distante d'une bonne journée de marche à pied. Il donna en apanage ces deux habitations à ses fils, Parokh le valeureux et Tzolag à l'œil flamboyant ; ceux-ci, en s'y fixant, appelèrent ces lieux Parakhod et Tzolaguerd. Amasia nomma la montagne de son propre nom, Massis ; puis, étant retourné à Armavir, il vécut seulement quelques années et mourut.

« Kégham engendra Harma à Armavir, et, l'y laissant avec les siens, il s'en alla vers l'autre montagne au nord-est, sur les bords d'un lac, y bâtit sur les rives et y laissa des habitants. Il appela la montagne de son nom Kégh, et les villages Keghakouni, ainsi que la mer qui porte aussi cette appellation. Dans cet endroit, il engendra son fils Sissag, personnage renommé pour sa noble fierté, sa force, sa beauté, son éloquence et son adresse à tirer de l'arc. Il lui remit une grande partie de ses biens, beaucoup d'esclaves, et lui donna en apanage tout le pays depuis la mer à l'orient, jusqu'à une grande plaine où le fleuve Eraskh, après s'être frayé un lit dans les cavernes des montagnes, avoir traversé des vallées boisées et franchi des gorges étroites, descend dans la plaine avec un bruit effrayant. Là Sissag, ayant fait halte, couvrit de constructions le sol de son domaine et appela le pays de son nom Siounie, mais les Perses le dénommèrent plus exactement Sissagan. Plus tard, Valarsace, premier roi Parthe d'Arménie, y ayant rencontré des hommes célèbres, de la descendance de Sissag, les institua seigneurs du pays ; c'est la race de Sissagan.

« Kégham retourna vers la plaine au pied de la montagne, et, dans un vallon escarpé, il bâtit un village, qu'il appela de son nom Kéghami, et qui, dans la suite, fut nommé Karni par son petit-fils Karnig. De sa descendance était issu, à l'époque d'Ardachès, petit-fils de

Valarsace, un jeune homme appelé Varj, adroit à la chasse des cerfs, des chèvres sauvages et des sangliers, habile à lancer le javelot. Ardachès l'institua gardien des chasses royales, et lui donna des villages sur les bords du fleuve Hraztan. On dit que c'est de lui qu'est issue la maison des Varjnouni. Kégham, comme nous l'avons rapporté, engendra Harma et d'autres enfants ; puis il mourut, en enjoignant à son fils Harma de résider à Armavir.

« Harma engendra Aram, sur le compte duquel on rapporte une foule d'actions d'éclat, d'actes de valeur dans les combats, et qui étendit de tous les côtés le territoire des Arméniens. C'est de son nom que les étrangers appellent notre pays : les Grecs, Armèn ; les Perses et les Syriens, Arméniens. »

Ainsi raconte Moïse de Khorène. Son récit est du plus haut intérêt, il nous fait connaître non seulement Haïg, fils de Thorgon, fils de Thiraz, fils de Gomer, fils de Japhet, ancêtre des Haïasdani (Arméniens), mais encore l'origine des familles princières et la géographie de l'Arménie.

Devons-nous ajouter une foi absolue à sa narration ? Nous n'oserions l'affirmer. Toujours est-il que l'antiquité de la race Arménienne reste incontestable. Pour la mettre en doute, il faudrait déchirer toutes les pages de l'histoire.

Les noms d'Arménie et d'Arméniens se retrouvent à toutes les grandes époques des temps anciens. Ils sont prononcés à propos de la guerre de Troie, en 1190 avant Jésus-Christ ; à propos de l'expédition des Argonautes dans la Colchide, en 1260 ; à propos de Sémiramis, en 1300, et de Sésostris, en 1490. Alexandre Polyhistor affirme que les Arméniens, ayant fait une expédition contre les Phéniciens, et les ayant vaincus, firent prisonnier le neveu d'Abraham ; or Abraham vivait 2000 ans avant l'ère vulgaire. Tacite raconte qu'une des inscriptions gravées sur les monuments publics de Thèbes, portait que le roi Rhamzès avait conquis la Libye, l'Ethiopie et tous les pays habités par les Arméniens. C'est ainsi que le nom de ce peuple se relie à toutes les histoires.

Certes, il est difficile d'invoquer une noblesse plus ancienne. Fière de sa couronne de siècles, l'Arménie n'a rien à envier aux plus grandes races ; elle leur dit : Voulez-vous savoir qui je suis ? Remontez ! Remontez jusqu'aux jours où vécut Noé.

Mais les fils d'Haïg possèdent un privilège plus remarquable encore, peut-être, que leur antiquité, celui d'une vitalité unique dans l'histoire, si on excepte le peuple juif.

Jetez un regard sur la lignée de leurs rois ou de leurs satrapes. Quelle durée surprenante !

Le pouvoir patriarcal, satrapal ou royal se perpétue d'abord chez eux, dix-huit siècles, depuis Haïg, pour finir seulement en 361 avant Jésus-Christ.

A cette époque, l'Arménie subit le contrecoup de la tempête soulevée en Orient par le héros macédonien. Elle a envoyé ses enfants combattre sous les étendards de Darius. Darius est vaincu à Arbèles, et l'Arménie est forcée de s'humilier devant le vainqueur.

Son trône cependant ne sera point renversé. Alexandre d'abord y place Frataphernes, descendant d'Hydranus, l'un des sept qui défirent le mage Smerdis. A Frataphernes succède son fils Oronte. Et puis on voit à l'horizon s'élever un astre nouveau, qui régénèrera le pays, lui rendra sa vie et ses institutions propres. C'est Valarsace, frère d'Arschag, le glorieux père des

Arsacides, le descendant d'Abraham par Kédourgha, seconde femme du patriarche.

Les fils de Valarsace lui succèderont, et cette branche des Arsacides se maintiendra au pouvoir jusqu'à l'an de Jésus-Christ 428, époque fatale où les Perses lui arracheront la couronne.

Ainsi, voilà une monarchie qui a duré vingt siècles. L'histoire en compte-t-elle beaucoup de ce genre ?

Et encore, est-ce fini d'elle ? Ne le pensez pas. Si les rois de Perse ont cru l'abattre, ils se sont trompés, et leurs satrapes ne courberont pas indéfiniment le front des fils d'Haïg sous un joug despotique.

En 748, Achod, fils de Vasag, est créé Prince et Gouverneur de l'Arménie par Mérovan II, dernier kalife de la race des Omniades. Il lègue son trône à ses fils, et quatorze Princes de la famille des Bagratides l'occupent après lui.

En vain les Grecs essayent-ils d'en finir avec la royauté d'Arménie, en assassinant le quatorzième successeur d'Achod, dans la forteresse de Cibystra. Un an après cet attentat, c'est-à-dire en 1080, un parent du dernier roi, Rhoupen Ier, surnommé le Grand, relève le sceptre brisé, porte la couronne en Cilicie, et les Rhoupéniens se la transmettront jusqu'à l'heure désastreuse où Léon IV, prisonnier en Egypte, devra pour toujours abandonner le royaume aux infidèles. Or, ce fut en 1376 seulement.

Magnifique succession de Rois, que celle de l'Arménie! Elle commence à l'arrière-petit-fils de Noé. Comme un ouragan qui passe, Alexandre le Grand la renverse. Elle se relève aussitôt après l'orage. La Perse lui oppose ses satrapes durant trois cents ans ; mais, semblable à ces fleuves qui se perdent sous terre pour reparaître bientôt, elle reprend vie et dure treize siècles avant de succomber pour toujours (1).

Ce n'est point assez ! Leur trône brisé, leur territoire conquis, le flot de la barbarie enva-

(1) Il ne faudrait cependant point comparer la monarchie arménienne à nos magnifiques lignées de rois européens, à celle de la France, par exemple. L'Arménie fut souvent tributaire de puissances supérieures à la sienne. Elle paraît avoir conservé son indépendance devant les rois d'Assyrie, puisque deux fils de Sennachérib s'y réfugièrent après leur parricide ; mais elle fut tributaire de l'empire des Mèdes et des Perses. Les Grecs aussi appesantirent leur main sur elle. Leurs princes alors étaient dépendants, un peu comme l'est aujourd'hui le Bey de Tunis à l'égard de la France, ou le Prince de Bulgarie à celui de l'Empire ottoman.

hissant leur pays, les Arméniens ne mourront pas. Descendez le cours des âges, vous verrez les peuples s'éteindre autour d'eux ; quant aux vaillants fils d'Haïg, ils ne succomberont jamais.

Egyptiens, Assyriens, Chaldéens, Babyloniens, Philistins, Moabites, Phrygiens, Phéniciens, Thraces et Lydiens, aussi bien que les peuples de la Colchide, de la Médie, de la Cappadoce et de la Scythie, furent leurs contemporains à des époques diverses. Qu'en reste-t-il ? La mission de ces peuples finie, l'heure de l'éternité sonna pour eux ; ils disparurent sans retour.

Quant aux Arméniens, les conquêtes des Sésostris, des Sémiramis, des Cyrus, des Alexandre, des Arsace, des Scythes, des Romains, des Perses, des Arabes, des Tartares et des Turcs ne parviennent point à les anéantir. Ils ne passeront point, comme les autres nations, sur la scène du monde pour y jouer un rôle d'un moment et rentrer dans le néant. Ils restent. Le tronc principal de cet arbre séculaire plonge toujours ses fortes racines sur les dernières pentes du mont Ararat, et ses branches s'étendent au loin. A l'heure actuelle, les

Arméniens habitent, au nombre d'un million et demi à peu près, vers les sources et dans les vallées de l'Araxe, du Tigre et de l'Euphrate. Un million est répandu sur le territoire de la Petite Arménie. Ils sont 215,000 à Constantinople et dans les contrées environnantes ; 500,000 en Russie ; 120,000 en Perse ; 25,000 en Autriche ; 12 à 1,500 aux Indes ; quinze mille à peu près dans le Caucase : en tout 4,000,000.

Qui nous expliquera la durée prodigieuse de cette race antique, et sa force de résistance, et sa force d'expansion ?

La Providence la réserverait-elle à quelque grande destinée ?

II

Comment les Arméniens furent les artisans de leurs malheurs politiques

Nous demandera-t-on pourquoi la forte race des fils d'Haïg, si merveilleusement prédisposée à exercer la prépondérance sur les nations ses rivales, est cependant restée au second rang ?

Triste mystère, d'autant plus surprenant que Dieu lui avait tout prodigué, pays riche, fertile, admirablement constitué pour la défense.

L'Arménie est une contrée de vaste étendue, divisée en deux par l'Euphrate. La Grande est bornée au nord par le Caucase, à l'est par la mer Caspienne, au sud par la Mésopotamie, à l'ouest par l'Euphrate. La Petite se compose des provinces de Cilicie, de Cappadoce, de Galatie et du Pont, en remontant de la Méditerranée vers Trébizonde.

Son climat, froid sur les hauteurs, est tempéré dans la plaine. Ses montagnes recèlent des mines d'or, d'argent, de cuivre, de fer, de plomb, ainsi que des carrières de marbre et de jaspe. Sa Flore est une des plus riches du monde, et ses terrains produiraient encore aujourd'hui des trésors, s'ils étaient cultivés à l'européenne. Des chaînes détachées du Taurus et du Caucase, la traversent en tout sens, semées de pics majestueux, parmi lesquels se distingue l'Ararat, qui porte sa tête altière à 5,800 mètres. C'est un massif montagneux dont les assises surgissent par degrés des plaines de la Babylonie et de la Perse, pour se terminer abruptes aux bords de la mer Noire et de la mer Caspienne ; immense forteresse élevée par la nature contre les envahissements de l'étranger.

On voit le parti que les Arméniens pouvaient tirer de cette contrée, qui leur offrait les ressources nécessaires à leur subsistance et se défendait, en quelque sorte, par elle-même.

Le courage leur fit-il défaut pour profiter de ces avantages ?

Non ; leur valeur est indiscutable. Pleins de force et d'activité, cavaliers accomplis, combattants infatigables et merveilleux d'ardeur, les fils d'Haïg ne fournirent-ils pas aux armées de Cyrus, de Xerxès et de Darius, soixante ou quatre-vingt mille combattants intrépides ? Les rois de Perse et Constantin le Grand ne choisirent-ils pas, de préférence, leurs gardes du corps parmi eux ? Ne brillèrent-ils pas à la cour de Constantinople, et ne donnèrent-ils pas sept souverains à l'empire ?

Que leur manqua-t-il donc pour devenir prépondérants et glorieux à la face de l'univers ?

Tacite l'a expliqué avec son habituelle concision : « Pressée, dit-il, entre deux grands empires, et presque aussi inconnue de nous que l'emplacement de son territoire, la nation arménienne est le plus souvent en état de discorde. »

Oui, l'esprit d'égoïsme et de division, habilement fomenté tour à tour par les Romains, les Grecs, les Persans et les Arabes, devint, peu à peu, le trait caractéristique de la nation, et rendit impossibles les grands succès qui ont besoin, pour durer, d'une force collective indissoluble.

Reprenons l'histoire des Arméniens, en laissant de côté les siècles nébuleux qui précédèrent Alexandre le Grand ; toujours nous les verrons se faire les artisans de leur malheur.

Le Héros macédonien a paru sur leur frontière, il ne l'a pas franchie, mais, après avoir défait leurs soldats attachés à la fortune de Darius, il a étendu la main sur leur pays et l'a saisi comme une proie. Cependant Dieu n'a pas voulu laisser périr l'Arménie, et, peu après la mort du conquérant, il lui a suscité une race royale nouvelle et pleine de sève.

En ce temps-là, Arsace le Parthe fondait en Perse la dynastie des Arsacides. Il voulut constituer un royaume à son frère Valarsace et l'envoya gouverner l'Arménie.

Valarsace fut un grand roi, le bienfaiteur de la nation et son régénérateur. Il trouva le pays désolé au dedans par des mœurs barbares, menacé au dehors par un agitateur du nom de Morphilig.

Il s'attaqua d'abord à l'ennemi du dehors. Après avoir convoqué tous les guerriers renommés et valeureux de l'Arménie centrale, et Pakarad avec ses braves, et les descendants de Kégham, des Cananéens, de Schara, de Couschar, et leurs voisins de Sissag et de Gatmos, et les troupes de la Chaldée, de la Lazique, du Pont, de la Phrygie, et de tant d'autres provinces soumises à son autorité, il les disciplina et les rendit capables d'affronter la chance des batailles.

Morphilig, « vaillant guerrier aux membres bien proportionnés et d'une force égale à sa stature, marcha fièrement au devant de lui. Couvert de fer et d'airain, fort comme il l'était, fendant l'air avec son arme aussi vite que le font les oiseaux rapides, il fit d'abord mordre la poussière à la jeunesse vigoureuse de Valarsace, et le sang coula autour de lui, comme des torrents de pluie. Mais, à la fin, sa valeur échoua devant les fils d'Haïg et de Sennachérib l'Assyrien. Il succomba percé d'une lance ; son armée fut mise en déroute, et les droits de Valarsace furent désormais indiscutés. »

Alors, le Roi d'Arménie développa dans la paix, son magnifique talent d'administrateur.

Nous le voyons organiser les provinces de Majak, du Pont, des Colches (Ekeratzi). Il y a au pied du Barkhar, dans le Daïk, des terres marécageuses, couronnées de brouillards éternels et couvertes de forêts et de mousse ; il les transforme, aplanit les terrains accidentés, et fait de ce lieu un séjour de délices. Il prépare des résidences d'été ; dispose en parcs pour la chasse deux plaines boisées, entourées de collines ; plante des vignes et des jardins dans le climat chaud de Gogh, et développe partout l'agriculture.

Il convoque ensuite les populations étrangères et barbares, celles du nord de la plaine, celles de la base du Caucase, celles qui sont plus enfoncées dans les vallées. Il ordonne à cette multitude de renoncer à ses brigandages et à ses ruses, et de se soumettre aux lois et aux tributs royaux. Ensuite il la renvoie sous la conduite de prudents inspecteurs de son choix.

Cela fait, il prépose les chefs des principales familles au gouvernement des provinces. Il discipline l'armée, il lui impose de sages règlements. Il crée des justiciers dans les villes et les campagnes. Il établit l'ordre dans sa propre cour, fixe l'heure du conseil, celle des audiences et celle des divertissements. Il institue deux provéditeurs de la royauté, chargés d'avertir sans cesse le monarque du bien à faire et du mal à réprimer. Le premier, doit le rappeler à la justice et à l'amour des hommes, dans ses moments de colère ; le second, stimule sa négligence, en lui rappelant qu'il doit aux bons, de châtier les coupables susceptibles de leur nuire. Enfin il bâtit un temple à Armavir ; et, régénérateur de l'Arménie, il meurt chargé de mérites et de gloire, laissant derrière lui une magnifique lignée de Princes capables de continuer son œuvre.

Ainsi favorisés, les Arméniens avaient tout ce qu'il fallait pour prendre une fière attitude devant les souverains de l'Asie. Pourquoi devinrent-ils leurs esclaves ? Ecoutons Moïse de Khorène. Son récit est lamentable.

« Survint un roi, nommé Ardachir, dont la conduite privée était malheureusement blâmable. Les Princes s'en offusquèrent ; et c'était justice. Mais, au lieu de corriger le coupable, sans ébranler le trône, ils résolurent de demander au roi de Perse qu'il voulût bien destituer leur souverain. L'honneur et le bon sens auraient dû les avertir qu'agir ainsi, c'était jeter, en quelque sorte, leur patrie aux pieds du Prince Persan, en lui disant : *Elle est à toi; nous te la livrons, impose-lui un tyran.* — Ils s'obstinèrent, portèrent faux témoignage, accusèrent leur roi de prendre parti pour les Grecs contre les Perses ; et le souverain de la Perse, indigné, arracha la couronne du front d'Ardachir, confisqua ses trésors et le fit enfermer dans la forteresse de l'Oubli. Ensuite, il nomma, pour gouverner l'Arménie, devenue province persane, un Marzban du nom de Véhmihrachaboud. »

Alors commença pour les fils d'Haïg, la honte de la domination étrangère. Les disciples de Grégoire l'Illuminateur obéirent aux adorateurs du feu ; et lorsqu'ils eurent supporté la tyrannie de ces maîtres cruels durant deux siècles (428 à 632), ils devinrent la proie des Arabes, ils obéirent à des Osdigans désignés par les kalifes ; et ce nouveau châtiment dura près de trois siècles (632-859). Une tentative de relèvement s'opéra en 748.

Achot le Pagratide en fut l'auteur.

Nul mieux que lui n'était en état de ressaisir le sceptre et de rendre à son pays l'indépendance.

Sa famille, d'origine juive, habitait l'Arménie depuis quatorze siècles. Elle s'était acquis une réputation considérable par sa modération, sa libéralité, son courage et ses succès dans les combats. Elle jouissait d'une fortune considérable, s'honorait du privilège de couronner les rois d'Arménie, et possédait les territoires de l'Ararat et de Taïk, deux des plus grandes provinces du pays, sans compter d'immenses domaines dans le Touroubéran, la Haute-Arménie et le Gogarh.

De là au rang suprême, il n'y avait qu'un pas. Achot le fit hardiment et fixa sa résidence dans l'antique Ani, bien déchue sans doute, mais superbe encore dans ses ruines.

Ses mesures étaient si bien prises, qu'après lui, quatorze de ses descendants se maintinrent sur le trône. Grâce à ce vaillant Prince l'Arménie eût pu être sauvée.

Pourquoi ne le fut-elle pas ?

Hélas ! Toujours la même cause. La jalousie, qui amène la discorde et la ruine.

Fractionnée en principautés héréditaires, l'Arménie formait plus de cent gouvernements, auxquels la puissance royale portait ombrage. La constitution fondamentale du pays rendait l'opposition facile aux chefs de ces gouvernements. La loi ne leur imposait de participer aux charges de l'Etat que par une contribution insignifiante. En temps de paix, ils devaient entretenir un de leurs fils à la cour. Si la guerre survenait, ils avaient seulement à fournir quelques chevaux et un petit nombre d'hommes à l'armée. Cette loi équivalait à la consécration du droit de se désintéresser du bien-être et de la défense de la patrie commune. En de telles conditions, rien n'était si facile que d'isoler le roi, et de le laisser sans force et sans argent en face du danger.

Les princes usèrent et abusèrent de leur droit à l'égard des Pagratides. Aux époques de tranquillité, ils ne les aidèrent point à développer la prospérité de la nation. En guerre, ils ne se préoccupèrent que de la défense de leurs principautés personnelles. Les uns allaient au devant du conquérant et se soumettaient à lui. Les autres se réfugiaient dans les montagnes, gardant les défilés et les gorges pour leur sûreté particulière.

Vers la fin du IXe siècle, le mal s'aggrava d'une sorte de fièvre de royauté qui s'empara des Princes. Tous cherchèrent à ceindre une couronne.

Haman, prince d'Aghovanie, prit le titre royal en 893.

Gagig, chef de la famille Ardzrouni, obtint

le même privilège, en 908, de l'Emir arabe, Youssouf, ennemi acharné des Pagratides.

Achot, dit Ercath, se fit couronner à Dovin par ce même Youssouf, en 921.

Mouchegh fut proclamé roi de Vanand, à Kars, en 961.

Vers le même temps, Sembat, appuyé par les Emirs de l'Aderbidjian, se déclara roi de Siounie.

Enfin, en 982, Gourgen osa se faire appeler roi du Tachir, simple arrondissement inférieur de police dans la province de Gougark.

Lorsqu'il y eut tant de rois, les ambitions ne furent pas encore satisfaites.

Kachik, descendant des Pagratides, conservait la priorité. Il avait le pas sur tous. Lui seul, après tout, était Roi d'Arménie. Ses rivaux résolurent de le précipiter du trône, dût le royaume périr avec le souverain. Ils eurent recours à la trahison.

L'empereur de Byzance convoitait la ville d'Ani, place inexpugnable, où Kachik faisait sa résidence. Un traître du nom de Sarkis engagea Monomaque à attirer le roi d'Arménie à Bysance sous un prétexte amical, et lui promit de profiter de l'absence du souverain pour livrer Ani aux mains des Grecs. Monomaque écrivit à Kachik une lettre d'invitation pleine des serments les plus solennels, qu'il accompagna d'un exemplaire de l'Evangile et d'une relique de la vraie croix. Kachik se défia, mais les princes lui dirent : « O Roi, pourquoi hésiter après de pareils serments ? Que craindrais-tu ? Ne serons-nous pas là pour défendre tes droits en ton absence ? Qui d'entre nous ne mourrait pour toi ? » — Ensuite, afin de mieux tromper le souverain, le patriarche Pierre eut l'horrible courage d'aller prendre sur l'autel le sang de Jésus-Christ, il l'apporta dans la salle du conseil et, plongeant une plume dans ce sang vivifiant, il signa et fit signer par la noblesse un serment de fidélité au roi, sous les peines les plus terribles. Kachik partit pour Byzance, où il fut reçu avec la plus grande magnificence. Un moment il put se féliciter d'une démarche qui semblait tourner à l'honneur de sa couronne ; mais l'illusion ne fut pas longue. Un jour Monomaque l'aborda tenant en ses mains les quarante clés d'Ani et une lettre, signée des Princes, qui renfermait ces mots : « Ani et tout l'Orient se donnent à toi, ô empereur ! » — « Que le Christ soit juge entre moi et ceux qui m'ont trompé ! s'écria le Roi. Moi seul suis le maître de l'Arménie, moi seul en dispose, et je ne livre pas mon royaume entre tes mains, Prince parjure. » — Mais Kachik était prisonnier. Qu'importe que la prison fût dorée ? la porte en demeurait infranchissable. Monomaque envoya une armée prendre possession d'Ani. Plus généreux que les Princes, le peuple résista. Il sortit en masse, repoussa les Grecs et se maintint sur la défensive durant tout l'hiver. Il espérait ainsi donner au Roi le temps d'accourir. Lorsqu'il sut que le Prince était prisonnier, il renonça à la résistance et se mit à pleurer. Prosterné au pied des tombeaux de ses anciens souverains, il poussa de longs gémissements sur Kachik et sa race, en proférant d'horribles imprécations contre les traîtres.

Démonstration sublime, mais vains regrets, hélas ! La dynastie des Pagratides demeurait à jamais déchue.

Telle est cependant la vitalité de la nation arménienne que, foulée aux pieds par l'étranger, trahie par les Grecs, traitée en pays conquis par les Seldjoucides et ravagée par Gengiskan, elle ne consentit point à périr avec le dernier des Pagratides.

A peine Kachik, détrôné par Monomaque, eut-il été assassiné dans la forteresse de Cybistra, qu'un de ses officiers et de ses parents, Roupen, entreprit de relever son sceptre.

La Grande Arménie n'est plus tenable. Roupen se jette dans les gorges du Taurus, rallie les fidèles, s'empare de la forteresse de Partzerpert et plante à son sommet la bannière royale sans, toutefois, ceindre la couronne.

Le coup était hardi, mais les circonstances favorables et le plan bien conçu.

La configuration montagneuse du sol et le caractère indépendant des habitants de la Cilicie rendaient presque illusoire l'autorité des Grecs sur cette partie de leur empire. De plus, les contrées voisines, la Mésopotamie, la Comagène septentrionale et la Cappadoce avaient appartenu autrefois à l'Arménie et lui conservaient d'ardentes sympathies. Enfin, l'approche des Seldjoucides et l'effroi qu'ils inspiraient avaient déterminé, depuis quelque temps, une nombreuse émigration d'Arméniens vers le Taurus. Senékérim, de l'antique famille satrapale des Ardzrouni, avait échangé avec Basile II, en 1021, son royaume de Vasbouragan contre la ville et la province de Sébaste en

Cappadoce. Abelgharib, prince de la même maison, s'était fait investir, en 1042, par Constantin Monomaque, du gouvernement de la ville de Tarse et de la Cilicie. Kachïk II avait obtenu de Monomaque les villes de Galonbegh'ad et de Bizou, situées dans le voisinage de Césarée. Un autre Kachik, de la branche des Pagratides, avait cédé à Constantin Ducas son petit royaume de Kars, vers 1064, et reçu en échange la ville de Dzamentav, dans le Taurus, non loin de Mélitène. Plusieurs autres Princes arméniens s'étaient également réfugiés de ce côté de l'Euphrate ; et l'un d'eux, Oschin, quittant volontairement ses possessions de l'Arménie orientale, était venu en 1072, avec ses frères Halgam et Pazonni, chasser les infidèles du château-fort de Lampron et se constituer une puissante seigneurie en Cilicie.

Les Arméniens se trouvaient donc nombreux et forts dans cette région, et, si la tentative de Roupen avait chance de réussir quelque part, c'était là.

Roupen se constitua solidement. Constantin, son fils, aussi brave, aussi entreprenant que son père, recula les limites de la principauté nouvelle. Un moment sans doute, tout sembla perdu. Jean Comnène reprit la Cilicie et emmena captif Léon Ier, fils de Constantin, avec sa femme et son fils Toros ; mais Toros réussit à s'échapper de la prison où son père était mort, et ressaisit l'héritage paternel.

Lorsque les Croisés arrivèrent en Cilicie, les Princes de la maisons de Roupen les accueillirent en frères. En 1097, quand, sous les murs d'Antioche, les soldats de la Croix souffrirent de la famine, Constantin, maître du pays, Oschin, seigneur de Lampron, et son frère Bazouni, seigneur de Tarse, vinrent généreusement à leur aide. Cette alliance profita aux Arméniens.

Les Croisés décernèrent à Constantin le titre de baron, qui, bientôt, devait se changer en celui de roi. Des mariages furent conclus entre les Princes de la Cilicie et les familles françaises d'outre-mer. Ainsi, Arda, petite-fille de Roupen Ier, épousa, en 1100, le frère de Godefroy de Bouillon, Baudouin, comte d'Edesse. Léon Ier s'unit à une sœur de Baudouin du Bourg ; et Roupen II, frère de Léon II, à Isabeau, fille de Honfroy, seigneur de Thoron et de Krak. Léon II accorda la main de sa nièce Alice à Raymond, fils aîné de Bohémond le Bambe, prince d'Antioche ; lui-même épousa en premières noces Isabeau, princesse de la même maison, et ensuite Sibylle, fille d'Amaury, roi de Chypre, et d'Isabeau Plantagenet, reine de Jérusalem.

Afin de mieux consolider leur royaume, les Princes de la famille de Roupen s'efforcèrent de l'assimiler aux principautés latines de Syrie et de Palestine. Ils empruntèrent leur constitution féodale, instituèrent une noblesse militaire, organisèrent leur cour et les services judiciaires ou administratifs à la façon des Francs. En même temps, ils ouvraient les ports de la Cilicie aux marchands vénitiens, génois, pisans, siciliens, provençaux, languedociens et catalans ; signaient avec eux des traités de commerce, et suppléaient à la pauvreté de leur pays en y attirant les richesses étrangères. Ils entrèrent si adroitement dans la grande famille latine qu'au jour où Léon II, surnommé le Grand, osa prétendre au titre de Roi, le pape Célestin III et l'empereur Henri VI lui donnèrent leur consentement. Le Pape lui envoya même une magnifique couronne, avec un étendard aux armes de Saint-Pierre, et chargea son légat le Cardinal Conrad de Vittelspach, archevêque de Mayence, de le sacrer dans la cathédrale de Tarse.

Rien n'était si habile que cette politique. En liant ses intérêts à ceux des puissances d'outremer, en se reconnaissant le vassal de princes aussi éloignés de ses Etats que le Pape et l'Empereur d'Occident, Léon ne s'imposait pas un joug importun ; il n'acceptait guère qu'une suzeraineté nominale, et se ménageait, en même temps, un secours puissant contre l'Empire grec, son ennemi séculaire. Il recueillit bientôt le fruit de son adresse. Alexis l'Ange, contre lequel il était en révolte ouverte, comprit la nécessité de le ménager, il essaya même de se concilier son amitié, et lui envoya, à son tour, une couronne, enrichie de pierreries, en l'accompagnant d'une lettre astucieuse, où il disait : « ne place pas sur ta tête la couronne des Francs. Préfère la nôtre, car tu es beaucoup plus près de nous que de Rome. » — Ainsi cherchait-il à isoler des Latins le Roi d'Arménie pour l'attirer à lui et l'écraser ensuite. Mais Léon devina le piège ; il accueillit le message grec avec des démonstrations enthousiastes, sans cependant rien changer à ses relations avec les Latins, et se vit ainsi possesseur de deux couronnes, appuyé à la fois par Rome et par Byzance.

Les Roupéniens eussent sauvé la patrie, si elle avait pu l'être. Mais le mal était trop profond.

Le malheur n'avait pas guéri les Arméniens de leurs jalousies. Le petit royaume de Cilicie fut déchiré par les dissensions intestines. Les Souverains, abandonnés par leurs sujets, se virent bientôt impuissants à tenir tête à l'ennemi. Leur sécurité personnelle fut menacée. Ils durent chercher un refuge dans les gorges inaccessibles du Taurus et se renfermer dans leurs forteresses.

Sur ces entrefaites, la race de Roupen s'éteignit. On appela les Lusignan de Chypre à prendre leur survivance. Ils se dévouèrent, mais leur sort fut lamentable.

Constantin III, fils du comte de Tyr et neveu du Roi de Chypre, régna un an, et mourut assassiné par les princes arméniens. Guy, son frère, après deux ans de royauté, périt de la même manière. Constantin IV se maintint avec peine. Enfin Léon VI ne monta sur le trône que pour en être violemment précipité, se voir traîner en captivité et mourir en exil.

Les Turcs se tenaient aux aguets, prêts à fondre sur la Cilicie comme sur une proie. En vain l'Occident essaya-t-il de leur faire opposition. En vain Hugues IV, roi de Chypre, et Déodat de Gozon, grand-maître de Rhodes, accoururent-ils en armes ; en vain le pape Clément VI enjoignit-il à son légat François, archevêque de Crète, et à l'amiral de la flotte croisée, de faire voile vers la Cilicie, rien ne put conjurer le péril. Le vaisseau qui emmena en Egypte le Roi captif, emporta avec lui les dernières espérances de l'Arménie. A dater de ces jours néfastes, cette contrée fut rayée de la liste des monarchies. Il y eut encore des Arméniens, mais l'Arménie n'exista plus.

Voilà comment ce beau royaume, divisé contre lui-même, ne fut jamais assez fort pour dominer ses puissants rivaux et dut enfin subir la ruine.

III

De quelle sorte le Schisme religieux consomma la ruine des Arméniens.

Si Dieu prodigua aux Arméniens les avantages de l'ordre temporel, il ne se montra pas moins généreux dans la dispensation des trésors spirituels; et lorsqu'apparut Notre-Seigneur Jésus-Christ sur la terre, le roi Abgar reçut l'insigne honneur d'être le premier roi chrétien.

Ce n'est pas qu'ils l'eussent mérité par leur fidélité. Ils oublièrent promptement le culte du Dieu d'Haïg, de Thorgon et de Noé. Dès l'an 1725 avant Jésus-Christ, leur roi Anouschavan offrait des sacrifices sous les platanes d'Armavir; et le frémissement des feuilles agitées par un vent impétueux ou léger, servait aux prêtres à tirer des pronostics heureux ou défavorables.

Plus tard, ils adoptèrent les dieux de l'Assyrie, parmi lesquels ils introduisirent le troisième fils de leur roi Tigrane, Vakakan, dont ils célébraient ainsi la naissance, au son du pampirn :

« Le ciel et la terre étaient dans l'enfantement.

« La mer, aux reflets de pourpre, était aussi en travail.

« Dans la mer naquit un petit rameau vermeil,

« Du tube de ce roseau sortait de la fumée,

« Du tube de ce roseau jaillissait de la flamme,

« De cette flamme s'élançait un jeune enfant.

« Ce jeune enfant avait une chevelure de feu,

« Il avait une barbe de flamme,

« Et ses petits yeux étaient deux soleils. »

Ce Dieu, « aux petits yeux semblables à deux soleils », resta en possession des honneurs divins, jusqu'au jour où l'Assyrie et la Médie furent conquises par Cyrus. Alors les Arméniens le négligèrent pour se prosterner devant le Soleil lui-même. Leur tendance à l'idolâtrie était d'autant plus coupable que les Juifs, si nombreux dans les contrées arrosées par l'Euphrate, protestaient sans cesse en faveur de la vérité. Dieu cependant ne leur tint pas rigueur ; et lorsque Jésus-Christ parut sur la terre, il appela Abgar, de préférence à tous les princes du monde, pour se révéler à lui.

Encore païen, ce Prince sembla prédestiné à l'honneur de devenir le champion du Christ. Il se montra l'adversaire constant d'Hérode. Ses démêlés avec le Tétrarque commencèrent dès la seconde année de son règne. Lorsque Auguste ordonna d'ériger sa statue dans tous les temples de l'Arménie, Hérode avait manifesté la prétention de faire placer la sienne à côté de celle de César. Abgar, tributaire des Romains, exécuta le décret impérial, mais il opposa à la prétention du souverain de la Judée un refus qui ne manquait pas de fierté. Hérode fit marcher son neveu contre lui. Abgar le battit et resta ferme dans son refus.

Plus tard, lorsque le Prince incestueux répudia la fille d'Arête, roi de Petra, pour lui substituer Hérodiade, Abgar prit parti pour le roi de Petra, « et, s'écrie, avec une joie toute patriotique, Moïse de Khorène, grâce au secours des braves Arméniens, vengeance fut tirée de la mort du Précurseur. »

Ce fut à Edesse qu'Abgar entendit parler de Notre-Seigneur Jésus-Christ pour la première fois.

Laboubna, archiviste d'Edesse et contemporain des Apôtres, nous racontera cet événement.

Devons-nous accorder une foi absolue à son récit ? Je ne sais.

Il y est question d'une lettre d'Abgar à Notre-Seigneur Jésus-Christ, et d'une réponse rédigée par Saint Thomas. Libre à la critique de les déclarer apocryphes, du moment où l'Eglise ne les a point admises dans ses livres sacrés. M. V. de Langlois conteste leur authenticité, mais il ne doute pas qu'elles ne fissent partie du manuscrit de l'archiviste d'Edesse. Nous ne prendrons donc pas la liberté de les supprimer.

Quant au manuscrit lui-même, il restait intact au Vᵉ siècle. Moïse de Khorène le vit et s'en servit. Eusèbe, Saint Ephrem, le comte Darius, Théodore le lecteur, Cédrénus, Procope, Saint Jean de Damas, Evagre, le Pape Adrien, Gretser, Tillemont, Bergier n'hésitent pas à l'admettre. Pourquoi ne le reproduirions-nous pas sur la foi de tels hommes, ne fût-ce qu'à titre de curiosité ?

L'an 340 de l'empire des Grecs, sous le règne de Tibère, empereur de Rome, Abgar, fils d'Ariham, régnait en Mésopotamie de Syrie, dans la ville d'Edesse.

La trente-deuxième année de son règne, le douze du mois de dré, il confia à Marihab et à Schamschagram, les hommes les plus distingués de son royaume, et à Anan, son confident, des lettres pour le grand et noble Sabinus d'Eustorge, qui gouvernait la Syrie, la Phénicie et la Palestine. Et quand ses ambassadeurs eurent accompli leur mission en la ville d'Eleuthéropolis, ils revinrent par Jérusalem ; et, dans cette ville, ils remarquèrent avec étonnement une foule immense qui se pressait pour voir Jésus. Ils se joignirent à elle. Ils observèrent ; et Anan, confident du Roi, écrivit ce qu'il vit et ce qu'on lui raconta sur le Messie.

Ensuite ils revinrent auprès du Roi, et Anan lui fit la lecture de ce qu'il avait écrit.

Le Roi témoigna une grande surprise, et dit aux personnes de sa cour : *Ces miracles sont incontestablement divins. Qui donc serait capable de ressusciter les morts, excepté Dieu ?*

— Et il voulut aller lui-même à Jérusalem ; mais, comme ce pays appartenait aux Romains, il y renonça pour n'être pas une cause de guerre.

Alors, il écrivit une lettre à Jésus-Christ, et la confia à Anan, son confident.

Anan partit d'Ouvha le 14 du mois arêg, et arriva à Jérusalem le 12 du mois ahégui, qui était un mercredi.

Il trouva Jésus chez Gamaliel, pontife des Hébreux, et lut devant lui la lettre conçue en ces termes : « Abgar, fils d'Ariham, au grand médecin Jésus, qui s'est montré dans le pays de la Judée à Jérusalem, salut.

« Seigneur,

« J'ai appris que tu ne guéris pas avec des remèdes, mais seulement par ta parole ; que tu rends la vue aux aveugles, et que tu fais marcher les boiteux, que tu purifies les lépreux, que tu rends l'ouïe aux sourds, que tu chasses les démons, que tu ressuscites les morts, et que tu guéris les valétudinaires.

« Quand on m'eut raconté ces grands miracles, j'en conclus que tu es Dieu, et Fils de Dieu, descendu du ciel.

« C'est pourquoi je t'ai adressé cette lettre, en te priant de venir chez moi, afin de t'adorer, et aussi d'obtenir la guérison de mes maux, selon la foi que j'ai en ta puissance.

« De plus, j'ai entendu dire que les Juifs murmurent contre toi, te persécutent, et veulent te donner la mort.

« Daigne donc venir chez moi. J'ai une jolie ville qui suffit à nous deux. Nous y habiterons en paix. »

Jésus, recevant cette lettre dans la maison du Grand-Prêtre des Hébreux, répondit à Anan, le confident du roi :

« Va dire à ton maître : tu es heureux de croire en moi sans m'avoir vu ; parce qu'il est écrit que ceux qui me verront ne croiront pas, et que ceux qui ne me verront pas croiront.

« Quant à ton invitation, sache que ma mission est accomplie. Je dois remonter vers mon Père.

« Après mon Ascension, je t'enverrai un de mes disciples, qui rendra la santé à toi et à ton peuple, et vous conduira à la vie éternelle.

« Que ta ville soit bénie et ne tombe jamais entre les mains de tes ennemis. »

Anan, après avoir recueilli ces paroles, fit le portrait de Jésus avec d'excellentes couleurs ; et, l'ayant porté à Edesse, il l'offrit au Roi, son maître. Abgar le reçut avec joie et respect, et le plaça dans son palais. Or, après l'Ascension de Jésus, l'apôtre Thomas envoya au roi Abgar, Thaddée, l'un des soixante-douze disciples.

Thaddée reçut l'hospitalité d'un homme d'origine Juive, nommé Tobie et descendant du grand Tobie.

Le bruit de son arrivée se répandit promptement. Un satrape nommé Abdias, fils d'Abdion, en prévint le Roi, et le Roi manda Tobie et lui dit : « Un homme puissant est entré chez toi ; amène-le-moi. »

Le lendemain, Tobie amena Thaddée.

Le Roi, qui était entouré de ses satrapes, de ses ministres et des grands seigneurs, se prosterna le visage contre terre, car il voyait Thaddée rayonnant d'une lumière éclatante.

Les assistants, qui ne voyaient pas le prodige, demeurèrent profondément surpris de cette marque de respect.

Et le Roi dit à Thaddée : « je t'adjure, en vérité ! es-tu le disciple de ce puissant Jésus, Fils de Dieu, qui me promit de m'envoyer un de ses disciples pour me guérir et me donner la vie ? »

Thaddée lui répondit : « Celui dans lequel tu as cru, m'a envoyé vers toi. »

Et Abgar dit : « j'ai tellement cru en lui que, lorsque je fus informé que les Juifs l'avaient crucifié, je voulus marcher contre eux pour les exterminer. Mais je fus arrêté, à cause des Romains, car, selon l'usage de mes prédécesseurs, j'ai conclu un traité avec Tibère. »

L'apôtre dit alors : « puisque tu crois de tout ton cœur, j'impose mes mains sur toi ; *au nom de Jésus, sois guéri.* »

Et le Roi fut guéri.

Lorsque Abdias, fils d'Abdion, vit le prodige, il avança ses pieds torturés par la goutte, en disant : « Je crois ! » — Et lui aussi fut guéri.

Après cela, le Roi dit : « Tu nous as révélé la puissance de Jésus ; raconte-nous maintenant son entrée dans le monde, sa vie, ses miracles, et sa mort. »

Et Thaddée parla en présence du roi Abgar, et de tous les Princes et Satrapes, et devant

Augustine, la mère d'Abgar, et devant Schlamathie, fille de Mithridate et femme d'Abgar.

Lorsque le roi Abgar et Schlamathie sa femme, fille de Mithridate, et Phocréas et Abethschémia, et Schamschagram, et Abdion, et Aghi, et Barchalaba, et leurs compagnons eurent entendu, ils glorifièrent Dieu et Jésus-Christ, et Abgar dit : « je veux que tu répètes à toute la ville ce que nous avons entendu. »

Ensuite le Roi ordonna à Abdias, fils d'Abdion, qui était guéri de la maladie qu'il avait au pied, de faire proclamer par des hérauts que tous, hommes et femmes, se rassemblassent en un lieu appelé Bettsbara, vaste local appartenant à la famille d'Avité, fils d'Abdékhi, pour entendre la prédication de l'apôtre.

Et tous les habitants de la ville, hommes et femmes, se rassemblèrent, ainsi que Avité, et Labbon, et Khaphis, et Barchalaba, et Louboubno, et Chosron, et Schamschagram et plusieurs de leurs amis, comme eux Princes et Satrapes du roi. Il y eut beaucoup de soldats et d'ouvriers, de Juifs et de païens, et des étrangers venus d'autres pays, tels que Nisibio et Haran, et de nombreux habitants de la Mésopotamie qui accoururent à flots serrés.

Et quand Thaddée eut exposé la doctrine du Christ, et quand il eut dit : « Maintenant, il faut que je finisse mon discours, et que ceux qui ont accueilli la parole de Jésus-Christ et qui veulent assister à nos prières, restent avec nous ;... » — il s'aperçut avec plaisir que la plupart demeurèrent et que très peu s'en allèrent.

Le roi Abgar se réjouit et dit à Thaddée : « Je resterai ferme dans ma croyance ; et moi, et mon fils Maanon, et les reines Augustine et Schlamathie, nous nous prosternons devant Jésus-Christ. Maintenant, bâtis une église où bon te semblera, afin qu'on y serve Dieu en toute liberté. »

Et Thaddée bâtit une église, où le Roi, les princes et le peuple offraient à Dieu leurs prières et le glorifiaient tous les jours.

Et Thaddée guérissait beaucoup de malades.

Et lorsque Shavidas et Abednabon, les chefs de la ville, et leurs collègues Péros et Dancoo virent ses miracles, ils coururent renverser les autels des faux dieux, Bel et Nabon, et aussi le grand autel qui s'élevait au milieu de la ville, en criant : « *Jésus-Christ est le vrai Dieu ; et Thaddée est son prophète.* »

Et l'Apôtre continuait à prêcher ; et les adorateurs des idoles de pierre et de bois venaient se jeter à ses pieds, et il les baptisait au nom du Père, et du Fils, et du Saint-Esprit.

Ainsi l'Arménie fut-elle le premier royaume chrétien.

Cependant l'heure de Dieu n'avait pas définitivement sonné pour cette contrée.

Les successeurs d'Abgar furent mauvais. Saint Thaddée et Saint Barthélemy furent martyrisés. Les temples des faux dieux se rouvrirent, et le paganisme reprit le dessus au pays d'Ararat. Au IIIe siècle seulement, le christianisme triompha définitivement.

Grégoire, surnommé l'Illuminateur, fut l'instrument de Dieu pour cette œuvre providentielle.

Il était de la famille royale des Arsacides. Son père fut un traître. Il entra dans le complot des Sassanides, qui venaient de détrôner la branche aînée des Arsacides en Perse, et prétendaient empêcher la branche cadette de se perpétuer sur le trône d'Arménie. Il s'introduisit frauduleusement auprès du roi d'Arménie, Kosro, dont il était le parent, s'insinua dans ses faveurs, et profita d'un moment d'intimité pour le poignarder. Il assassina son roi et son parent, au temps même où ce glorieux prince battait les Perses et conquérait l'Assyrie. Il fut précipité du haut d'un pont et sa famille fut massacrée.

Par l'effet d'une providence merveilleuse, deux enfants survécurent à ces meurtres : le premier, Tiridate, était le fils du roi assassiné ; le second, Grégoire, était le dernier rejeton de l'assassin. Tous les deux grandirent avec des fortunes diverses.

Conduit à Rome par des amis fidèles, Tiridate développa dans les camps son énergie native, acquit une réputation d'homme de guerre, et, plus tard, aidé par l'empereur Dioclétien, revint en Arménie revendiquer le trône de ses pères.

Grégoire, transporté secrètement à Césarée de Cappadoce, fut élevé chrétiennement par une femme vertueuse. A peine adolescent, il évangélisa ses compatriotes. Sa prédication fit du bruit.

Tiridate, devenu roi, ne s'en offusqua point d'abord ; mais lorsqu'il apprit que le jeune apôtre était le fils du meurtrier de son père, il l'enferma dans une vieille citerne. Le zèle d'une pieuse chrétienne sauva Grégoire de la mort, en lui apportant, chaque jour, un pain et une cruche d'eau.

Quelque temps après, un mal semblable à celui de Nabuchodonosor, frappa le Roi. La sœur du malade apprit dans une vision que son frère guérirait s'il recourait aux prières de Grégoire. Le Roi fit retirer de la citerne le confesseur de la foi, lui demanda le baptême et publia un édit en faveur de la religion chrétienne.

Grégoire cependant n'appartenait point au clergé. Il était marié et père de deux fils. Pour assurer son ministère, il retourna à Césarée, et se fit sacrer Evêque par Léon, archevêque de cette ville. Son apostolat en devint plus fructueux. On parle de quatre millions de convertis baptisés par lui, en 310, dans les eaux de l'Euphrate.

On dit qu'il s'achemina ensuite vers Rome avec Tiridate. Le Pape lui aurait conféré le titre de Patriarche ; et Constantin aurait comblé d'honneurs le roi Tiridate. On cite même le rescrit du Pape et le texte du traité d'alliance de l'Empereur avec le roi d'Arménie. Je n'ose les transcrire. Les auteurs de la vie de Saint

Grégoire ne sont pas assez sûrs pour qu'on y ajoute une foi entière. L'existence du Saint n'est pas douteuse ; l'Eglise romaine l'honore ; mais la science conteste plusieurs détails de sa vie, tels qu'ils sont écrits par ses admirateurs.

Toujours est-il qu'il fut justement nommé l'*Illuminateur* de l'Arménie. Il détruisit les temples des idoles, établit des Evêques, construisit des églises et gouverna les peuples chrétiens. Et puis, se sentant vieillir, il sacra son fils Aristarcès, avec lequel il administra sept ans. Ensuite il se démit du patriarcat et se retira sur une montagne où il vécut et mourut en solitaire.

Le Roi paraît avoir été un apôtre. Il aurait écrit aux empereurs et aux rois en faveur de la religion chrétienne, si nous en croyons Moïse de Khorène. Il n'épargna rien pour amener ses sujets à la foi. Il est inscrit au martyrologe de l'Église arménienne.

Ainsi l'épée de Tiridate et l'éloquence de Grégoire s'unirent pour la conversion de l'Arménie ; ainsi deux hommes qui semblaient devoir être éternellement ennemis, travaillèrent ensemble à établir la charité du Christ parmi les fils d'Haïg.

En ce temps-là, le célibat n'était point imposé aux Evêques, pourvu que leur mariage eût précédé leur élévation à l'épiscopat, et sept membres de la descendance de saint Grégoire lui succédèrent sur le siège patriarcal.

Ce furent les beaux temps de l'Eglise arménienne, hélas ! presque les seuls.

Le premier Patriarche après Grégoire fut son second fils Aristarcès, qu'il avait associé, de son vivant, au gouvernement de l'Eglise. Ce Prélat assista au Concile de Nicée. Il en promulgua les décrets dans son diocèse, et mourut martyr de sa foi.

Vertanès, son frère aîné, tint la houlette pastorale après lui. Il la laissa, en mourant, à son petit-fils Hésichius ou Yousig, qui résista courageusement à Julien l'Apostat et paya de sa tête son attachement à l'orthodoxie.

Yousig avait deux fils, Bab et Athénogène. Comme ils étaient de mœurs dissolues, leur père voyait avec chagrin qu'ils ne pourraient lui succéder, et il en était dans une tristesse profonde. Une nuit qu'il s'en plaignait à Dieu, en versant un torrent de larmes, l'Ange du Seigneur lui apparut et lui dit: « Yousig, ne te désole point de ce que tes fils se sont rendus indignes du sacerdoce. Un enfant naîtra de l'un d'eux qui reprendra l'œuvre du saint apôtre Thaddée, et consolidera le siège du grand Patriarche Grégoire. » Yousig fut consolé par cette vision. Il maria son fils Athénogène à la sœur du roi Diran. Un enfant naquit de cette union. Il s'appela Nevrès ; il devait, plus tard, être surnommé le Grand. Yousig fut martyrisé par le roi Diran. Alors son petit-fils était trop jeune pour l'épiscopat. On confia l'intérim à un Prélat, nommé Paniercès, et, quand la mort eut frappé Paniercès, le petit-fils de Yousig tint les promesses faites par l'Ange à son grand-père. Sous son pontificat, dit Jean VI l'historien, l'ancienne barbarie disparut, et le pays ne compta plus que des citoyens honnêtes. Après un long et glorieux épiscopat, il mourut empoisonné par le roi Bab, auquel il reprochait son immoralité.

Après lui vinrent Isaac Ier et Asbarakès, ses parents ; enfin Isaac II, son petit-fils, qui fut le dernier Patriarche de la race de l'Illuminateur.

Isaac II gouvernait l'Eglise d'Arménie au moment où les princes arméniens eurent le triste courage de traîner leur roi Ardachir aux pieds du roi de Perse, en réclamant sa déchéance.

Afin de mieux réussir dans leur complot, les princes avaient essayé d'y associer le Patriarche. Mais Isaac s'y était énergiquement refusé. « Il est vrai, leur avait-il répondu, que la vie privée que mène notre Souverain est condamnable, et qu'il serait fort à désirer, pour lui et pour la nation, qu'il se corrigeât. Si vous me demandiez de recourir à un monarque chrétien pour travailler à sa guérison morale, je serais avec vous ; mais nous adresser à un païen pour renverser le trône, jamais ! »

« Eh bien, s'étaient écriés les princes, puisque tu ne veux pas être avec nous, nous nous tournerons contre toi ; tu ne seras plus notre Patriarche. » — Et ils l'avaient accusé de comploter avec Ardachir, contre les Perses, en faveur des Grecs.

Isaac fut donc appelé à comparaître en séance publique devant le souverain de la Perse. En vain lui promit-on, s'il consentait à trahir son prince, de le maintenir dans ses fonctions, d'augmenter ses revenus, d'accorder à son petit-fils Vartan des honneurs presque royaux. Fidèle à son Dieu et à sa patrie, Isaac demeura inébranlable et dit : « Comment, ô Persans, comment, pour une vaine gloire, pour l'amour de la puissance ou de l'argent, trahirais-je mon roi et mon pays ?... Pourquoi voulez-vous renverser Ardachir ?... On le dénonce, prétendez-vous, pour sa conduite dissolue. Il est vrai qu'en cela il est répréhensible devant la loi chrétienne ; mais, d'après vos lois impures, il est digne de louanges, et vous n'avez pas le droit de le condamner. » Irrité de ces paroles, le Roi prononça aussitôt la déchéance du généreux pontife.

Avec Isaac disparurent les saines traditions. Le jour où il fut privé de son autorité, la vraie foi reçut une atteinte dont elle ne se releva jamais.

De même, en effet, qu'après avoir prié le roi de Perse de prononcer la déchéance de leur souverain, les princes arméniens durent lui sacrifier l'indépendance de leur pays ; ainsi, lorsqu'ils lui demandèrent de déposer leur Patriarche, ils furent contraints de tirer cette conclusion malheureusement trop logique : « *O roi, adorateur du soleil, nous soumettons notre Eglise à votre suprématie. Désignez vous-même le pontife qui gouvernera nos consciences chrétiennes.* » Or, que pouvait devenir la foi entre les mains d'un païen ?

Le roi de Perse donna pour successeur à Isaac le prêtre Sourmag, sacrilège, calomniateur et presque régicide. Le mauvais arbre porta des fruits détestables. Les princes eux-mêmes chassèrent Sourmag au bout d'un an. Le Syrien Perhicho fut mis à sa place, par les ordres du roi de Perse. Entouré de compagnons de débauche, appelant des femmes à tenir sa maison, le loup couvert de la peau de brebis se maintint trois ans au pouvoir.

Ce déplorable essai ouvrit les yeux aux princes qui avaient renversé Isaac. Plusieurs d'entre eux regrettèrent de l'avoir fait déposer et songèrent à prier le roi de Perse de le replacer sur le trône patriarcal ; mais comme d'autres princes s'obstinaient à ne pas consentir à la réintégration du petit-fils de Grégoire l'Illuminateur, ils portèrent leur différend au pied du trône, et le roi païen le trancha en divisant les attributions du patriarcat. Le Syrien Samuel fut promu, avec ordre de limiter son action à l'administration du temporel, abandonnant le spirituel aux soins d'Isaac.

Samuel vécut cinq ans. Lorsqu'il fut déposé dans la tombe, les satrapes s'humilièrent devant Isaac, confessèrent leur injustice, supplièrent le Prélat de remonter sur le trône patriarcal, et s'engagèrent à conserver la dignité pontificale à ses petits-fils, de génération en génération.

Isaac motiva son refus sur une vision d'avenir qu'il avait eue longtemps avant. « Les satrapes comprirent, dit Moïse de Khorène, que, par un ordre divin, le Pontificat devait sortir de la race de saint Grégoire, et ils pleurèrent amèrement. » Ils pleurèrent, mais il était trop tard. Le trône et l'autel s'écroulaient du même coup.

A cette époque, des erreurs commençaient à circuler en Asie, sur la personne adorable de Notre-Seigneur Jésus-Christ. On niait qu'il fût Dieu et homme. Le Concile de Chalcédoine avait condamné ce blasphème. Cependant des misérables le répétèrent en Arménie. Ils attaquèrent le Concile, ils dépeignirent sous les couleurs les plus noires le pape Léon qui l'avait assemblé, et, comme il arrive à presque tous les novateurs, ils trouvèrent des adeptes.

Des Patriarches d'élite eussent étouffé le mal dans son germe ; mais que pouvaient, hélas ! et que voulaient faire des prêtres indignes comme ce Sourmag, ce Perhicho, ce Samuel élus par un roi païen ?

Le principe de la rébellion était posé. Ce principe accepté, il n'y avait plus de raison de s'incliner devant aucune majesté, fût-ce même celle de la Vérité. Les Arméniens révoltés contre le Roi, révoltés contre le Patriarche, se révoltèrent contre la Vérité éternelle.

Le mal fut consommé en 596, dans un Concile de dix Evêques réuni à Tovin. L'erreur fut déclarée dogme fondamental de l'Eglise arménienne.

C'était la faute la plus grave au point de vue national aussi bien qu'au point de vue religieux.

Affaiblie par des guerres extérieures et des dissensions intestines, l'Arménie, pour se relever, avait besoin d'ardentes sympathies, et elle s'aliénait tous les cœurs.

Quel secours attendre maintenant du côté de Byzance ? Le schisme creusait entre les deux pays un fossé infranchissable.

Qu'espérer de la Perse ? Cette puissance, ennemie du nom chrétien, ne devait laisser ni paix ni trêve aux Arméniens, jusqu'à ce qu'ils se fussent prosternés devant le soleil.

Les papes eussent pu ménager à l'Arménie un appui en Europe ; et l'Arménie s'insurgeait contre eux.

Ainsi, ce malheureux pays s'isolait-il du monde entier.

Encore, si le schisme arménien fût resté homogène ? Mais vit-on jamais l'unité dans l'erreur ?

L'autorité du Pape une fois renversée, on s'en prit à celle du Patriarche. Les Evêques le jalousèrent et déchirèrent le manteau patriarcal pour se draper dans ses lambeaux.

Un prétexte suffit à la révolte. Grégoire IX avait suivi à Sis le roi Léon II. Ce n'était pas la première fois que le siège patriarcal changeait de place. Les nécessités de la guerre l'y avaient souvent obligé. N'importe ! Quatre Evêques, des Prélats et des abbés mécontents coururent à Eczmiadzin, s'y déclarèrent légitimement réunis en Concile, et se donnèrent un autre Patriarche. Or, comme celui de Sis refusait sa démission, il y eut deux Patriarches.

Mais, déjà, dans le courant de l'année 1113, l'Archevêque d'Aghatmar s'était jugé digne du rang suprême; ce qui fit trois Patriarches.

Et quand Mahomet II, maître de Constantinople, voulut repeupler la ville dévastée, en y faisant transporter les nombreuses familles arméniennes établies à Brousse, leur Archevêque, venu avec eux, ne voulut pas que le siège de la ville capitale fût placé au second rang. Mahomet II soutint cette prétention ; donc quatre Patriarches.

Ce n'était point assez. Les vingt-trois mille familles traînées par Abbas Ier à Ispahan, s'étaient également nommé un chef indépendant ; d'où il résulte que ces schismatiques, toujours d'accord pour s'insurger contre Rome, ne surent pas rester unis et formèrent un corps monstrueux. Ils se donnèrent cinq têtes, cinq chefs suprêmes, cinq Patriarches.

Alors tout lien manqua aux malheureux Arméniens. Ce que les seigneurs féodaux avaient commencé en brisant l'unité politique, les Evêques schismatiques le consommèrent en détruisant l'unité religieuse. Les princes avaient livré la nation aux Perses ; les Evêques, traîtres à l'Eglise, la traînèrent aux pieds des Turcs.

« Alors, s'écrie Mathieu d'Edesse, notre maison paternelle fut ruinée, démantelée, et croula jusqu'aux fondements.

« Alors, tout espoir de salut s'évanouit. Notre front se courba sous le joug des infidèles et des hordes venues de contrées étrangères.

« Alors s'accomplit contre nous cette parole du prophète : *O Dieu, tu as vendu ton peuple pour rien. Tu nous as rendus la fable des nations, un objet de dérision et de mépris pour ceux qui nous environnent.* »

IV

Quelle est la situation actuelle des Arméniens ?

Longtemps asservie par les Assyriens, déchirée à l'envi par les Perses et les Grecs, en butte aux assauts réitérés de la barbarie, livrée à toutes les atrocités sous Timour-Leng, en proie à la férocité de Scha-Abbas Ier, dépeuplée par de nombreuses migrations en Tartarie, en Perse, en Moldavie, en Pologne, en Russie, en Italie, et jusqu'en Hollande et dans les Indes orientales, la malheureuse Arménie s'est vue précipiter dans l'abîme.

Plus que jamais, on peut lui adresser ces paroles de Moïse de Korène :

« Je pleure sur toi, région de l'Arménie ! Je pleure sur toi, la plus illustre des contrées du nord ! Car la royauté, le sacerdoce et l'enseignement des docteurs ont disparu de ton sein. La paix s'est changée en trouble, et le désordre a pris racine. L'orthodoxie s'en est allée, et l'ignorance a installé le schisme à sa place.

« O déshonneur ! ô lamentables calamités !

« En pensant à ces choses, les soupirs et les gémissements s'emparent de mon cœur, et m'excitent à prononcer des paroles tristes et amères.

« Qui s'associera à mon affliction, en compatissant à ma peine ? Et qui m'aidera à inscrire ces choses dans les annales de l'Histoire ?

« Lève-toi, Jérémie, lève-toi, et que ta voix prophétique fasse entendre ses plaintes sur tant de maux. Rappelle-nous, comme le fit jadis Zacharie en Israël, *que de faux pasteurs se sont levés dans la nation.*

« Les Vertabiets ou docteurs sont ignorants, épris d'eux-mêmes et rapportent tout honneur à leurs personnes. Ils ne sont point appelés par Dieu, c'est l'argent et non le Saint-Esprit qui les fait élire ; ils aiment l'or, ils sont envieux, s'éloignent de la mansuétude dans laquelle Dieu habite ; et, transformés en loups, ils déchirent leur troupeau.

« Les rois dominent avec despotisme et cruauté, ils aggravent les impôts et promulguent des lois intolérables. Les préfets sont exacteurs et sans pitié. Les amis sont traîtres, et les ennemis puissants. La bonne foi est devenue vénale. De tous côtés, des hordes ennemies nous attaquent. Les maisons sont renversées, les propriétés spoliées, les chefs chargés de fers et jetés en prison, les hommes libres traînés en exil ; et les souffrances du peuple ne sauraient se compter. Le feu dévore les villes ; la famine, la maladie et la mort fondent sur nous comme sur une proie.

« Je gémis sur toi, ô Eglise des Arméniens, car l'éclat resplendissant de ton sanctuaire a disparu, et ton troupeau sans pasteur s'en va se dispersant dans les déserts et les lieux stériles. »

Déjà vraies au Ve siècle, ces tristes paroles le sont davantage au XIXe.

Du fond de l'abîme où elle gît expirante, l'Arménie appelle au secours, et, comme autrefois Jérusalem, elle crie :

O vous qui passez sur le chemin, considérez et voyez s'il est une douleur comparable à la mienne... » Elle crie ; mais qui donc y prend garde ? Les puissants de l'Europe passent en hochant la tête, absorbés qu'ils sont par les soins de leur défense personnelle. Si quelques-uns d'eux s'arrêtent et regardent, la pitié n'entre point dans leur cœur ; l'instinct de l'oiseau de proie les anime. Ils flairent un cadavre et songent à en arracher un lambeau.

L'état présent des Arméniens est lamentable ; leur avenir est gros de tempêtes. Il flotte incertain entre les Turcs désireux de les retenir captifs, les Russes qui prétendent les englober dans leur immense empire, et les Anglais qui ne s'en soucient guère, mais n'en laisseront faire que ce qui ne les gênera pas.

Avec un peu d'intelligence, les Turcs résoudraient le problème. Les Arméniens ne leur sont point ennemis. Ils ont adopté leurs usages et leur manière de vivre. Ils parlent leur langue au point d'avoir oublié l'idiome de leurs pères ; et si la Sublime Porte leur accordait la pleine liberté de leur culte, la sécurité pour leur commerce, une protection sérieuse contre le brigandage, ils ne demanderaient rien de plus et vivraient en sujets fidèles.

Malheureusement, les sultans ne semblent pas le comprendre, et par une fatalité bizarre, lorsqu'en 1856, à la suite de la guerre de Crimée, Abdul-Medjid publia l'Hatti-houmayoum célèbre qui assurait aux chrétiens leur émancipation, les Arméniens furent ceux qui eurent le moins part aux réformes. De là, mécontentement, irritation, et sourde agitation. Un parti s'est formé pour amener la résurrection du royaume d'Haïg. Il s'appelle la Jeune Arménie. Il est jeune en effet, et trop jeune. Ses projets ne sont pas mûris ; ses tentatives avortent. La Porte, en défiance, profite de ses maladresses pour ajouter des anneaux à la chaîne, et des barreaux à la prison de ses compatriotes. Les faibles se découragent ; et combien d'entre eux, las de la persécution, n'ont-ils pas déjà dit : « *Dieu est Dieu ; et Mahomet est son prophète !* »

Mais s'ils échappaient à l'Islam, les Arméniens jouiraient-ils d'un sort meilleur ? Regardez au nord, et répondez.

Avec sa persévérance que rien ne lasse, la Russie poursuit son plan de conquêtes en Asie. Il lui faut l'Arménie. Déjà elle en a saisi les plus belles provinces, et le 19 février 1878, les armes à la main, après une guerre heureuse, elle s'est presque fait adjuger les autres.

D'abord, elle essaya de les acheter. A l'article 19 du traité de San-Stephano, elle déclara que, pleine de sollicitude pour les embarras financiers de la Sublime Porte, elle consentait à lui remettre une partie des indemnités de guerre, à la condition que la Turquie lui céderait, en échange, Ardahan, Kars, Batoum, Bayazid, et la vallée d'Alachkerd. — Et la malheureuse Porte eût cédé sans l'intervention de l'Angleterre.

Dans l'impossibilité d'acheter, la Russie prit une autre route pour arriver à ses fins. Elle se fit déclarer tutrice des provinces qu'elle convoitait. Par l'article 16 du traité, elle força la Turquie à prendre devant elle, l'engagement de *réaliser sans plus de retard les améliorations et les réformes exigées par les besoins locaux, dans les provinces habitées par les Arméniens, et à y garantir leur sécurité contre les Kurdes et les Circassiens.* (Art. 16 du traité de San-Stephano). Cette tutelle n'équivaut-elle pas à une prise de possession, aux yeux de quiconque suit de près la tactique des Russes? Catherine II n'agit pas autrement lorsqu'elle s'adjugea la Crimée. Elle s'en déclara Protectrice, elle y envoya des troupes *uniquement pour y maintenir l'ordre et la tranquillité;* ensuite elle la garda.

Là ne se bornent pas les avantages remportés par la Russie. Elle possède Eczmiadzin, et, par là, une influence immense sur les provinces arméniennes restées entre les mains du Sultan. Eczmiadzin, le lieu Saint par excellence pour les Arméniens, est la résidence du Catholicos ou premier Patriarche de la nation. Ont par droit de conquête, le Catholicos est devenu dépendant du Tzar. Il n'est plus qu'un simple fonctionnaire moscovite. A sa mort, on présente à l'autocrate de toutes les Russies, deux candidats pour qu'il choisisse celui qui sera le plus à sa dévotion. Les membres du Conseil patriarcal ont également besoin de son *placet* impérial, et ils délibèrent sous les yeux d'un Procureur laïque envoyé de Pétersbourg. De la sorte, l'Eglise arménienne est à peu près entre les mains du Tzar. Qu'en fera-t-il ? On sait combien peu les croyances d'un peuple pèsent en de telles mains.

Londres, il est vrai, surveille les agissements de Pétersbourg. Le Léopard ne saurait voir, sans frémir, l'Aigle russe se précipiter du Caucase et fondre *sur un pays dont la con-*

dition politique est intimement liée aux intérêts orientaux de la Grande-Bretagne. (Dépêche à Sir H. Layard, 30 mai 1878.) On lui assure vainement, pour l'endormir, que l'influence russe est abhorrée en Asie. Il craint les faits accomplis, et répète avec Lord Salisbury : « *Sans doute, les habitants de la Mésopotamie et de la Syrie sont opposés au progrès de la Russie ; mais ils se reposent sur la Providence ; ils appartiennent à ces peuples qui sont partisans de l'inévitable, et, du moment où ils seraient persuadés qu'il n'y a pas d'autre alternative dans l'avenir que la marche en avant de la Russie, ils se résigneraient à accepter sa domination et deviendraient ses auxiliaires.* » (Meeting de Manchester, 1879.)

Aussi le Cabinet de Saint-James a-t-il pris ses sûretés. Au traité de San-Stephano, signé en février, il en opposa un autre, dès le mois de juin de la même année 1878. Il consentit à ce que les Russes conservassent Ardahan, Kars et Batoum (Kars position stratégique, Batoum débouché de commerce), mais il se déclara déterminé à leur répondre à coups de canon, s'ils réclamaient Erzeroum, Bayazid et la vallée d'Alachkerd. Il exigea qu'on ne prît aucune mesure en Asie-Mineure sans le consulter, et, sous prétexte de mieux protéger la Turquie, se fit accorder l'île de Chypre.

A ce jeu de l'Angleterre, que gagneront les Arméniens ?... Une invasion du protestantisme dans leur pays, et rien de plus. La rivale de la Russie cherche à établir, en quelque sorte, un point entre Chypre et la Cilicie. Elle couvre la contrée de temples protestants et d'écoles. Elle envoie des ministres anglicans, les mains pleines d'or, acheter les consciences des Arméniens ; et il ne s'en trouve que trop à vendre, hélas !

Telle est la situation de l'Arménie. Elle reste à la merci de trois maîtres : de la Russie par le droit du plus fort, de l'Angleterre en vertu d'un traité, de la Turquie souveraine de fait. La Porte n'est plus capable de la défendre. Déjà pupille de la Russie, elle accepte la tutelle de l'Angleterre, et paye ses tuteurs aux dépens des Arméniens. Au premier, elle concède une partie notable de leur pays ; au second, elle livre l'ancien royaume des Lusignan, la clé de la Cilicie.

Quelque chose qui arrive, la nationalité et la foi des Arméniens sont menacées de périr à tout jamais. Continueront-ils à trembler sous le cimeterre ? Leur Eglise sera-t-elle confisquée au profit de celle de Moscou ? Ou bien les souverains de l'Angleterre deviendront-ils les arbitres de leur conscience? — Voilà le problème !

Effrayés de la situation, les Arméniens ont porté leur cause devant les plénipotentiaires de l'Europe, lors du Congrès de Berlin, en 1878.

Leurs prétentions étaient modestes. Ils n'aspiraient point à l'indépendance ; ils visaient seulement à des privilèges analogues à ceux dont jouissent les chrétiens du Liban depuis 1860 :

« Ils demandaient à être gouvernés par un Vali chrétien et, autant que possible, arménien.

« Les Gouverneurs de districts seraient chrétiens ou musulmans, selon la religion de la majorité de leurs administrés.

« Un Conseil général électif répartirait les charges publiques.

« L'Impôt foncier remplacerait la perception abusive des dîmes.

« Une partie de l'impôt servirait à l'entretien des routes et à la création d'écoles professionnelles.

« L'égalité serait proclamée entre chrétiens et musulmans pour toute affaire administrative ou judiciaire.

« On séculariserait la Justice ; et les seuls litiges entre musulmans appartiendraient aux Chérifs.

« On rédigerait un Code civil et criminel, sur le modèle de ceux de l'Europe.

« On introduirait une réforme judiciaire radicale, et les étrangers seraient admis dans la Cour suprême.

« Pour mettre fin au brigandage des tribus nomades, on organiserait une milice indigène, et aussi une gendarmerie moitié chrétienne, moitié musulmane, qui dépendrait exclusivement du Vali.

« En attendant la formation de la milice et de la gendarmerie, on désarmerait les musulmans, comme on a désarmé les chrétiens.

« Les décrets du pouvoir seraient proclamés en arménien et en turc ; mais les Arméniens auraient le droit de s'exprimer dans leur langue pour toute requête aux autorités administratives ou judiciaires, et dans les interrogatoires subis devant la justice.

« Enfin une Commission internationale appliquerait ce nouveau régime et veillerait à son maintien. »

Une première objection surgit tout d'abord contre ce projet. D'une part, les puissances n'étaient point entièrement satisfaites de l'organisation du Liban ; et, de l'autre, les Arméniens ne sont point dans une situation analogue. Tandis que les Maronites se cantonnent au Kesroan, les Arméniens vivent dispersés au milieu des populations musulmanes. Ainsi, dans les trois vilayets d'Erzeroum, de Van et de Diarbékir, ils sont à peu près 780,000 contre 800,000 musulmans. Comment, en pleine Turquie, soumettre les musulmans à un Gouverneur chrétien, et subordonner leurs intérêts à celui d'un nombre à peine égal de chrétiens ?

Pour avoir l'air de faire quelque chose, le Congrès reprit, en son nom, la clause du traité de San-Stephano relative à l'Arménie, et fit signer cette promesse par l'Ambassadeur de Turquie : « *La Sublime Porte s'engage à réaliser, sans plus de retard, les réformes exigées par les besoins locaux dans les provinces habitées par les Arméniens, et à les protéger contre les Kurdes et les Circassiens. Elle donnera connaissance périodiquement des mesures pri-*

ses dans ce but aux puissances, qui en surveilleront l'application. » (Traité de Berlin, art. 61.)

La Porte ratifia la signature de son Ambassadeur; malheureusement elle s'en tint aux promesses.

Un an après, rien n'était fait. L'opinion publique s'échauffa en Angleterre. Les Roumains, les Serbes, les Monténégrins, les Grecs, les Bulgares avaient obtenu tout ce que promettait le traité de Berlin sous la garantie de l'Europe. Les seuls protégés de l'Angleterre restaient frustrés. N'avait-on fait qu'un traité hypocrite pour couvrir l'invasion de l'île de Chypre? Le ministère s'en émut, et une flotte anglaise mouilla devant Smyrne, sommant la Porte d'en venir à l'exécution des réformes.

La Porte répondit, en date du 15 novembre 1879 :

« Aujourd'hui, les graves soucis que la guerre avait laissés derrière elle, ayant été en grande partie écartés, Sa Majesté a daigné ordonner de rechercher et de mettre à exécution les mesures les plus propres à assurer, à toutes les classes de la population, les bienfaits d'une égale justice et à développer en général la prospérité du pays...... *La réalité et l'efficacité des réformes ne tarderont pas à être publiquement démontrées par des faits certains et éclatants.* »

Il plut à Lord Beasconsfield de se payer de ces mots. La flotte se retira, sans attendre *les faits certains et éclatants.*

Deux ans se passèrent, après lesquels, à l'instigation de M. Gladstone, chaque puissance remit au Divan, le 12 juin 1880, une note séparée, mais identique, où elle rappelait les engagements pris en 1878, et réclamait *les réformes administratives que commandait l'état des provinces asiatiques habitées par les Arméniens.*

A cette note, le ministre des Affaires Etrangères, Abéddine Pacha, répondit, comme sait répondre la Turquie, des phrases sonores, des protestations qui ne coûtent guère, mais sans conclusion.

Personne ne s'y trompa. La Porte refusait les réformes promises. Les Ambassadeurs firent leurs réclamations, dont quelques-unes étaient sur un ton assez vif ; mais comme elles ne sentaient pas la poudre, le Divan ne s'en effraya point, et la question Arménienne reste aussi peu avancée que si le Congrès de Berlin n'eût pas tenu ses assises à la face du monde.

Espérons que la France, longtemps silencieuse, se lèvera, un jour, devant ce triumvirat égoïste qui se dispute l'Arménie, et lui fera entendre une de ces paroles chevaleresques, qu'elle dit si bien.

« Pourquoi, écrivions-nous, en 1881, au sous-secrétaire d'État des Affaires Etrangères, pourquoi la France, protectrice séculaire des chrétiens d'Orient, se désintéresserait-elle de cette question ?

« De tous les chrétiens d'Orient, les Arméniens ne sont-ils pas les plus intelligents, les plus capables, les plus dignes de notre intérêt ? Ils sont partout, dans toutes les administrations politiques, civiles et commerciales.

« Leur pays est un point stratégique dont les Romains appréciaient l'importance, témoin les efforts du Sénat, pour s'y créer une influence, s'y ménager des affections, s'y lier par des traités de commerce.

« Une tendance vers la grande union catholique s'y manifeste, assez forte pour fixer l'attention du Saint-Siège ; or, en Orient, qui dit catholique, dit Français. Les souvenirs des croisades sont encore si bien dans les traditions arméniennes qu'il n'est pas rare de trouver dans les familles, de vieux portraits des rois de France, qu'on appelle nos Rois.

« L'honneur de la France n'est-il donc point engagé dans ce grand procès de la nation Arménienne ?

« Il est vrai qu'en ce moment, les Arméniens semblent négliger notre pays, pour ne songer qu'à la Russie ou à l'Angleterre ; mais à qui la faute ? Leur avez-vous tendu la main ?... Ne vous y trompez pas. Ils savent très-bien qualifier les influences anglaise et russe ; ils trouvent l'une trop intéressée et l'autre trop brutale et trop absorbante. Dans l'état actuel de désorganisation de l'Orient, leur clergé n'étant point en état de leur procurer le soutien moral qu'ils réclament, ils s'adressent aux Anglais et aux Russes comme pis-aller, comme on s'appuie sur une épave dans un naufrage, comme on a recours à l'empirique, faute d'un bon médecin. Et quand je dis : ils s'appuient sur les Russes et les Anglais, ne serait-il pas plus correct d'affirmer qu'ils les subissent ? Ils se souviennent que la France est leur soutien naturel, ils réclament universellement l'enseignement de sa langue ; ils lui demandent l'établissement, parmi eux, de consulats français ; ils n'attendent qu'un signe pour se jeter dans ses bras. Essayez donc de leur tendre la main. S'ils vous repoussent, il sera temps de les abandonner, mais pas avant.

« Qui peut vous empêcher d'entrer en lice ? Et qu'avez-vous à redouter ?

« L'Angleterre cherche à se créer une influence en Arménie. Eh bien, la France craindrait-elle de se mesurer avec elle ? »

Et que font donc les Anglais en Arménie, que la France ne puisse tenter avec de meilleures chances ?

Ils instituent des consulats, érigent des écoles, se servent de leurs ministres pour faire des excursions dans les villages, les font voyager en touristes ou sous des noms supposés, et promènent partout leur drapeau.

En cela, ils tâchent d'imiter, sous le couvert du protestantisme, ce que fit la vieille politique française, en s'aidant du catholicisme.

Les Rois de France envoyaient des Jésuites, comme aumôniers des consulats. Ces religieux devaient, avant tout, leurs soins aux protégés français ; et puis, à leurs risques et périls, ils tâchaient d'étendre les conquêtes de la foi ; et la France y trouvait son profit, puisque les nouveaux convertis devenaient ses protégés. Je dis que les missionnaires évangélisaient à leurs risques et périls, car, alors qu'on ne se gênait pas pour enfermer les ambassadeurs aux Sept-Tours, on avait peu d'égards pour la protection des consuls, et je trouve dans une lettre de l'un de nos anciens missionnaires, que pas un d'eux n'a évité de recevoir des coups de bâton sous la plante des pieds, et que le grand nombre a eu l'honneur d'être traîné en prison pour la foi. Ainsi, les missionnaires, en travaillant pour Dieu et pour l'Eglise, faisaient bénéficier notre pays des fruits de leurs souffrances.

Qui empêche la France de rivaliser en ce point avec l'Angleterre ?

Ce qu'elle fit autrefois ne lui est-il plus possible aujourd'hui ?

Elle est aussi riche en apôtres de l'Évangile que dans les temps anciens, ses religieux et ses prêtres sont dans les cinq parties du monde.

Invoquera-t-on le principe prétendu philosophique, qui défend de se mêler de ce qui est religion ? Alors, que la France renonce à toute influence en Orient ; qu'elle se résigne à ne plus faire entendre sa voix au delà de Tunis et du cap Matapan. Rien ne se fait dans ces contrées que par la religion. Tous les diplomates en font foi. Et alors même que la France de 93 égorgeait ses prêtres sur son territoire, elle les soutenait en Orient ; et si, malgré cela, elle a beaucoup perdu de son influence à cette époque, c'est qu'en fermant les séminaires et les noviciats dans la mère-patrie, elle tarissait la source où s'alimentent les missions. Les missionnaires devenus rares, notre pays ne fut plus suffisamment représenté en Orient ; et, dans les archives du ministère des Affaires Etrangères, on doit retrouver, de 1824 à 1828, toute une correspondance avec le Saint-Siège pour réclamer l'envoi de missionnaires, afin de combler les vides et de rendre à la France l'appui de sa politique.

Les Anglais n'y font pas tant de façons. Ils laissent discuter les athées en politique ; ils vont de l'avant, et ils nous supplantent, pendant que nous ergotons.

Pour ne parler que du présent ; lorsqu'en 1880, l'Archevêque arménien Mighirditch, d'Aïntab, passa au protestantisme, on se hâta de le faire venir à Londres pour l'exhiber comme un trophée. On le présenta d'abord au Club national, dans une réunion présidée par le lieutenant Mac-Donald ; et, trois jours après, à l'appel de l'Archevêque de Cantorbéry, un second meeting s'organisait à l'hôtel Lambeth, *pour traiter de la réformation de l'Église arménienne dans l'Asie-Mineure*. Le néophyte Mighirditch y présenta la nation arménienne comme une suppliante aux genoux de l'Angleterre ; il déclara que l'Eglise épiscopale anglicane répondait mieux que le protestantisme américain, aux aspirations de l'Arménie, à cause de sa constitution hiérarchique, et il conclut à la nécessité d'obtenir de la Sublime Porte des bérats épiscopaux en faveur des Evêques arméno-protestants. Lord Tenderden releva la proposition et déclara que le Cabinet britannique agissait pour faire connaître l'existence officielle de l'Eglise protestante en Turquie.

Le *Times* et le *Morning-Post* se mirent à populariser cette politique en Angleterre.

Faut-il rappeler l'énergie avec laquelle l'Ambassade anglaise soutient ses coreligionnaires, et cette menace récente de rompre avec la Porte plutôt que de se laisser entraver dans l'exercice de sa protection en faveur de certain personnage ?

Ainsi fait l'Angleterre.

Et nous nous arrêterions par respect pour une idée qui, après tout, n'est qu'un système, et un solennel démenti à la pratique universelle des nations jusqu'à nos jours !... Et nous laisserions abaisser la France pour un système !...

Me dira-t-on qu'il est impossible à la France de rivaliser, au point de vue de la dépense, avec les Sociétés anglaises qui répandent l'or à profusion ? Si j'écrivais un mémoire au lieu d'une lettre, je prouverais, par le témoignage même des protestants, qu'avec moins d'argent et de force matérielle, les missionnaires catholiques arrivent à contre-balancer les influences rivales, jusqu'à les paralyser souvent.

D'ailleurs, le protestantisme, avec ses formes froides, est antipathique aux Orientaux, qui se prennent beaucoup plus par l'imagination que par le cœur et la raison.

J'oserais presque ajouter que l'action de la France en Arménie trouverait un auxiliaire dans la Sublime Porte.

Les Turcs, en effet, ne voient pas sans frayeur

l'envahissement des Anglais et des Russes. Parmi les Arméniens fractionnés par le schisme et affaiblis par leurs divisions, les Russes apportent la menace de tout soumettre à leur autocratie, sans égard aux réclamations des consciences ; et les Anglais introduisent un élément nouveau de discorde, un second schisme, une Eglise nouvelle, le protestantisme soutenu par des batteries de canons. Les missionnaires français, au contraire, préparent l'apaisement par le retour à l'unité ; ils s'efforcent d'amener, par la persuasion, la réunion des partis divisés.

La Porte hésiterait-elle à donner ses préférences à l'action pacifique et vivifiante de la France ?

Tout fait présager qu'en levant son drapeau sur l'Arménie, la France combattrait ses rivaux à armes au moins égales, et sauverait la nation chrétienne la mieux douée de la Turquie.

LIVRE SECOND

LES ARMÉNIENS ET LE CATHOLICISME

I

Le Pape et les Arméniens

En face de l'Arménie agonisante, le Pape Léon XIII s'est ému.

L'Arménie n'est-elle point sa fille, engendrée à l'Eglise par le disciple Thaddée, l'apôtre Barthélemy, l'illuminateur Grégoire ? Or, si la fille est rebelle, le père cesse-t-il d'être père ? Puisque les princes temporels semblaient l'abandonner, il résolut de travailler seul à son relèvement.

Il s'éleva au dessus des compétitions mesquines de la politique, sans s'effrayer de son isolement. Que lui importait l'abandon de la diplomatie ! Est-ce qu'on refait un pays avec des protocoles ?

Il remonta aux sources du mal. Il vit que des rivalités jalouses avaient affaibli la nation en tuant le patriotisme ; et que le schisme, en l'isolant, la privait des sympathies du monde chrétien.

Alors il envoya aux Arméniens ses missionnaires pour les convier à s'unir entre eux d'abord et à se rallier du même coup aux millions de catholiques qui peuplent le monde.

N'était-ce point la vraie manière de procéder ?

Que les Arméniens renoncent à leurs divisions religieuses ; que tous, clergé et fidèles, se donnent le baiser de paix ; et, la main dans la main, ils auront le droit de regarder l'avenir avec confiance. Un sang nouveau coulera dans leurs veines. Ils se sentiront rajeunis ; et ils seront forts parce qu'ils seront unis dans une même pensée de concorde et d'amour.

Qu'ils entrent résolûment dans la grande famille apostolique ; qu'ils disent aux catholiques de l'Orient et de l'Occident, du Nord et du Midi : *nous sommes vos frères;* — et des centaines de millions de catholiques prendront fait et cause pour eux ; et ce qui était faiblesse hier, deviendra force demain; et les fils d'Haïg reprendront une place honorable parmi les nations civilisées.

La question est maintenant celle-ci :
Les Arméniens préféreront-ils la mort au salut que leur offre le Pape ? Répéteront-ils, avec les Grecs abâtardis du Bas-Empire : *plutôt le turban des fils de Mahomet que le chapeau rouge des cardinaux et la tiare pontificale ?*

Si la réponse est affirmative, secouons la poussière de nos sandales, et laissons aller à la mort ceux qui veulent la mort.

Mais si la réponse est négative, levons-nous tous et sauvons l'Arménie.

Pour aider à la solution du problème, étudions l'attitude des Arméniens devant la religion depuis treize siècles ; et l'histoire nous répondra s'il faut craindre ou espérer...

II

Les Arméniens et le schisme de Tovin

Lorsqu'en 596, le Concile de Tovin se proclama hérétique et schismatique, les Arméniens suivirent-ils, comme eût fait un vil bétail, les Evêques prévaricateurs ?

Non, gloire leur en soit rendue.

Ils ne cédèrent point si aisément. La majeure partie du clergé et des laïques déplorèrent l'égarement de leurs chefs. Il y eut entre l'erreur et la vérité, des fluctuations semblables à celles d'une mer tourmentée par les vents contraires. Longtemps on se demanda qui aurait la victoire ; et bien que le schisme prît le dessus, le flambeau de la vérité ne cessa de briller au sommet de l'Ararat, comme le phare de l'espérance.

Repassons la liste des Patriarches depuis le

triste Concile, nous y trouverons le témoignage de ces luttes généreuses.

Six Patriarches hérétiques succèdent aux promoteurs du schisme ; mais Yéser, le septième, dit anathème à la doctrine de Tovin.

Après Yéser, cinq Patriarches sont catholiques.

L'erreur relève ensuite la tête sous treize pontifes.

Cependant, en 862, le Concile de Chiraghan proclame de nouveau la vérité.

Trois autres Patriarches restent douteux.

Survient Jean VI, qui écrit une lettre pour soutenir la doctrine catholique des deux natures en Jésus-Christ.

Le troisième Patriarche après lui, Vahan, lève plus haut encore le drapeau de la vraie foi. Il entreprend la conversion générale de son peuple. Il est vrai qu'il est renversé de son siège, et que plusieurs schismatiques lui succèdent ; mais le triomphe des dissidents n'est pas définitif.

Grégoire Ughaïser, fils du prince Mogistros, proteste hautement pour la vérité.

Après lui, Basile, son parent, se montre ouvertement catholique.

Grégoire III envoie deux ambassades à Rome: la première vers Innocent II, la seconde vers Eugène III.

Nersès, théologien, littérateur en tout point distingué, soutient le catholicisme de toutes ses forces.

Grégoire IV réunit le Concile de Tarse pour en finir avec le schisme.

Grégoire VI adresse au Pape Innocent III des lettres pleines de soumission.

Constantin Ier mérite de recevoir de Sa Sainteté le pallium, la croix et l'anneau.

Grégoire VII, dit le Théologien, ne cesse de travailler à la réunion d'un Concile dans le sens catholique.

Constantin II ramène à l'unité trente-six Evêques, dix Vertabiets et sept abbés. Et, parce que certains brouillons cherchent à établir que ce retour n'est pas sincère, que la bonne foi a été surprise, le même Patriarche convoque une nouvelle assemblée qui affirme de nouveau son union à la Chaire de Pierre.

Ensuite, quinze Patriarches se succèdent proclamant la même foi.

Depuis lors, sans doute, le schisme s'affirme davantage ; mais ce que nous venons de constater suffit à démontrer que la vérité n'est pas antipathique à l'esprit et au cœur des Arméniens.

Encore, n'avons-nous parlé que du haut clergé.

Le peuple sut-il bien qu'il devenait hérétique? Comprit-il la question des deux natures en Jésus-Christ? S'expliqua-t-il la gravité d'une rupture avec le Saint-Siège? Assurément non. Il continua à servir Dieu, sans entrer dans les querelles de ses Evêques. Il se douta à peine qu'il y eût changement dans la manière de voir et de faire de ses Prélats ; et il fut ce qu'il est aujourd'hui, c'est-à-dire matériellement plutôt que formellement hérétique et schismatique.

III

Les Arméniens et les envoyés du Pape dans les siècles passés.

Divers Ordres religieux, notamment les Pères de Saint-François et du Mont-Carmel; de vaillantes Congrégations, comme celles des Missions Étrangères, s'employèrent au salut des Arméniens déportés dans le royaume de Perse. L'éclat de leurs succès eût, sans doute, brillamment éclairé notre cause, si nous eussions été assez heureux pour en reproduire quelque reflet. Malheureusement, la modestie de ces apôtres leur fit effacer les traces de leurs grandes actions.

Privés de cette lumière, nous limiterons nos recherches, et, de peur de nous égarer, nous nous bornerons à suivre deux sillons bien marqués sur la terre d'Arménie : le premier, ouvert par les Dominicains ; le second, par les Jésuites.

Aux fils de saint Dominique la priorité.

Les Arméniens et les Dominicains

Sous le pontificat de Jean XXII, un Evêque de l'Ordre de Saint-Dominique, nommé Barthélemy, fut envoyé en Perse.

Le bruit de ses vertus se répandit au loin. L'abbé Isaïe, savant docteur de l'Eglise Arménienne, en entendit l'écho. Il voulut en savoir davantage, et députa vers le Prélat l'un de ses trois cent soixante disciples.

L'envoyé était jeune, mais savant et d'un jugement sûr. Il s'appelait Jean. Il était fils du Prince de Karna.

Il discuta avec le Dominicain ; ses yeux s'ouvrirent à la vérité ; il l'embrassa, voulut communiquer son bonheur à ses amis, et les engagea à venir le joindre à Karna, où le Prince son père, leur offrait une généreuse hospitalité. Douze docteurs répondirent à l'appel. Eux aussi furent convaincus ; et, sous le nom de

Frères-Unis, ils formèrent une association pour la propagation de la vérité catholique. Ils adoptèrent la règle de Saint-Augustin ; revêtirent l'habit des Dominicains, sauf le scapulaire qu'ils portèrent noir, et s'appliquèrent, à la fois, à la prédication et à la traduction en arménien des grands auteurs latins.

Leur nombre s'accrut. Le monastère où ils s'abritaient sous la direction de l'Evêque Barthélemy, devint trop petit. Ils durent en bâtir quatre : l'un à Tiflis, en Géorgie ; l'autre à Kaffa, dans la Chersonèse ; un troisième à Saltance, en Perse, et le quatrième à Naschivan. Ils vécurent sous la règle du grand Evêque d'Hippone jusqu'en 1356, époque à laquelle ils obtinrent d'être incorporés à l'ordre de Saint-Dominique.

Les fruits de leur apostolat furent sans nombre. Le Jésuite qui nous raconte ce fait, assure que, de son temps, les descendants des convertis des Frères-Unis étaient des modèles de vertus chrétiennes.

Si les Dominicains eussent été fondés plus tôt ; si l'Evêque Barthélemy eût paru quelques siècles auparavant, peut-être le schisme Arménien eût-il été étouffé dans son germe !

IV

Les Arméniens et le Catholicisme

Aussi longtemps que la nation Arménienne parut hésiter entre le schisme et l'union, les Pontifes romains usèrent envers elle d'une longanimité pleine d'amour. Ils firent semblant d'ignorer qu'elle se révoltait contre eux. Ils accueillaient avec bienveillance les communications qui leur arrivaient du pays d'Arménie ; leurs missionnaires célébraient la messe et prêchaient dans les sanctuaires Arméniens, ils assistaient aux fonctions ecclésiastiques du rite opposé, sans encourir les peines infligées à ceux qui communiquent avec les hérétiques *in divinis,* selon l'expression canonique. Mais lorsque les fluctuations des premiers siècles eurent cessé, lorsque nul Patriarche n'entra plus en communication avec le Saint-Siège, lorsque les Evêques et les prêtres parurent s'affermir dans le schisme et qu'il n'y eut plus moyen d'ignorer leur révolte sacrilège, les Papes se décidèrent à créer, en faveur du petit groupe resté fidèle, un bercail sous la direction d'un Patriarche catholique.

Une occasion favorable s'offrit en 1742.

Abraham, patriarche de Sis, se convertit. Les dissidents le renversèrent de son siège. Le Pape Benoît XIV l'accueillit, le confirma dans sa dignité patriarcale, l'honora du pallium, et lui donna juridiction sur les catholiques de sa nation.

Abraham voulut affirmer son union avec Rome, en ajoutant le nom de Pierre à celui de son baptême. Il s'appela Abraham-Pierre Ier. Touchant usage conservé par ses successeurs. Le Patriarche actuel se nomme Pierre X.

Le nouvel élu établit son siège au couvent de Crèm, construit vingt ans auparavant sur les cimes du Liban, et connu aujourd'hui sous le nom de Bzommar. Ce lieu est saint, il est enchanteur. Il fut le berceau d'une Eglise réservée, peut-être, à de brillantes destinées ; il en resta le centre jusqu'à la seconde moitié du XIXe siècle. Sa position est admirable. Au loin, derrière la demeure du Patriarche, le Sannin biblique termine majestueusement un panorama de collines et de vallées semées de cèdres, tandis que, à ses pieds, sur le devant, les montagnes descendant en cascade, baignent leur base dans la mer de Phénicie aux eaux transparentes et bleues.

Les nouveaux Patriarches virent des jours mauvais. Leur existence n'était pas reconnue par la Sublime Porte ; et en Turquie, toute Eglise non reconnue est dans une situation fâcheuse. En face de l'ennemi, elle reste désarmée. Les Patriarches catholiques ne pouvaient rien pour la défense de leurs ouailles. Ils n'avaient pas le droit de parler, ni d'écrire à la Sublime Porte en leur faveur. Les Sultans ne reconnaissaient qu'une seule autorité légitime sur les Arméniens schismatiques catholiques, celle du Patriarche schismatique. De là, pour les catholiques, une situation intolérable. Ils demeuraient livrés à l'arbitraire de leurs ennemis. On leur faisait mille injustices dans la répartition des impôts ; on les chargeait outre mesure, on les ruinait, et les tribunaux leur donnaient toujours tort.

Les schismatiques suivirent à leur égard, une politique machiavélique. Ils se proposèrent de les décimer, de les anéantir ensuite. Ils ne réussirent que trop à les décimer, et le recensement de 1844 constate une diminution de cinquante mille catholiques en l'espace d'un siècle. Ils crurent pouvoir donner le dernier coup à leurs adversaires entre les années 1820 et 1830. La défaite de Navarin excitait les Turcs contre les chrétiens. Les schismatiques furent assez adroits pour séparer leur cause de celle de la chrétienté, détournèrent l'orage de dessus leur tête, et l'amoncelèrent sur celle des catholiques, *race perverse et maudite, qui était de connivence avec les vainqueurs.*

Le sultan Mahmoud disgracia le Grand-Vizir Habib-Pacha et le Ministre des Affaires Etrangères Saïd-Effendi, qui passaient pour favorables aux catholiques. Il ordonna d'expulser les missionnaires latins, espions du roi de France, prétendait-il, et défendit, sous peine de mort, de leur donner asile. Les catholiques Arméniens reçurent la défense de se réunir pour prier ailleurs que dans les églises schismatiques.

Le 8 janvier 1828, huit de leurs plus riches banquiers virent apposer brutalement les scellés sur leurs comptoirs, sur leurs caisses, sur leurs papiers, au risque d'une ruine totale, et furent chassés de Constantinople. Bientôt après, les autres catholiques d'Angora, résidant à Stamboul ou à Péra, durent abandonner leurs biens et retourner au lieu de leur naissance. Enfin, tous les catholiques Arméniens, sans exception, furent sommés de quitter la capitale dans les quinze jours, et d'aller habiter des villages où les schismatiques demeuraient en majorité. Le 21 mars, sous les peines les plus sévères, il fut défendu de cacher un de ces catholiques ou même de l'abriter momentanément. Un dernier décret proclama l'Eglise schismatique, seule reconnue par le Sultan, et condamna les catholiques à abjurer leur foi devant le Patriarche hérétique.

Une famille arménienne, celle des Dussoglou, semblait à l'abri de la persécution ; le Sultan lui avait accordé le privilége très-rare du *pentché,* qui l'exemptait du contrôle des Pachas et la faisait relever directement du Souverain. Maintes fois, Mahmoud avait dit qu'il se laisserait plutôt couper un bras que de se priver du service des Dussoglou.

Les chefs de cette famille étaient quatre frères : les deux aînés occupaient la place de directeurs de la monnaie. Seulement, comme la loi turque défend à un chrétien de tenir officiellement cette place, on avait mis au dessus d'eux un homme de paille, un vieillard nommé Abd-Arrhaman, qui leur laissait complète liberté d'action. Leur fortune était immense.

Un traître, le Vizir Habid, se rencontra pour les perdre.

Leur ami, leur commensal, leur plus dévoué en apparence ; il était de toutes leurs fêtes. Surtout, il leur empruntait sans cesse des sommes considérables dont il ne donnait pas de reçu. Le misérable calcula que ses dettes seraient payées, sans bourse délier, s'il venait à détruire le crédit de ses bienfaiteurs. Il circonvint le Sultan et lui persuada de destituer Abd-Arrhaman, pour mettre à sa place un turc qui lui était dévoué. Abd-Arrhaman fut pendu ; c'était le meilleur moyen de s'assurer de son silence. A son entrée en charge, le nouveau Gouverneur de la monnaie exigea que les Dussoglou lui présentassent, dans leur intégrité, les sommes avancées par le Sultan, à peu près vingt millions. Les Dussoglou faisaient la banque ;

leurs capitaux étaient dispersés dans toute l'Europe. Ils présentèrent des titres ; le Gouverneur les accusa d'infidélité et les emprisonna dans l'hôtel même de la monnaie. La nuit suivante, leurs parents et leurs domestiques furent arrêtés clandestinement ; les hommes conduits à la monnaie, et les femmes dans le palais du Patriarche schismatique. On les mit pêle-mêle, sans distinction de maîtres et de serviteurs. Les femmes avec leurs servantes gémirent dans une salle basse, où le Patriarche daigna leur accorder quelques bottes de paille. Meubles, vaisselle d'or, trésors artistiques furent mis sous les scellés, pour être ensuite vendus à l'encan. Les prisonniers, au nombre de soixante-quinze restèrent au secret.

Longtemps on les maintint dans un état de torture morale plus cruel que les privations physiques. Ils attendaient la mort, lorsque une nuit, la police pénétra dans le cachot des hommes et annonça que le Sultan, toujours magnanime, faisait grâce de la vie aux quatre frères Dussoglou ; que les deux aînés étaient seulement condamnés à l'exil dans une île de l'Archipel, et que les cadets seraient internés en Asie-

Mineure. Les autres prisonniers félicitèrent les quatre frères ; quelle fortune, en effet, pour des hommes qui attendaient la mort ! Ils les embrassèrent en pleurant de joie, et les frères sortirent. A la porte, ils furent séparés. Les deux plus jeunes se virent conduits vers le Bosphore. On plaça les aînés en face de cet hôtel des monnaies qu'ils avaient dirigé si longtemps, et on leur trancha la tête. Leurs frères, tout joyeux, entrés dans une barque, remontèrent le Bosphore jusqu'à la hauteur de leur splendide demeure, et là on les força à s'agenouiller pour recevoir le coup mortel. Le reste de la famille fut dispersé, sans ressources, dans des pays à demi sauvages.

Les schismatiques triomphaient, mais Dieu leur montra qu'il savait protéger son Eglise. L'excès du mal amena la réaction.

Les Cours étrangères intervinrent. L'Ambassadeur du roi Charles X, général Guilleminot, se montra d'une fermeté dont, aujourd'hui encore, les catholiques Arméniens lui sont reconnaissants. Le Roi de France ne fit pas les choses à demi. Il exerça une si heureuse pression sur la Porte, qu'elle se détermina à reconnaître officiellement l'existence de l'Eglise arméno-catholique.

Ainsi l'ennemi fut-il pris dans son piège ; et le catholicisme vengé.

Délivré de ses entraves, le Patriarche Pierre VIII songea à réparer les pertes qu'une persécution de cent ans avait fait subir à son Eglise. Il établit au couvent de Bzommar, une association d'Evêques et de prêtres, véritable armée de Jésus-Christ décidée à combattre et à vaincre. On y renonçait aux mille petits avantages dont jouit le clergé séculier ; à l'indépendance surtout. On ne thésaurisait pas ; quoique le mariage soit permis au clergé catholique Arménien, on s'en abstenait ; on vivait en communauté. Le Patriarche veillait à l'entretien commun, poussait les études, plaçait les uns dans une paroisse, envoyait les autres en mission temporaire, utilisait habilement le zèle et les talents de tous.

Le bien ne tarda pas à se produire.

Dans le cours de 1849, cinquante familles d'Adana se déclarèrent catholiques. Deux missionnaires accoururent, bâtirent une église, ouvrirent deux écoles, et se ménagèrent si peu qu'ils succombèrent à la peine.

En 1854, dans trois bourgs situés entre Antioche et Laodicée, soixante familles renoncèrent à l'hérésie.

A Marache, ce furent mille familles qui revinrent à l'unité, et, deux ans après, trois cents familles des environs suivaient leur exemple. La moisson fut si abondante que le Patriarche érigea un Evêché en faveur des nouveaux convertis.

Trente familles se convertirent à Aïntab, en 1858; huit à Hiline; cent à Malathia; cinquante à Albistane; neuf à Amasie; vingt-cinq à Birédjig; quatre-vingt-dix à Marsivan; et vingt familles, en Mésopotamie, quittèrent leur village de Dara pour s'établir à Mardin sous la direction de l'Evêque.

Or, il est à remarquer qu'à l'exception de Hiline et de Aïntab, avant 1850, on ne comptait pas un catholique dans les localités que nous avons nommées.

En dix ans à peine, les prêtres de la congrégation de Bzommar étendirent le royaume de Dieu en Syrie, en Mésopotamie, en Cilicie et dans une partie de l'Asie-Mineure. Honneur à eux ! Ils ont donné la mesure de ce que pourrait faire un clergé Arménien bien formé. Ils furent désintéressés, ils furent zélés; Dieu les bénit. Le nom du dernier Patriarche résidant à Bzommar restera glorieux dans les annales de sa nation.

Trop modestes pour parler de leurs efforts, le vénérable Patriarche et les prêtres qui nous faisaient l'honneur de nous raconter ces conversions, les attribuaient à la sainte Vierge d'abord, et puis à la France, et, faut-il le dire? aux protestants encore, quoiqu'ils en fussent la cause bien involontaire.

Citons quelques exemples :

A Adana, un diacre, nommé Jean, était venu de Constantinople, en 1844, pour faire l'école aux Arméniens schismatiques. Un parti se forma en sa faveur, et l'Evêque de Sis le favorisant, le diacre devint prêtre et évêque d'Adana. Grande rumeur dans le parti contraire. Des disputes commencèrent ; le désordre fut grand. Sur ces entrefaites, arrivèrent les protestants qui venaient insidieusement offrir leur médiation, afin de s'introduire à la faveur du trouble. On les accueillit d'abord ; mais lorsqu'on les entendit parler contre la sainte Vierge et les saints, le peuple ne put les souffrir, et il les chassa. Cependant les protestants avaient appris à ces pauvres gens à douter de la légitimité du schisme. On se tourna vers la France. On écrivit à M. de Lesseps, alors consul général à Beyrouth. Le Consul prévint le Patriarche, celui-ci envoya des missionnaires, et les conversions commencèrent.

A Héssab, un schismatique arménien donna le premier exemple d'un changement de Religion en passant au protestantisme. Comme les consuls anglais d'Alep et d'Antioche promettaient leur protection et de l'argent aux transfuges, dix familles imitèrent le mauvais exemple. De là des angoisses et une grande perplexité dans le reste de la population. D'un côté, elle maudissait les blasphémateurs qui rejetaient la sainte Vierge et le culte des saints ; et d'autre part, elle ne savait comment répondre aux arguments des astucieux ministres du culte réformé. On demanda la lumière au catholicisme. Des prêtres de Bzommar accoururent ; ils eurent, avec les protestants, des disputes publiques ; et, s'ils ne ramenèrent point ceux qu'avaient séduits l'or et la protection anglaise, ils éclairèrent du moins les schismatiques et les ramenèrent à l'unité.

On doit aussi, aux troubles suscités par les prédicants anglais, la conversion des treize cents familles catholiques de Marache ; et à la France la protection qui permit à ces pauvres gens de se soustraire aux vexations de leurs opposants.

On comprend sans peine la réaction qui se produit chez les hommes de bonne foi, lorsqu'on prête l'oreille aux tristes argumentations des schismatiques et des protestants.

Une dispute s'éleva à Adana, à propos d'un cimetière. Les schismatiques en excluaient les catholiques. Un agent consulaire français fit rendre justice aux catholiques. De là, survint une recrudescence de haine contre eux. En chaire, au café, dans les maisons, partout on les accusait d'impiété. Comme ils tenaient bon cependant, un hérétique astucieux tenta une grande épreuve. — Vous n'êtes pas chrétiens, leur dit-il, car vos prêtres n'ont point reçu le sacrement de l'Ordre, puisqu'ils n'ont pas la main de Saint Grégoire l'Illuminateur. Les catholiques baissèrent la tête et demeurèrent interdits. La vieille tradition arménienne veut, en effet, que la précieuse relique ait seule la vertu de bénir les saintes huiles ; les nouveaux convertis l'avaient appris dans leur enfance, personne n'avait songé à les détromper, et ils se sentaient confondus. Ils appelèrent leur missionnaire. Celui-ci vit le piège. Il n'argumenta point. Il prit l'offensive, interpella les schismatiques et leur demanda si Saint Grégoire était prêtre et évêque? « Assurément, » répondirent-ils. — « Mais avec quelle huile son consécrateur lui conféra-t-il l'onction sainte, puisque son bras n'était pas encore une relique ? » Les pauvres gens comprirent que leur croyance était une sottise ; et les catholiques triomphèrent.

Le sacristain des missionnaires de Malathia suffit une fois à trancher une question théologique du même genre. — Un catholique était gravement malade. Le prêtre avait parlé de lui conférer l'extrême-onction. Les schismatiques persuadèrent à sa femme de s'y opposer, sous prétexte que, s'il revenait en santé, il ne pouvait continuer à être son mari, puisqu'il aurait été oint avec l'huile sainte. L'ignorante, persuadée, jeta les hauts cris ; elle exigea qu'on appelât aussitôt le missionnaire pour s'expliquer avec lui. Les envoyés trouvèrent le prêtre à l'église ; mais comme il prêchait, ils n'osèrent le déranger. Cependant le sacristain remarquant une certaine agitation dans l'assemblée, voulut en savoir la cause. Il alla chez le malade et trouva sa maison encombrée de schismatiques. On lui objecta l'argument terrible ; mais lui, sans se déconcerter, faisant allusion aux prêtres schismatiques qui sont tous mariés, dit au peuple : « vos derders (prêtres) sont-ils oints avec l'huile sainte ? — Assurément, s'écria-t-on. — Ne sont-ils pas mariés cependant ? » — Il n'y avait pas de réponse possible. Les schismatiques se retirèrent confus, et la femme fut satisfaite.

Une autre fois, c'était à Hessab, un ministre protestant se couvrit de honte. Poussé à bout dans une dispute publique, et ne sachant que répondre, il se jeta sur le prêtre catholique, le saisit par la barbe et le renversa par terre ; c'était s'avouer vaincu ; le peuple le comprit.

Les ministres de Luther et de Calvin imitent souvent les violences de leurs coryphées. Un jour, ils parvinrent à faire emprisonner deux missionnaires. Dans une autre circonstance, ils excitèrent les Turcs à entrer, pendant la nuit, dans la maison d'un catholique, pour enlever sa jeune fiancée et la marier à un autre ; et eux-mêmes envahirent, de nuit, la demeure d'un autre catholique et la dévastèrent. Faut-il s'étonner qu'ils persuadent si peu de monde ?

Plusieurs évènements providentiels ont confirmé la foi des nouveaux convertis.

Un homme d'Adana, entendant raconter les

miracles de la bonté miséricordieuse de la sainte Vierge, se sentit inspiré de promettre l'offrande annuelle de quatre rotolos de cire pour brûler devant son image, s'il obtenait un enfant après bien des années de mariage ; sa demande fut exaucée.

Un jeune homme menait une vie indigne ; il avait contracté les habitudes honteuses de l'ivresse et n'entrait plus à l'église depuis longtemps. Lorsque le mouvement catholique se prononça à Adana, il voulut se faire inscrire parmi les convertis, mais ne changea pas de conduite. Averti de ce scandale, l'Evêque le fit appeler un jour et lui adressa de vives remontrances. Pendant ce temps-là, Dieu ayant touché son cœur, le jeune homme répondit à l'Evêque : « Saint Père, je vous jure de ne plus recommencer ce que j'ai fait jusqu'à ce jour. » — A dater de cet instant, il fut un autre homme. On le voyait sans cesse à l'église, et il s'efforçait de ramener tout le monde à la foi catholique. Après une année d'épreuve, il fut mandé à Bzommar pour y faire une retraite. Le Patriarche lui fit ensuite commencer ses études théologiques ; il l'ordonna prêtre, et l'envoya aux nouveaux convertis de Héssab, au milieu desquels il travailla au point qu'il mourut à la peine.

A Marache, un protestant se trouvait dans l'échoppe d'un cordonnier. Voyant passer deux missionnaires catholiques, le cordonnier se mit à vomir contre eux une injure indécente. En même temps, il fit un geste et s'enfonça maladroitement dans l'œil l'instrument avec lequel il coupait ses peaux. Aucun remède ne put le guérir.

Enfin, Dieu voulut un jour flétrir les protestants par la bouche d'un Turc. Un Pacha ayant assisté à leur dispute contre le missionnaire de Marache, donna droit publiquement au catholique, et lança aux protestants une parole qui les fit se disperser la honte au front et la rage dans le cœur.

Ainsi la Providence daigna-t-elle encourager les efforts du dernier Patriarche résidant à Bzommar.

A la mort de ce Prélat, l'Eglise Arméno-catholique subit une épreuve plus terrible que la persécution armée.

Pour des raisons qu'il ne m'appartient pas de juger, on crut devoir transférer le siège patriarcal à Constantinople. Nombre d'Evêques, de prêtres, de fidèles s'y opposèrent ; ils refusèrent de se soumettre à Mgr Hassoun, qui venait d'être élu Patriarche ; ils firent schisme, et se donnèrent un Patriarche du nom de Kupélian. Mgr Hassoun dut se retirer à Rome. La Porte soutint Kupélian. Elle envoya des soldats chasser de leurs églises les prêtres restés fidèles ; et le trouble fut à son comble.

L'histoire de ces malheurs est trop récente pour être racontée sans produire des froissements. Hâtons-nous de dire que le pseudo-patriarche Kupélian fit sa soumission au Saint-Siège et que le nombre des opposants diminue chaque jour. Laissons s'éteindre ces brandons de discorde, et saluons, avec respect, la jeune Eglise Arméno-catholique. Elle est petite, elle est humble sans doute, mais elle vit, elle se meut, elle se dresse comme un phare au milieu des ténèbres ; elle est le phare de l'espérance, en attendant que Dieu fasse d'elle le phare du salut.

LIVRE TROISIÈME

VERS LA FIN DU XIX· SIÈCLE, LE SOUVERAIN PONTIFE LÉON XIII ENVOIE LES JÉSUITES OFFRIR DE NOUVEAU L'UNION FRATERNELLE AUX ARMÉNIENS.

I

Projet de mission

Le Souverain Pontife l'a ordonné : nous allons, de sa part, adresser aux Arméniens des paroles de paix et de conciliation.

Ce n'est pas sans émotion que nous entreprenons de suivre les traces des Apôtres, nos prédécesseurs, dont nous avons raconté les luttes, les généreux sacrifices, les succès et les revers. Essayer de rivaliser de zèle avec ces hommes héroïques nous semble une témérité.

Notre mission est délicate. Les Orientaux,

fiers d'être au berceau du Christianisme, oublient volontiers que leurs Eglises doivent leur origine à une révolte. Les Grecs passent par dessus Photius et Michel Cérulaire pour se rattacher aux temps apostoliques. Les Arméniens laissent dans l'ombre le Concile de Tovin, et se proclament disciples de saint Grégoire l'Illuminateur, sans vouloir se rappeler qu'il était catholique et que leurs six premiers Patriarches après lui, le furent également. Les uns et les autres prétendent être des Eglises primitives qui ont reçu des Apôtres le droit de se gouverner, sans le contrôle de Pierre. Lorsqu'on leur parle de l'union avec Rome, ils disent : « Si le Pape la désire, comme il l'assure, qu'il vienne à nous, pieds nus et la corde au cou ; qu'il s'avoue usurpateur d'une puissance qu'il n'a pas reçue de Jésus-Christ. Alors nous le reconnaîtrons comme l'Evêque du premier siège de la catholicité ; nous le ferons asseoir avec honneur parmi nos Prélats ; ensuite nous le reconduirons jusqu'à la mer ; nous l'embarquerons sur un vaisseau orné de fleurs, et nous lui dirons : *Frère, allez en paix.* — Et l'union **durera** aussi longtemps que le Pontife s'abstiendra de faire un acte de juridiction sur nous, mais pas davantage; car s'il avait l'insolence de se le permettre, nous protesterions de toute la hauteur de notre fierté blessée, et l'union serait rompue. »

Que de tact et de savoir-faire ne nous faudrait-il pas pour offrir la conciliation à des cœurs ainsi disposés ? Ne sommes-nous pas inférieurs à la tâche ?

Mais le soldat ne discute pas sa consigne. Nous avons reçu l'ordre de partir pour l'Arménie ; et nous partons, en écrivant au Pontife suprême : « Tout en nous reconnaissant indignes d'être les Ambassadeurs de Votre Sainteté, nous sommes heureux et saintement fiers de pouvoir dire au Vicaire Sacré de l'adorable chef de notre humble Compagnie, le Seigneur Jésus : « *sur votre parole, nous jetterons le filet.* » Et nous promettons de n'avoir plus qu'une pensée, qu'un désir, le plus grand bien des Arméniens. »

Vers quelle partie du vaste territoire des fils d'Haïg porterons-nous nos premiers pas ? Pénétrerons-nous au cœur de la Grande-Arménie, ou bien planterons-nous nos tentes de ce côté de l'Euphrate qu'on nomme l'Arménie Mineure ?

La tentation est grande de prendre le chemin des villes où nos anciens Pères firent de si belles moissons : mais la prudence nous arrête.

Le colosse Russe, nous l'avons dit, poursuit une marche savante vers l'Euphrate. Peu s'en faut que la Grande-Arménie ne lui appartienne tout entière. Si Trébizonde, Erzeroum et la vallée d'Alaskerde ne sont pas encore en sa puissance, c'est que l'Europe s'y est opposée au Congrès de Berlin. Mais combien de temps subsistera cette barrière ? Dans le siècle que nous achevons de traverser, que de traités déchirés presque dès le lendemain de leur signature ! L'épée des Tzars reste suspendue sur la Grande-Arménie. Si elle ne frappe pas encore, elle menace. Des agents secrets déblayent le chemin que prendront, un jour, les Cosaques. Il y aurait donc imprudence à nous engager sur un terrain mouvant. Nous risquerions de commencer sans pouvoir finir. On connaît, en effet, le sort du catholicisme dans un pays où la Russie devient maîtresse.

La Petite-Arménie offre plus de garanties d'avenir, parce qu'elle est moins convoitée ; nous irons donc à elle.

D'ailleurs, en nous portant de ce côté, nous suivons le mouvement qui entraîna jadis les Arméniens vers les rives occidentales de l'Euphrate. Chassés de leur pays natal, ne se réfugièrent-ils pas vers ces contrées de la Cilicie et de la Cappadoce, où nous venons aujourd'hui les visiter et les prier de nous accueillir en frères ?

En rendant compte de nos débuts, nous n'oublierons pas que le pays où nous nous engageons est à peu près inexploré. Tandis que la Grèce, l'Egypte et la Syrie voient affluer les voyageurs, l'Asie-Mineure semble être un pays fermé. Le peu de sécurité des routes, l'insuffisance des gîtes, la crainte des brigands éloignent les explorateurs. On a peu écrit sur ce pays. « Croiriez-vous, nous disait un homme distingué, que, sur une velléité de voyage, j'ai cherché dans les auteurs les renseignements nécessaires à celui qui s'aventure dans des régions nouvelles ; que je n'y ai rien trouvé, et que j'ai dû recourir à une de vos lettres imprimée dans les *Annales de la Propagation de la Foi*? »

Nous essayerons donc de faire connaître à ceux qui veulent bien nous accompagner de leur bienveillant intérêt, la topographie, les mœurs, les usages des lieux que nous entreprenons d'évangéliser. Nous reconstituerons l'histoire et la géographie du pays, à mesure que nous avancerons dans les terres.

Peut-être satisferons-nous ainsi le désir exprimé sous la coupole du palais Mazarin, que les *lettres* des missionnaires continuent à être, à la fois, *édifiantes* et *curieuses*.

Et quand nous aurons fait connaître les hommes et les choses parmi lesquels nous sommes destinés à exercer l'apostolat, nous dirons la manière dont nous avons été accueillis, les obstacles que nous rencontrons, et aussi nos espérances.

II

Départ pour l'Arménie

Le samedi 30 juillet 1881, deux Pères et un Frère, arrivés l'un d'Afrique, les deux autres de Beyrouth, débarquèrent aux rives du Bosphore.

Celui qui faisait ce qu'on appelle en termes militaires, les fonctions de maréchal des logis fourrier, les embrigada sans tarder, et se mit en devoir de les conduire à Amasie, premier poste à occuper.

Nous nous embarquâmes sur un vapeur russe, persuadés qu'après deux jours, nous toucherions au rivage de l'ancien royaume de Mithridate. Mais à l'extrémité du Bosphore, le vent nous accueillit par de violentes rafales. La mer était furieuse ; notre bateau sautait comme un bouchon de liège : rien ne se tenait debout : tables, chaises, tout était renversé et chassé de babord à tribord, selon que le navire était couché par la vague sur la hanche droite ou sur la gauche. Vaincu dans la lutte, le commandant fit volte-face ; nous rentrâmes au Bosphore où nous restâmes vingt-quatre heures, abrités sous un rocher de la côte d'Europe, mais toujours fatigués par le roulis. Enfin le vent se calma et nous débouchâmes de nouveau dans cette mer bleue comme les autres, mais qu'on appelle Noire, parce qu'elle cache dans ses flots d'azur, des trésors de fureur qui éclatent soudain et font périr le nautonnier trop confiant.

Elle était pour l'un d'entre nous, une vieille connaissance de bientôt trente ans. Alors des multitudes de soldats, des chevaux, des canons, de la poudre, des obus couvraient le pont des navires, en remplissaient les profondeurs ; et des fanfares martiales semblaient jeter le défi à la puissante Sébastopol. Nous allions passer en Crimée les deux terribles années de la guerre d'Orient. Mais, aujourd'hui, plus de bruit, ni de tumulte, ni rien de ce qui produit les ravages et la mort. Au lieu de l'épée qui tue, nous apportions la croix qui sauve, et la bonne nouvelle, l'Evangile du salut.

Longeant toujours la côte Asiatique, nos yeux admirent sa végétation incomparable. La beauté de ses pâturages est sans égale. Les troupeaux y paissent nombreux ; des rivières l'arrosent ; et les pêches y sont presque miraculeuses. N'est-ce pas de là que nous vint ce fruit charmant que Lucullus transplanta en Italie, en lui conservant le nom de sa ville natale Cérasus, d'où nous avons fait cerise ?

Nous passons devant des bourgades qui ne se doutent même pas qu'elles furent autrefois célèbres.

C'est Héraclée, où les pâtres, en chassant leurs buffles devant eux, heurtent du pied des chapiteaux brisés et de nombreux débris d'architecture ancienne ; Héraclée, avec sa grotte célèbre d'Achérusia, par laquelle l'Hercule de la fable descendit aux Enfers pour en ramener le fameux Cerbère, gardien trop fidèle du royaume de Pluton ; Héraclée, qui se croyait bâtie en vertu d'un oracle d'en haut, et gardait avec un soin jaloux, une statue d'Hercule, dont les attributs étaient d'or. Elle est réduite aujourd'hui, sous le nom d'Erégli, à un petit commerce de cabotage et à la fabrication des maroquins.

C'est encore Amastris, fondée par l'illustre princesse de ce nom, issue du sang de Darius, et femme de Denys, tyran d'Héraclée. Ses deux cents maisons s'éparpillent le long des murailles d'une antique citadelle construite en énormes blocs de pierre, et parmi les ruines d'un aqueduc et d'un palais qu'on prétend être celui d'Amastris elle-même.

Nous touchons ensuite à Sinope, dont l'origine se rattache au nom de l'argonaute Antolycus. Elle vit les Dix mille s'embarquer sur ses grèves. Elle vit également passer Lucullus, Pompée, César ; elle fut la patrie de Diogène ; et Mithridate y fut enseveli. Les murs de sa citadelle conservent des fragments d'inscriptions latines, grecques et paphlagoniennes. Sa position stratégique est de grande importance. Les Russes ne l'ont que trop prouvé lorsqu'ils incendièrent la flotte turque, par une trahison qui fit pousser à l'Europe un cri indigné.

Les soldats captifs de l'expédition du général Bonaparte en Egypte, y furent internés. La chronique veut qu'ils y aient été fort maltraités d'abord, que la sévérité se soit transformée plus tard en douceur, au point que plusieurs se marièrent dans le pays et fondèrent des familles françaises.

Mais, de tous les souvenirs, le plus charmant est bien celui de cet humble jardinier, nommé Phocas, que sa charité fit martyr.

Il habitait une cabane en dehors des murs, non loin du rivage, priait Dieu avec ferveur, observait les commandements, vivait du travail de ses mains et mettait ses modestes épargnes au service de la charité.

Un soir, dans un temps de persécution, il aperçoit deux hommes armés, qui semblent chercher un gîte. Il leur offre la table et le couvert, leur sert avec empressement la chair de son unique mouton et les légumes de son jardin. Durant le repas, les inconnus lui racontent qu'ils ont ordre de se saisir d'un certain Phocas, suspect de christianisme, et le prient de les aider à s'en emparer.

« Rien de si facile, leur répond-il, je le connais ; dormez en paix, je vous le livrerai. »

Les sbires s'endorment. Phocas creuse une fosse, s'agenouille au bord et prie. Au point du jour, il éveille les bourreaux.

« Je suis Phocas, leur dit-il ; je vous le livre. »

Emus et bouleversés, les agents de la force publique n'osent exécuter leur consigne. Phocas les encourage. « Est-ce que le soldat a le droit de discuter les ordres de ses chefs ? » Il se prosterne au bord de la fosse et reçoit le coup mortel.

Sa tombe devint l'orgueil et le palladium de sa patrie. Du milieu des mers, les navigateurs la saluaient comme un phare sacré. « Ceux qui traversent le Pont-Euxin, ceux même qui naviguent sur la mer Adriatique, la mer Egée, l'océan oriental ou occidental, écrivait Saint Astère, évêque d'Amasie, adoucissent les ennuis de la navigation par des hymnes à la gloire du saint martyr. Ils ont sans cesse à la bouche le nom de Phocas ; et le confesseur de la foi leur donne souvent des marques particulières de sa puissante protection. La nuit, quand une furieuse tempête menace le vaisseau, il va, dit-on, réveiller le pilote qui dort près du gouvernail, serre lui-même les cordages, dirige les voiles, se tient debout sur la proue pour signaler et tourner les écueils. C'est une coutume parmi les matelots d'inviter Phocas à leur table ; mais, parce que le Saint ne mange point, ils recourent à cet ingénieux moyen : ils font la portion du martyr ; l'un d'eux l'achète, le premier jour ; un autre, le lendemain, et ainsi de suite. Lorsqu'on touche au port, on distribue cet argent aux pauvres, afin que Phocas continue après sa mort les actes de charité de toute sa vie. »

Nous doublâmes le cap de Sinope, le quatrième jour au soir, et le lendemain nous mouillâmes devant Samsoun, petite ville insignifiante, assise sur le sable, à soixante stades des ruines de la belle Amysus.

Qui mettra les pieds sur cette terre historique sans se souvenir des études classiques de son enfance et de Mithridate Eupator ?

La figure de ce roi de Pont est tellement extraordinaire qu'elle se grave dans une jeune mémoire et ne s'en efface jamais. Elle reflète l'astuce du renard, la férocité du tigre et la force du lion, soutenues de toute la puissance du génie humain.

A treize ans, il est Roi, et son premier acte est de tuer sa mère, de peur d'avoir à partager le pouvoir avec elle. Les courtisans s'indignent et s'effrayent. Trop adroit pour se commettre avec eux dans un âge aussi tendre, il quitte son palais, se retire dans les forêts, développe son tempérament par des exercices violents, se prépare à la guerre en chassant à outrance, étudie les plantes vénéneuses et s'habitue à leur poison, de manière à ne pas craindre une surprise, de ce côté, visite les peuples ses voisins, apprend leurs idiomes, se fait livrer leurs secrets.

Après sept ans de préparation, il revient prendre les rênes de l'Etat. Il croit à l'infidélité de Laodice, sa femme et sa sœur à la fois ; il la tue comme il a tué sa mère. Il n'y a point de cœur dans cet homme.

Sa première conquête est le fruit d'une perfidie. — Un de ses voisins, le roi du Bosphore Cimmérien, est en danger de succomber à l'invasion des Scythes, il vole à son secours, chasse l'ennemi ; mais force son obligé à lui céder ses Etats. Après cela, rien ne l'arrête. Il obtient de Nicomède II, roi de Bithynie, la cession de la moitié de la Paphlagonie, s'empare de la Cilicie, et fait assassiner deux rois de Cappadoce. En vain les Romains essayent-ils de préserver ce royaume en y plaçant un autre roi ; Mithridate fait chasser le nouveau souverain par son allié Tigrane, roi d'Arménie ; pénètre en Colchide, soumet de nombreuses peuplades Caucasiennes et Scythiques, revient prendre possession de la Cappadoce ; met la main sur la

Phrygie et bientôt sur la Bithynie, se voit ainsi maître des deux tiers de l'Asie-Mineure ; lève une armée de trois cent mille hommes, trouve le moyen d'équiper une flotte de quatre cents vaisseaux, et défie les vainqueurs de l'univers. Rome envoie contre lui les généraux Cassius, Aquilius, Oppius ; il les culbute ; elle lui oppose une flotte, il la détruit à l'entrée de l'Euxin ; et pour n'avoir rien à craindre des membres du peuple-roi dispersés sur le territoire asiatique, il ourdit contre eux une infernale conspiration, et cent mille italiens sont massacrés le même jour.

Il est au comble de la puissance, et les peuples l'acclament. Cependant, l'heure des représailles ne tarde pas à sonner.

Confiant dans l'alliance des Athéniens, Mithridate a envoyé cent cinquante mille hommes en Grèce, mais son général Archélaüs est battu à Chéronée, par Sylla, qui l'a prévenu et s'est emparé d'Athènes. Un autre de ses généraux succombe à Orchomène ; lui-même est assiégé par Fimbria dans Sitane. Réduit à s'humilier, il comparaît devant Sylla dans la ville de Dardanos, et se voit contraint de livrer quatre-vingts vaisseaux, de payer les frais de la guerre, de rétrocéder la Bithynie et la Cappadoce.

Le Lion vaincu n'est cependant pas à bout de force, ni le Tigre à bout de ruse. Il conserve assez de vigueur pour que Sylla défende à Muréna de se commettre avec lui. Il trouve le moyen de s'allier avec Tigrane, roi d'Arménie, avec Sertorius en Espagne, avec les Scythes, avec les barbares du Danube. Il rassemble une armée de cent soixante mille hommes. Il reprend la Bithynie, bloque Cotta dans Chalcédoine, et semble devoir redevenir l'arbitre de l'Asie-Mineure, lorsqu'il trouve son maître dans Lucullus. Celui-ci le bat à Granique, au Rhyndacus, fond sur le roi d'Arménie, qui lui a donné asile, le met en déroute à Artaxata et à Tigranocerte. Pompée achève l'œuvre de Lucullus, et inflige au roi de Pont une défaite suprême au bord du Lycus.

C'en est fait, la dernière heure approche. Cependant le farouche guerrier ne succombera pas sans tenter un effort désespéré. Il se sauve au Caucase où il conçoit le plan gigantesque d'entraîner tous les barbares, et de les précipiter sur l'Italie. Mais le fils parricide, l'époux meurtrier subira la peine du talion. Ses deux fils le trahissent ; l'un s'allie aux Romains ; l'autre se fait proclamer Roi ; et ses soldats perdent courage. Mithridate est isolé. La vie lui devient à charge. Il lui faut la lutte, la conquête, le souverain pouvoir, ou la mort. La mort seule lui reste. Il la demande au poison ; mais ne s'est-il pas mis, dès sa jeunesse, à l'abri de sa malignité ?... Alors cet homme, longtemps si se résigne à un trépas vulgaire. Il se fait fier, donner le coup de la mort par un Gaulois.

Comme cette histoire nous passionnait au premier âge, et comme nous eussions été heureux alors de la promesse de fouler un jour la terre du royaume de Pont !

Ce jour est venu. Mais l'enthousiasme de la jeunesse a disparu et nous considérons avec stupeur ce composé de génie humain et de bête fauve qu'on appelle Mithridate.

D'ailleurs les embarras du débarquement nous rappellent impérieusement du domaine de l'imagination au terre-à-terre de la vie réelle.

Petite ville coquette mais insignifiante, Samsoun, où nous touchons terre, tend à prendre de l'importance. Autrefois, le grand commerce se faisait par Trébizonde ; maintenant on préfère débarquer à Samsoun, où s'organisent les caravanes pour la Perse. Je ne sais ce qui motive cette préférence ! Cette ville n'a pas de port. Sa rade n'est pas sûre, et parfois les bateaux ne peuvent même pas y jeter l'ancre. J'ai vu des voyageurs arrivés du fond de la mer-Noire, obligés de se laisser emporter jusqu'à Constantinople et de revenir tenter la chance, sans être sûrs encore de la trouver favorable.

A la descente du bateau, un jeune arménien nous offre l'hospitalité dans ce qu'il appelle pompeusement son hôtel. C'est un débit de liqueurs au dessus duquel une grande salle permet d'étendre nos matelas. Inutile d'ajouter que les souris s'y sont donné rendez-vous avec tous les insectes piquants et puants de la création ; ce qu'on appelle aujourd'hui le confort, est ici complètement inconnu. Aussi, dès l'aurore du lendemain, avions-nous hâte de nous mettre en marche.

Le voyage ne sera pas facile. Les voies de communication manquent, et les moyens de transport restent de tout point défectueux.

Quatre charrettes non suspendues composent notre équipage. Trois portent nos bagages. On nous entasse dans la quatrième. Au bout de deux heures, nous étions déjà culbutés. Vers le crépuscule, nous faisons halte avec l'espérance de nous reposer toute la nuit, mais nos guides nous persuadent de marcher encore deux heures, d'autant, ajoutent-ils, que la route est superbe. Et voilà qu'ils nous engagent dans la plus épouvantable des forêts, sans chemin praticable. Nos voitures versent à tout instant, les bagages se heurtent contre les rochers, les caisses se déclouent, la marche est sans cesse interrompue. Enfin, dans la nuit sombre, un village nous offre un gîte, mais quel gîte ?

Un rez-de-chaussée où s'abritent bêtes et gens. Les mulets sont d'un côté, les voyageurs de l'autre. Muletiers et chameliers entrent et sortent à toute heure. Ils étrillent leurs bêtes, les mènent à l'abreuvoir, appellent le maréchal pour les ferrer. C'est un mouvement et un bruit sans fin. Nous ne rencontrons rien de mieux dans nos voyages.

Les villageois nous apportent du lait de buffle et du pain sans levain. Vient ensuite le sommeil, puis la nécessité de recommencer à l'aurore le rude voyage de la veille.

Le chemin devenant meilleur, nos arabadjis

en profitent pour trotter, passant sur toutes les pierres, risquant à toute minute de nous renverser. Leurs charrettes font des bonds formidables.

Vingt heures suffiraient pour aller de Samsoun à Amasie. Nous y mettons trois journées, à cause des mauvais pas qui ralentissent la marche, et de la nécessité de s'arrêter pour relever les voitures renversées.

Ce nous fut une double jouissance d'arriver enfin. D'abord le voyage était fini ; et puis nous foulions une terre pleine de souvenirs.

III

Amasie

Amasie est l'une des plus anciennes villes du monde. Elle fut la capitale des rois de Pont. Plusieurs fois, elle changea de maîtres par suite des grandes révolutions de l'Asie, mais elle conserva toujours une situation prépondérante.

Si nous eussions vécu au temps où la légende prenait facilement la place de l'histoire, l'un de nous eût dû s'agenouiller en y entrant, et baiser les rochers qui lui font un rempart, comme on baise le seuil de la maison paternelle après une longue absence. « On racontait qu'au temps de la première croisade, en traversant les défilés du Taurus, Gui III, comte de Forez, de Lyonnais et de Beaujolais, avait envoyé son troisième fils au secours du prince d'Amasie, et que le vieillard reconnaissant avait adopté son sauveur. Selon l'usage du temps, il s'était présenté sur la place publique, vêtu d'une large tunique flottante en soie blanche. Le jeune croisé avait pénétré sous la tunique, et, lorsque sa tête avait émergé à côté de celle du prince, le peuple avait proclamé l'adoption par des vivats. Sa race s'était perpétuée sur le trône d'Amasie, elle avait pris le nom de la principauté en le défigurant un peu, et elle était rentrée en France avec les débris de la dernière croisade. »

Mais la science a biffé la légende.

Les Croisés pénétrèrent certainement dans cette partie de l'Asie-Mineure, et peut-être le troisième fils du comte de Forez y vint-il au secours du prince d'Amasie. Quant à son adoption, elle est controuvée.

Incontestablement, la ville moderne est bien sur l'emplacement de l'ancienne.

Si Strabon revenait, il ne décrirait pas sa patrie d'une autre façon qu'il ne le fit soixante ans avant l'ère chrétienne.

« Notre ville, dit le célèbre géographe, est située dans une grande et profonde gorge où coule le fleuve Iris. Elle a été merveilleusement disposée par l'art et par la nature pour servir tout à la fois de ville et de forteresse. La roche est haute et escarpée ; elle tombe à pic vers le fleuve. Elle a un mur à sa base, au dessus de la rive du fleuve, qui porte les maisons de la ville ; un autre mur court sur les deux flancs et s'élève vers les sommets. Il y a deux sommets qui se tiennent et sont couverts de tours d'une construction admirable. Dans cette enceinte se trouvent le palais royal et les tombes des rois. Les sommets sont accessibles seulement par une sorte d'isthme extrêmement étroit, qui forme une montée de cinq à six stades, que l'on vienne des faubourgs ou des bords du fleuve. Du bout de cet isthme, il reste encore à gravir une autre pente d'environ un stade, celle-ci est très-raide et facile à défendre contre toute attaque. La forteresse renferme des eaux dont il est impossible de priver ses défenseurs, car deux galeries ont été taillées dans le roc, et conduisent, l'une au niveau du fleuve, l'autre à celui de l'isthme extérieur.

« Le fleuve a deux ponts, dont l'un joint la ville au faubourg et l'autre le faubourg à la campagne. A la hauteur de ce dernier pont, on voit s'abaisser et mourir, la montagne qui surmonte les escarpements du rocher. »

Aujourd'hui, rien n'est changé, si ce n'est que palais et forteresse sont en ruines, mais encore reconnaissables.

L'Iris coule toujours au pied du roc principal. Un mur construit sur ses bords, soutient les terres. Des maisons s'y groupent en amphithéâtre. Au dessus d'elles, courent de longs murs dont les assises inférieures sont d'un bel appareil hellénique.

La situation du palais était merveilleusement choisie, assez près de la ville pour que l'accès en fût aisé, assez élevé pour jouir de l'air et de la fraîcheur. De leur terrasse les rois voyaient couler le fleuve ; à leur droite et à leur gauche, deux échappées de vue leur laissaient contempler des vallées fertiles ; devant eux, des rochers se déployaient en hémicycle, et les maisons d'un faubourg entrecoupées de jardins et d'arbres fruitiers, s'y étageaient avec grâce. En cas d'invasion, un souterrain maintenait leurs communications avec le fleuve, et un chemin taillé dans le roc, leur permettait d'atteindre une citadelle imprenable.

Si ruinée qu'elle soit, la forteresse a toujours

un grand air. Elle projette ses murailles sur la crête et le long des pentes d'un rocher majestueux. Les archéologues n'ont point encore décidé si elle est antérieure ou postérieure à la marche triomphale d'Alexandre le Grand.

Les tombeaux des Rois creusés au flanc du rocher, sont d'une originalité saisissante. Au lieu de se faire inhumer dans un de ces souterrains sur lesquels on élevait plus tard un obélisque ou l'une de ces statues que la tempête ronge quand elle ne les renverse pas, les Princes d'Amasie voulurent avoir pour mausolées des montagnes. Ils firent creuser leur lit de repos dans la paroi du rocher abrupt, à quelques pas de leur palais. L'escarpement était si fort que, pour travailler, les ouvriers devaient se faire descendre par des cordes du sommet de la montagne, et se tenir suspendus sur le vide; « en sorte, écrit Pline, qu'en voyant ces étranges opérateurs, on se demandait si c'étaient vraiment des hommes ou des oiseaux de nouvelle espèce. » Ainsi placés, ces tombeaux frappent sans cesse les yeux et redisent de siècle en siècle, le nom des princes d'Amasie. A part les pyramides d'Egypte, je ne me souviens pas d'avoir vu des sépultures d'un **caractère plus royal.**

Autrefois sans doute la dernière demeure des princes offrait à l'œil une riche décoration extérieure. Des moulures taillées dans le roc et des plaques de bronze protégeaient les dépouilles mortelles. Tout cela est ruiné, et nous ne voyons plus que la grotte funéraire tristement béante, et des trous symétriques où s'enchâssaient les pièces de métal.

Quels Rois furent enterrés dans cette nécropole ?

Probablement les cinq premiers souverains du royaume de Pont, Ariobarzane, qui sous Artaxerxès Mnémon, réunit les éléments d'une principauté indépendante ; Mithridate II, qui prit le titre de roi ; Mithridate III, Mithridate IV, et Pharnace Ier. Aucune inscription ne l'indique ; mais, avant Strabon, Amasie n'avait eu d'autres rois que ceux du sang d'Achéménide, dont la lignée se termine à Mithridate VI Eupator et à son fils Pharnace. On sait d'ailleurs que Mithridate V et Mithridate VI furent ensevelis à Sinope. Le doute n'est plus guère possible ; et nous sommes en face de monuments qui datent du troisième siècle avant notre ère et de la première moitié du second.

Amasie est une de ces villes qu'on n'oublie

pas, tellement son aspect est saisissant. Le voyageur, de quelque côté qu'il y accède, a longé les rives de l'Iris, que les turcs appellent le *fleuve vert* à cause de la multitude d'arbres fruitiers qui se reflètent dans ses eaux. Tout à coup, il voit la vallée se resserrer ; et puis, entre deux rocs, à travers lesquels se précipite le fleuve, lui apparaît la ville sur le penchant d'un immense rocher circulaire qui la domine de tous points. Il n'a vu cela nulle part. Il ne le reverra plus. C'est l'opposé de Constantine. Tandis que la ville des Numides est fièrement campée sur un rocher abrupt, et que son Roumel gronde à d'immenses profondeurs, celle des Mithridate est enchâssée dans la pierre. L'Iris s'ouvre brusquement un passage dans le roc qui l'enserre, lui jette ses eaux bienfaisantes et perce de nouveau le rempart rocheux pour se répandre dans la campagne.

Pèlerins des derniers âges, nous n'entrons pas sans émotion dans cette ville qui vit passer tant de générations. Nous y sommes absolument inconnus, et n'avons même pas la ressource d'une auberge. Un négociant français, M. Léon Imbert, a la bonté de nous tirer d'embarras. Ce vieillard est, depuis vingt ans, l'honneur de notre pays et de la religion dans ces contrées lointaines. Il a toujours maintenu chez lui une chapelle catholique. Les prêtres qui venaient, de temps à autre, la desservir, jouissaient de son hospitalité, et même aucun missionnaire ne traversait la contrée sans être invité à s'abriter sous son toit. Le malheur a frappé cette tête blanchie par le travail, le chêne a été touché par la foudre. Successivement, en très peu de jours, son gendre, sa femme, son fils aîné lui ont été ravis; un commis infidèle a failli le ruiner. Heureusement la Providence ne lui a pas tout enlevé ; et, le soir, à la table de famille, nous vîmes se grouper autour du patriarche, comme des rameaux au tronc de l'olivier, trois fils et une jeune veuve avec ses deux enfants.

Il avait au fond de son jardin une petite maison turque, qu'il voulut bien nous abandonner. Deux Pères étendirent leur matelas dans une chambrette, et les deux autres sur le palier de l'escalier. Nous louerons cette maison qui servira d'habitation aux missionnaires, plus une ancienne magnanerie où nous ferons des classes et une chapelle.

On passera la première année de la sorte, on

étudiera le pays, et puis nous songerons à une installation définitive.

Au point de vue temporel, la mission d'Amasie ne nous imposera point une lourde charge. Les choses de première nécessité sont à bon marché.

Un kilog. de pain se vend deux sous et demi ; le kilog. de mouton ou de bœuf est à huit sous ; un poulet coûte également huit sous. On se procure un kilog. de légumes secs pour deux sous. Le beurre est à trente-six sous le kilog. On achète douze kilog. de charbon de bois pour dix-huit sous ; enfin, pour dix sous, on a autant de bois qu'un âne peut en porter. Il est vrai qu'en hiver, les prix augmentent, mais on peut faire certaines provisions au cours de l'été.

La ville où nous campons, n'est plus aujourd'hui qu'une sous-préfecture qui se rattache au Vilayet de Sivas. Elle végète au milieu de vergers admirablement fertiles. Ses fruits sont renommés, et, dans les rues de Constantinople, on entend sans cesse les marchands ambulants crier les pommes et les prunes d'Amasie.

L'aspect général des rues est maussade : petites maisons bâties en terre et couvertes de mauvaises tuiles ; portes et fenêtres qui ressemblent à des trous de souris ; sol infect qu'on ne balaye jamais. On y voit cependant des restes de monuments seljoucides d'une capricieuse et belle ornementation, et Amasie a le droit d'être fière de sa principale mosquée, bâtie par le Sultan Bayésid-Ilderim, vainqueur de Nicopolis.

On compte ici quatre mille maisons turques, huit cents maisons arméniennes schismatiques, quarante maisons grecques, et environ deux cents protestants, suisses, américains ou arméniens. Dix familles seulement se rattachent à la grande unité catholique. Chaque rite a son église. Les arméniens obéissent à un Evêque résidant parmi eux. Les protestants sont soutenus par un Consul allemand qui fait avec eux des affaires commerciales : ils sont divisés en calvinistes, luthériens, presbytériens ; et chacun veut avoir son temple pour ne pas fréquenter celui du voisin, qui lui fait horreur.

Autour de la grande mosquée se groupent dix-huit médressés ou écoles de théologie musulmane. Deux mille softas y reçoivent l'instruction gratuite. Ils sont logés dans de petites chambres attenant à la mosquée, et participent, chaque semaine, à une distribution de riz, d'huile et de pain. Des fondations anciennes fournissent à leur entretien.

Au milieu de cette Babel, les nouveaux missionnaires parviendront-ils à se faire une place au soleil ? Mahométans, schismatiques, protestants ne feront-ils pas le vide autour des envoyés du Pape ? Ce serait dans l'ordre des choses probables. On nous assure toutefois que la promesse d'ouvrir une école nous vaut déjà des sympathies. Nous nous y emploierons donc avec ardeur, et nous commencerons sans retard. Nous enseignerons le turc, l'arménien, le français, l'arithmétique, l'histoire, la géographie, la tenue des livres, un peu de chimie, de physique, d'histoire naturelle.

Trois langues à enseigner. La charge est lourde pour les maîtres ; plus lourde encore, peut-être, pour les jeunes mémoires des écoliers ; toutefois la nécessité les leur impose.

Dans une mission arménienne, la langue nationale paraîtrait devoir suffire ; or, c'est précisément la moins utile. Il en est de l'arménien comme du flamand, du hollandais, du hongrois, du russe. Hors du pays, qui le comprend ? Que dis-je, hors du pays ? Dans le pays même beaucoup l'ignorent. A Adana, à Césarée, à Angora, elle n'est point en usage. Ailleurs, les Arméniens la parlent entre eux, mais, éparpillés qu'ils sont parmi des peuples de nationalités diverses, toute relation leur deviendrait impossible sans la connaissance d'une autre langue.

Le turc est essentiel. C'est la langue officielle. Il y a quelques années, un préjugé défendait aux chrétiens d'apprendre à le lire et à l'écrire. On le parlait, il le fallait bien, mais on refusait d'aller au delà, sous prétexte qu'en l'apprenant trop bien on deviendrait musulman. Aujourd'hui, les hommes âgés reconnaissent leur erreur et veulent que leurs enfants sachent lire et écrire le turc.

Alors pourquoi le français ?

Pourquoi ? Parce qu'on nous le demande. Et pourquoi nous le demande-t-on ? Parce qu'on en a un besoin impérieux.

La nation arménienne est essentiellement commerçante. Elle tient cela du juif, avec lequel elle a de si grands rapports. Or, le commerce suppose des relations, et le turc ne suffirait pas à les entretenir, même dans l'empire du Sultan, car on ne le parle pas en Syrie, ni en Egypte, ni en Arabie. Il faut une langue universellement reçue ; et le français est la langue diplomatique. Il est compris du monde entier. Le Sultan lui-même est réduit, en dépit des préjugés, à l'imposer à ses fonctionnaires et à ses écoles. Les Arméniens sont donc parfaitement logiques lorsqu'ils nous prient de le leur enseigner.

Au reste, l'usage de la langue française est traditionnel parmi eux. Les Croisades l'avaient introduit chez eux ; et, sous la dynastie des Roupéniens, on correspondait ou on traitait verbalement en latin ou en français avec les étrangers, qu'ils fussent Vénitiens ou Génois, Languedociens ou Provençaux. Les chartes du roi Léon commencent ainsi : *Leo Dei gratiâ, rex Armeniorum:* ou bien, Léon, féal en Jésus-Christ, par la grâce et la miséricorde de Dieu, Roi de tous Armènes (ou de toute Erménie). La chancellerie faisait rédiger ses actes en langue arménienne. La traduction latine ou française en était faite ensuite ; et, chose remarquable, les originaux arméniens n'existent plus, et, quand nous voulons recomposer l'histoire de cette époque, nous recourons aux chartes latines et françaises, les seules qui aient subsisté.

Qu'on ne nous demande donc pas pourquoi nous enseignons le français aux populations arriérées de l'Asie-Mineure ; c'est parce qu'elles se sentent en dehors du mouvement Européen, qu'elles prétendent y entrer et réclament le moyen de se mettre en communication avec le monde.

Nos écoles seront une charge au point de vue financier, car le pays est pauvre et ne sait ce que c'est que de s'imposer une dépense en faveur de ses enfants. Nous aurons à fournir, indépendamment du papier, des plumes, de l'encre, les livres français, turcs et arméniens ; or, les livres en langue orientale sont hors de prix. Il y en a peu. Les marchands sont rares et d'une cupidité sans exemple.

N'importe ! Nos dépenses auront un résultat considérable ; elles aideront à relever un peuple dont l'ignorance est prodigieuse. Nos écoles nous mettront en relation avec les familles. On se connaîtra, et, quand on se connaîtra, on s'aimera.

Pourvu qu'on ne s'avise pas d'exploiter la superstition contre notre modeste établissement ! N'est-ce pas en Asie-Mineure qu'on honorait, au fond de je ne sais quelle rivière, des poissons sacrés ? Lorsqu'on voulait savoir si une affaire réussirait ou non, on jouait trois fois de la flûte ; les poissons arrivaient, on leur jetait de la chair fraîche. S'ils l'avalaient gloutonnement, c'était de bon augure ; mais trois fois malheur, s'ils se retournaient irrévérencieusement et donnaient un coup de queue à l'offrande.

Depuis les Romains, grâce au mahométisme, la superstition n'a fait qu'augmenter, et, comme elle se traduit par des coups de bâton, de poignard ou de fusil. elle devient de plus en plus malsaine. Notre hôte a failli en être victime. La sécheresse désolait le pays. On raconta que le fils du vieillard avait amené ce malheur, en enterrant je ne sais où, une tête de cochon, sur laquelle il avait écrit des mots cabalistiques. Aussitôt, quatre mille hommes assiégèrent la maison. M. Imbert eut toutes les peines du monde à faire parvenir un télégramme à l'agent consulaire de France à Samsoun. Heureusement, il y réussit ; une note vigoureuse fut expédiée au Pacha ; et le jeune homme se vit préservé de la mort. Nous avons pu constater nous-même combien l'ignorance développe une sotte crédulité dans ces pays arriérés. En traversant le village de Ravak, à quelques lieues d'ici, nous trouvâmes la population en émoi. Le cavalier de la Porte avait raconté que, d'après un journal de Paris, le monde finirait au mois de novembre ; et ces pauvres gens nous demandaient s'il valait la peine de cultiver leurs terres.

Dieu nous préserve des attaques de la superstition !

Ce nous est une consolation de penser que nous marchons ici sur les traces de Saint Pierre.

En effet, Saint Jérôme est d'accord avec Saint Léon pour attester qu'il évangélisa la Galatie, la Bithynie, la Cappadoce et le Pont. D'après Bollandus, lorsque le Prince des apôtres eut établi un Evêque à Antioche, il pénétra dans l'Asie-Mineure, et vint séjourner à Thyane. Il y ressuscita un mort, y baptisa beaucoup de monde, y plaça un Evêque. De là il passa à Synada, ville de Phrygie, puis à Pessinonte, métropole de cette province. Gagnant ensuite le Pont, il évangélisa différentes villes, telles que Gangra en Paphlagonie et Claudiopolis. Enfin, il entra à Amasie, capitale de l'Hellespont, à laquelle il donna un Evêque, appelé Nicétas, dont le nom est resté comme le symbole d'une pureté angélique ; et c'est d'Amasie que Pierre paraît être allé à Sinope avec son frère André. Ces contrées furent chères à son cœur. Sa lettre que nous avons encore, prouve sa sollicitude pour leurs habitants ; et Saint Epiphane va jusqu'à prétendre que, depuis son établissement à Rome, il revint plusieurs fois visiter ses chères Eglises de Bithynie et de Pont.

Daigne l'Apôtre nous obtenir la grâce de faire quelque bien aux fils de ceux qu'il gagna à Jésus-Christ.

« Sans tarder, nos Pères vont se mettre à l'œuvre, disposer leur maison, s'aboucher avec quelques notables et ouvrir leurs écoles avec leur église. »

Et maintenant que les jalons sont plantés, celui qui a conduit ici les premiers ouvriers évangéliques, se hâte de les quitter, pour préparer de nouvelles caravanes. Il part sans savoir un mot de la langue du pays. Il chevauche par monts et par vaux. Un muletier l'accompagne, l'avertit par signe de se mettre en selle ou de descendre, l'introduit dans les caravansérails et l'y laisse muet dans un coin.

Cependant son voyage s'accomplit sans encombre ; il arrive à Samsoun, traverse la mer Noire, et rentre à Constantinople.

IV

Marsivan, Tokat et Sivas

De nouvelles recrues arrivent successivement de France et d'Angleterre à Constantinople.

Le procureur de la Mission les répartit en bandes; et, trois à trois, le bâton à la main, les ouvriers évangéliques cheminent à travers les belles, mais âpres montagnes de l'Arménie, ses vallons, ses rivières et ses torrents.

La première bande dressera sa tente à Marsivan. Une autre escouade s'est déjà établie à Amasie. La troisième traversera Amasie pour se rendre à Tokat. Un peu plus tard, une quatrième poussera jusqu'à Sivas; une autre encore gagnera Césarée; tandis que deux Pères et un Frère, partis de Beyrouth, arriveront par mer à Mersina, d'où ils repartiront pour Adana.

Ainsi, nous occuperons une ligne stratégique qui traverse la Petite-Arménie tout entière, de la mer Noire à la Méditerranée.

Lorsque nous serons bien établis dans les centres, nous rayonnerons, à notre droite et à notre gauche, dans les villages, et nous atteindrons le pays dans son entier.

Mais ceci n'est qu'un rêve d'avenir. Aujourd'hui nous n'avons autre chose à faire qu'à chercher un gîte dans les villes de notre choix, et à nous y faire accepter.

Allons d'abord à Marsivan. C'est le poste qui fait tête de ligne dans l'ordre géographique.

Le voyage des rives de la mer Noire en cette ville, à travers les verdoyantes montagnes de l'Arménie, serait charmant, si les chemins étaient beaux, les moyens de transport commodes, et les gîtes un peu confortables. Mais tout est primitif et défectueux dans ces contrées, où le gouvernement ne fait rien pour le bien du peuple, et ne permet pas aux sociétés européennes de tirer parti de cette riche nature. Nous louons trois mulets, sans bride, sans selle, couverts seulement d'un bât. Au lieu d'admirer le paysage, force nous est de surveiller nos montures à travers des sentiers, véritables casse-cou ; puis le repos du soir n'en est pas un dans une misérable hutte, dont la moitié abrite les mulets et l'autre les muletiers et les voyageurs. Quelle nuit, parmi cette aimable société, qui s'accroît d'un million d'insectes ! On ne trouve pas de quoi vivre : il faut tout apporter du point de départ. Le pain se moisit, la viande froide fermente, les œufs durs se cassent dans un mauvais panier, qui s'imbibe de la sueur et de l'odeur du mulet, en même temps qu'il s'échauffe au soleil. On s'estime heureux lorsqu'on peut se faire prêter un mauvais chaudron, qui ne fut jamais lavé, et dans lequel on fait bouillir un peu de riz, qu'on mange à la gamelle au moyen de cuillères de bois.

Il faut vingt et une heures pour aller de Samsoun à Marsivan, grâce à l'état actuel des chemins. Le jour où on voudra s'en donner la peine, le trajet s'exécutera facilement en dix heures. Mais quand viendra ce jour ?

Après deux journées de marche, nous couchons au village de Cawza, pittoresquement situé au flanc d'une montagne, avec une vue superbe sur la vallée. Son aspect n'est pas celui des misérables bourgades que nous sommes habitués à traverser. De vastes Khans de deux et trois étages, annoncent l'affluence des voyageurs. C'est que le rocher donne passage à une source d'eaux minérales, renommée pour ses propriétés curatives, et que, durant les mois de l'été, des familles entières viennent y chercher la santé. Notre présence fait sensation. Nous sommes européens, donc médecins. Un soldat turc, renvoyé dans sa famille comme incurable, s'approche d'Antonio et lui dit : O mon frère, j'apprends que ton vertabiet (nom donné aux prêtres arméniens), a été aumônier en chef des armées françaises et qu'il a vu, sur les champs de bataille, tous les genres de blessures. Je voudrais le consulter, mais un si grand homme daignera-t-il abaisser ses yeux sur un être aussi petit que moi ? Antonio le rassure sur la prétendue grandeur de son vertabiet, qui ne dépasse pas les modestes proportions d'un infirmier d'ambulance. Le soldat découvre ses plaies ; nous sommes assez heureux pour lui procurer quelque soulagement. D'autres malades accourent. Ils auraient bien voulu que nous fissions un séjour parmi eux ; mais nous étions à cinq heures seulement du terme de notre voyage, et nous avions hâte de l'atteindre.

La petite ville de Marsivan s'offre aux regards gracieusement assise sur les derniers contre-forts de montagnes, qui l'abritent comme d'un rideau vers le nord. Les eaux lui viennent abondantes des hauteurs environnantes. A ses pieds, en pente douce, de nombreux vergers lui forment un tapis de verdure. L'air y est vif, l'hiver froid, et l'été assez tempéré. On y compte deux mille maisons turques, mille schismatiques, deux cents protestantes. Le chiffre des maisons catholiques est de dix seulement. Il y en avait davantage autrefois, mais les mariages mixtes y ont fait la confusion de la tour de Babel.

Lorsqu'il fallut l'atteindre pour la première fois, la difficulté fut extrême. Point de route tracée. Des montagnes, des fondrières, des torrents, des rocs amoncelés, et des voleurs barraient le passage.

Depuis lors, on a tracé une route qui va de Samsoun à Sivas, en passant par Amasie et Tokat. Les Valys ont reçu des ordres pressants de la Porte à cet égard. Celui de Sivas nous racontait qu'il y avait employé toutes les prestations. Dans un seul été, vingt mille hommes ont fait un million de journées de travail. Les difficultés sont énormes. Il faut briser le granit. La route court au flanc des montagnes sur des précipices affreux. Les torrents nécessitent des multitudes de ponts.

Mais le résultat sera d'une importance incalculable. Les habitants de l'intérieur trouveront des débouchés pour leurs produits, travailleront avec plus de courage, gagneront davantage ; et nous, missionnaires, affranchis de ces voyages odieux qui fatiguent sans profit et prennent un temps considérable, nous serons plus près les uns des autres, nous aurons plus de facilité à nous entr'aider, en sorte que le bien sera doublé.

A Marsivan, nous sommes sur le territoire de l'ancien royaume de Pont.

Les peuples qui habitèrent le pays, avant qu'il fût la possession des Mithridate, furent les Heptacomètes, les Chalybes, les Tsoques et les Carduques.

Les Heptacomètes, peuple féroce, campaient à l'est, dans des montagnes que Strabon appelle Seydissès, « *montagnes très-rudes* » ; ils vivaient sur les arbres des forêts ou dans des blockaus de bois, d'où il s'élançaient sur les passants.

La chaîne montueuse, désignée par les turcs sous le nom de Gumuch-Hané (le lieu de l'argent), était le séjour des Chalybes. Homère donne à cette peuplade le nom d'Halyzones, et il dit : « Odius et Epistrophius conduisaient les Halyzones d'Alybé, de ce pays lointain où naît l'argent. »

Les Tsoques et les Carduques furent les pères des Kurdes d'aujourd'hui.

Lorsque Sésostris s'empara de l'Asie jusqu'au Pont-Euxin, des familles nombreuses de race sémitique accoururent des côtes de la Syrie, et devinrent pomptement le peuple prédominant sous le nom de Leucosyri, ou Syriens blancs.

Et, comme les Scythes, après avoir détruit l'œuvre de Sésostris, dominèrent le pays durant quinze cents ans, on peut croire qu'ils y laissèrent les éléments d'une race mêlée, où le sang du Caucase s'alliait avec celui des sémites.

Le royaume de Pont ne se constitua que longtemps après la formation de ces peuples.

Ninus, avec les Assyriens, chassa d'abord les Scythes ; et, après les Assyriens, les Mèdes, devenus maîtres de la Leucosyrie, séjournèrent longtemps au midi de Sinope, dans la région de la Ptérie, où nous rencontrons encore d'importants vestiges de leur séjour. Enfin, grâce à des révolutions successives, les princes de la Leucosyrie étant parvenus à rendre indépendantes les provinces qu'ils gouvernaient, le Pont devint un royaume.

Son premier roi descendait de l'un des sept Perses qui renversèrent le faux Smerdis. Ils s'appelait Mithridate. On le surnomma Ctistès, parce qu'il fonda une dynastie royale. Il avait pris le parti d'Eumène dans sa guerre contre Antiochus, s'était créé de puissantes inimitiés qui éclatèrent après la mort d'Eumène, dut enfin quitter ses possessions, et se retrancher derrière les fortifications de Cimiata, dans les défilés du mont Olgassus, à l'ouest de l'Halys et sur les frontières de la Synopide. Son génie guerrier ne pouvait se tenir longtemps renfermé dans l'étroite enceinte d'une forteresse; il lui fallait du mouvement et des conquêtes. Ctistès sortit de Cimiata, soumit les Paphlagoniens, porta ses conquêtes à l'est de l'Halys, et mourut presque nonagénaire, assassiné par l'ordre d'Antigone, après un règne de trente-huit ans. Le nom de ses successeurs est mêlé à tous les événements qui agitèrent le pays pendant des siècles. Le royaume s'étendit de l'Halys jusqu'à l'Arménie, et comprenait en deçà du fleuve tout le pays qui s'étend jusqu'à Amastris. Il cessa d'exister après la mort de Mithridate le Grand, et devint province romaine.

Aujourd'hui Marsivan est enclavé dans le Vilayet de Sivas ; il est gouverné par un Kaïmakan, sous les ordres du gouverneur général.

Nous avions à craindre d'arriver trop tard, parce que, depuis longues années, les protestants américains y ont un établissement important. Ils en ont fait une tête de mission. Leur maison est grande, leur jardin spacieux. Quatre-vingts jeunes gens y sont admis en pension. On les instruit avec soin, et les plus capables vont, aux frais des Sociétés bibliques, achever leurs études en Amérique. De plus, les protestants ont deux écoles dans la ville, une pour les garçons, l'autre pour les filles. Ils donnent la soupe aux pauvres, souvent même des vêtements. Mais ils enseignent l'anglais qui ne sert de rien en Orient, et nous offrions d'enseigner le français. On nous accueillit comme des bienfaiteurs. Sans retard, dans une maison d'emprunt, nous ouvrîmes une école pour les adultes, la place nous manquant pour les enfants. Nos élèves furent des marchands, des artisans qui, après leur travail de la journée, venaient, le soir, s'initier au français. Nos relations quotidiennes avec eux firent naître des sentiments de cordialité qui gagnèrent de proche en proche.

De la classe on vint à l'église, sans se formaliser d'y entendre l'exposé de la doctrine catholique.

Emu de la situation, l'Evêque Arméno-catholique de Trébizonde a voulu centraliser le mouvement, et, pour donner plus de force à son action et à la nôtre, il nous a confié son église et ses écoles, en nous adjoignant un prêtre de sa nation, ancien schismatique marié, qui vit paisiblement dans sa famille et administre les sacrements selon le rite Arménien.

Cette combinaison est, peut-être, la solution d'un problème délicat.

Nombre de schismatiques, en se convertissant, voudraient se donner à nous et obtenir que nous leur ouvrions une paroisse latine. Nous ne saurions le leur accorder sans blesser le clergé du pays et exciter les clameurs des dissidents. En les admettant dans une église arménienne, où président des prêtres latins qui s'efforcent d'environner de pompe les cérémonies du prêtre Arménien, ne satisfera-t-on pas à leurs exigences ?

Marsivan est pauvre, mais on y vit dans une aisance relative. Le caractère des habitants est affable. Nous le quitterons momentanément pour visiter de nouvelles contrées, mais nous en emporterons le meilleur souvenir.

A sept heures de distance, dans la direction du midi, s'élève la cité historique d'Amasie, avec laquelle nous avons déjà fait connaissance. Nous ne nous y arrêterons que le temps de nous reposer, et nous nous dirigerons vers Tokat, où nous arriverons après deux jours. Pourquoi deux jours ? Parce que nous sommes en Asie-Mineure, et que l'administration turque, nous l'avons dit, ne ressemble guère à la Providence. En Europe, les rapports d'Amasie à Tokat seraient faciles, prompts et de tous les instants ; en Asie, ils prennent les proportions d'un voyage.

Nous marcherions à droite, si nous étions touristes, et, grâce à un écart de soixante-douze kilomètres, nous visiterions la bourgade de Zileh, d'où César, après avoir vengé la défaite de Lucullus par une éclatante victoire sur Pharnace, l'an 47 avant Jésus-Christ, écrivit au Sénat romain, ces trois mots restés célèbres : *Je suis venu; j'ai vu; j'ai vaincu.* Le champ de bataille est encore parfaitement reconnaissable. Les habitants du pays l'ont converti en un grand champ de foire, où s'opèrent, chaque année, des transactions importantes. Mais, pour nous, c'est le fruit défendu ; nous n'avons pas le temps de nous arrêter à ces souvenirs.

Entre Amasie et Tokat, nous passerons la nuit dans une étroite et profonde vallée, où la police a cru devoir établir un poste de gendarmerie contre les voleurs. L'habitation de ces braves gens n'est pas luxueuse. Entre un rocher et le tronc d'un arbre séculaire, ils ont jeté quelques branches d'arbre, sur lesquelles ils ont mis de la terre, et qui les abritent de la pluie. Quelques mottes de terre, durcies au soleil, font un mur du côté que ne protége pas le rocher. Dans le mur, on a ménagé une cheminée, bien nécessaire au fond de cette gorge, qui ne voit le soleil que fort peu de temps dans la journée. Nos hôtes nous engagèrent à admirer le siège du Sultan Mourad, dont ils sont fiers. Il paraît qu'en allant à Bagdad, ce chef des croyants voulut se reposer en cet endroit; que, dédaignant la terre, il s'appuya sur le tronc de l'arbre, lequel céda sous le poids de Sa Hautesse et se creusa en forme de trône. Peu sensibles à ce souvenir, nous essayâmes de faire cuire notre riz, et surtout de donner quelques soins aux malheureux gendarmes, sans cesse tourmentés par la fièvre.

Cette nuit, nous crûmes avoir affaire à ces brigands qui sont la terreur du pays et font le sujet de toutes les conversations. Le temps était sombre. La tempête grondait au dehors, et l'âtre qui s'éteignait, répandait dans la cabane une lueur blafarde. Nous nous réveillons, et nous apercevons près de nous deux hommes accroupis, qui aiguisaient un sabre dans le plus grand silence. Nous surveillons l'opération sans faire un mouvement et sans mot dire. Hélas ! Pas le moindre épisode dramatique. Le sabre aiguisé, les hommes s'en servirent pour hacher du tabac sur une pierre.

Le lendemain, dans la soirée, nous atteignîmes l'Iris, le Fleuve-Vert comme l'appellent les turcs, l'Iris qui serpente le long de cette vallée fertile si poétiquement dépeinte par Saint Basile. Un pont d'architecture ancienne nous livre passage, et les ruines d'un vieux château-fort nous avertissent que notre voyage touche à son terme.

Tokat repose sur les versants de deux petites chaînes de montagnes qui courent parallèlement. De nombreuses maisons, entrecoupées d'arbres et de jardins, s'étagent sur la droite et sur la gauche, se regardant de loin et se faisant point de vue ; un cours d'eau suit la vallée. L'aspect général est riant. Partout la verdure, partout la fraîcheur. Les abricotiers, les pêchers, les poiriers, de longs pampres de vignes qui grimpent sur les arbres, forment à la ville un cadre charmant.

Tokat n'a point d'histoire. Elle voudrait se rattacher à l'une des trois Comana des temps anciens. Je ne vois pas ce qu'elle en recevrait d'illustration. D'ailleurs ses prétentions ne sont pas soutenables. Les ruines de l'une des Comana sont visibles à six kilomètres plus loin. La cité que nous visitons, ne remonte guère au delà du moyen-âge. Elle dut son origine à une idée toute chrétienne. Scandalisés des mœurs dissolues de Comana, qu'on appelait la petite Corinthe, blessés dans leur pudeur par les cérémonies révoltantes du culte de Vénus, les adorateurs de la Croix prirent la résolution de s'isoler d'une population corrompue. Ils cherchèrent un lieu paisible où ils transporteraient le berceau de leurs enfants. Ils rencontrèrent la vallée que nous venons de décrire. Elle les séduisit. Déjà, paraît-il, la végétation était luxuriante à cette époque, et l'abondance de ses fourrages l'avait fait surnommer Tokat, de deux mots qui signifient cheval repu. Les chrétiens plantèrent leurs tentes en cet endroit. Une ville s'éleva. Les Arméniens cherchèrent à la faire appeler Jevtogia ou Eudoxia, mais le nom de Tokat prévalut.

On assure que St Jean Chrysostome mourut dans ses environs. Il revenait de l'exil. Il ne put supporter les fatigues du voyage et succomba en arrivant près d'une ville du nom de Comana. Est-ce bien celle qui nous avoisine ? Un couvent Grec schismatique prétend posséder le tombeau où il fut déposé avant d'être rapporté à Constantinople, mais il n'en fournit aucune preuve.

Tokat est l'entrepôt des mines de cuivre de Kébaumaden. Le métal y est raffiné et transformé en ustensiles de toute sorte.

Cette industrie ne suffit malheureusement pas à entretenir la prospérité publique. L'argent se fait rare. Les familles se ruinent. La pauvreté gagne; et rien ne fait prévoir la reprise des affaires.

La population se compose d'Arméniens, de Grecs, de Juifs et de Turcs. Les Turcs ont de nombreuses mosquées. Les Arméniens schismatiques possèdent sept églises. Les Grecs sont convenablement pourvus. Quant aux catholiques, leur église est grande et suffisamment ornée ; elle tient à la maison épiscopale, et des jardins l'environnent.

Les habitants de Tokat sont avenants, hospitaliers. Ces aimables qualités datent de loin. Elles paraissent être traditionnelles dans les familles. On se rappelle, peut-être, que, lorsqu'ils furent chassés d'Erzeroum et de Trébizonde, les anciens Jésuites cherchèrent une population bienveillante qui leur offrît un asile Ils songèrent à Tokat. Leur projet n'eut pas de suite. Qui pouvait prévoir que, si longtemps après, la Compagnie de Jésus le reprendrait et formerait ici une résidence ?

Les missionnaires louèrent le rez-de-chaussée d'une maison de belle apparence, bien située, sur la hauteur, avec une vue magnifique et un vaste jardin qui descend vers la ville.

Mais quand ils eurent consacré une grande place à la chapelle et aux écoles, il leur resta pour eux une chambre commune et une cuisine. Ils s'inquiétèrent peu de la gêne. Ils avaient de quoi exercer leur zèle ; que leur fallait-il de plus ?

Cependant le peuple qui les vit si mal assis, se demanda s'ils venaient bien avec l'intention de rester, s'ils n'étaient point en camp volant, prêts à replier leur tente, ou sur un esquif dont les voiles se déploieraient pour le départ au premier souffle du vent. On eut peur d'être abandonné après s'être trop facilement confié. On hésita ; on ne vint à nous qu'avec réserve. Depuis, nous avons acquis la maison, et l'avenir se montre plein d'espérance.

Notre quatrième centre de mission est Sivas, à deux journées de Tokat.

Entre les deux villes, le pays change d'aspect. Depuis Amasie, nous avions traversé des campagnes verdoyantes, aux fleurs et aux fruits variés ; et maintenant c'est presque le désert avec son aridité.

A peine hors de Tokat, nous montons si

longtemps que c'est à désespérer de voir le sommet. A force de gravir, nous atteignons les hauts plateaux. Plus de végétation ; le ciel est sombre ; les nuages reposent sur les crêtes ; ils contiennent de la neige ; nous les traversons pénétrés par l'humidité.

Après deux heures de route solitaire, nous apercevons un hameau de cinq maisons. Quelles maisons ! On élève quatre murs en pierres sèches d'un mètre et demi de hauteur ; on jette en travers des poutres et des branchages pour faire le toit, puis de la terre en abondance. De loin, on croirait à un amas de mamelons formés par un jeu de la nature. Notre muletier débride ses chevaux sans dételer, leur suspend une musette d'orge sous le nez, et nous déjeunons dans notre charrette. Nous jetons la pelure de deux pommes ; un vieillard la ramasse dans la boue, et la porte à trois enfants presque nus, qui la dévorent. Faut-il que ce soit un régal ! Combien misérable est le pays où de semblables choses sont des friandises !

Le soir, notre gîte est tout ce qu'il y a de plus misérable. Dès l'aube du lendemain, nous remontons en charrette. Le ciel est de plomb. Une vraie tempête de pluie, de neige et de grêle se déclare. Il fait un vent à décorner les bœufs et nous sommes transis. Les heures se passent, nous ne rencontrons ni arbres, ni habitations. Nous courons de crête en crête. Nos vaillants petits chevaux trottent depuis le matin, sans s'être arrêtés plus de dix minutes pour broyer un peu d'orge. Le chariot saute à nous déboîter les os. On y voit à peine devant soi. Que doit être Sivas, puisque les abords en sont tellement lugubres ? Mais non : tout à coup les montagnes s'élargissent ; les nuages se dissipent ; un soleil pâle, qui nous semble radieux, anime le paysage. A travers un rideaux de saules, nous distinguons des maisons, au dessus desquelles s'élance un rocher couronné des murs dentelés d'une forteresse en ruine.

Sivas serait charmant sous une administration européenne. Des cours d'eau plantés de saules traversent les rues. Les maisons, sans alignement, suivent les sinuosités du torrent. De petits ponts joignent les deux bords. Malheureusement, il n'y a pas de détritus qu'on ne jette dans le torrent ; et les rues sont pleines d'une boue noire et nauséabonde.

Autrefois, il n'existait point ici de ville, mais seulement une forteresse appelée Cabyra, près de laquelle les Romains remportèrent une victoire sur Mithridate. Les populations se groupèrent peu à peu autour du rocher, et Pompée donna à ce groupe d'habitations le nom de Diospolis, ou ville de Jupiter. Mais la reine de Pont, Pithodoris, qui en avait fait sa résidence, la nomma Sébaste, en l'honneur d'Auguste.

Bajazet et Tamerlan s'y rencontrèrent plusieurs fois; ce dernier la démantela en 1400.

Lorsque les Princes de la famille de Sennachérib, devenus arméniens, eurent cédé à l'empereur grec leur principauté de Vaspouragan qu'ils ne pouvaient plus défendre, ils reçurent Sebaste en échange. Le dernier Roi des Pagratides y fut interné, après la reddition d'Ani, et c'est là que les Grecs l'attirèrent traîtreusement dans le château de Cibystra, où ils l'étranglèrent.

A peu de distance de la ville, on montre une fontaine et une mare d'étroite dimension. On croit que la mare est un reste de l'étang glacé sur lequel on exposa les soldats connus sous le nom des Quarante martyrs de Sébaste. A en juger par la température que nous subissons à la fin d'octobre, nous comprenons que les martyrs soient morts de froid en ce lieu, durant **une nuit d'hiver.**

Non loin, est le bain chaud où l'une des victimes abjura sa foi, se précipita, et mourut suffoquée par la chaleur, en flagrant délit d'apostasie. Triste souvenir qu'il vaut mieux remplacer par celui de la sentinelle, qui, voyant les anges apporter quarante couronnes, ambitionna la quarantième, abandonnée par un lâche, se dépouilla, s'étendit sur la glace, et mourut en confessant le nom de Jésus-Christ.

On prétend conserver les tombes des Martyrs dans le cimetière des Arméniens. Est-ce bien sûr ? Le monument grossier qui les recouvre, dit-on, est évidemment composé de fragments d'un édifice chrétien. Sur les pierres sont gravées des croix nombreuses, parmi lesquelles j'ai cru remarquer des croix héraldiques, ce qui nous reporterait au temps des croisades.

La ville où nous prenons pied, est importante. C'est le chef-lieu d'une province et la résidence d'un Gouverneur général. Les turcs y sont en majorité. Les arméniens schismatiques se comptent nombreux. Les catholiques, hélas ! forment la minorité. Ils ont une église, mais pas toujours un prêtre pour la desservir.

Ici, comme dans les précédentes stations,

notre gîte sera des plus modestes, si modeste même, qu'il peut à peine suffire pour une première année. Que de peine pour y trouver la place de la chapelle et des classes, avec un abri pour les missionnaires !

Cependant l'école se remplit de schismatiques, et la petite chapelle fut immédiatement fréquentée.

Un prêtre dissident n'osant venir lui-même, envoya sa femme pour présenter ses enfants, en disant : « Je donne mes fils aux Jésuites ; et les Jésuites les conduiront à Dieu... »

L'apparition des missionnaires fit même sensation au loin, et nous vîmes arriver, de trois journées de distance, un négociant qui voulait nous confier son jeune frère. « Je vous le livre aveuglément, nous dit-il. Nous avons bien une école dans notre ville. Mais elle est tenue par des protestants. Ce sont des athées ; et, d'ailleurs, ils n'enseignent pas le français. Je n'en veux point. » — Or, l'homme qui tenait ce langage, n'était point catholique.

Lorsque nous aurons pu acheter une maison, ouvrir une chapelle un peu vaste, agrandir le local destiné à l'école, le bien se fera, nous osons le croire, dans de larges proportions.

V

La Cappadoce et Césarée

Nous quitterons maintenant le territoire de Pont ; et nous pénétrerons en Cappadoce, pour gagner Césarée, où nous comptons nous établir.

Les caravanes parties de Samsoun y vont ordinairement par Marsivan ; nous suivrons leurs traces. Ici, point de route, il faut marcher à travers champs.

Comme le voyage est long, et le pays souvent désert, on nous presse de nous faire accompagner d'un zaptié ou gendarme, qui nous fera une garde d'honneur et veillera à notre sécurité. Une garde d'honneur serait ridicule pour des Religieux ; nous la refusons. On insiste au point de vue de la sécurité. Eh ! que fera un seul homme contre une douzaine de brigands ? Il semble plus viril de compter sur la Providence d'abord, sur sa propre énergie ensuite, et de s'en aller un peu à l'aventure, beaucoup à la grâce de Dieu. Toutefois, sur des insistances venues de haut, nous cédons. On nous amène un cavalier qu'on dit avoir été un chef de voleurs. Nous n'avons pas vu ses papiers, mais il a vraiment l'air d'un coupeur de bourses, ses yeux blancs ressortent sur son visage fortement teinté de noir. Il porte un arsenal de couteaux sur son estomac, un pistolet sur les reins, des cartouches en bandoulière, un fusil en travers de sa selle.

Nous marchons neuf heures. A la nuit tombante, nous atteignons Tschorum, grande ville pour le pays, où se trouve un Khan assez confortable. Un turc nous aborde. Il est voyageur lui aussi. Son fils malade depuis quatre jours, le retient ici ; il nous prie de le guérir. L'enfant ne mangeait plus, ne parlait plus.

— Qu'as-tu fait pour lui ? dîmes-nous au père.

— Rien, répond-il, nous ne savions que faire.

— Va chercher des sangsues.

Un quart d'heure après, il en rapporte trois.

— Dis à ta femme de les appliquer.

— Ma femme ne le sait pas, moi non plus.

— Donne-nous un linge pour le mettre sous la tête de ton enfant.

Il apporte le maillot de son autre fils, souillé d'ordures. Nous remplîmes l'office d'infirmiers, et fûmes assez heureux pour dégager l'enfant. Trois jours après, nous le rencontrâmes à une autre étape, où nous achevâmes la guérison. Pauvres parents ! Ils regardent souffrir leur enfant, attendant la guérison ou la mort, et la mère ne sait pas s'industrier pour le soulager !

Demain, nous stationnerons à Aladja, où le cafetier nous cèdera sa cuisine, et s'en ira travailler en plein vent. Notre marche de ce jour, comme celle des journées suivantes, sera silencieuse et monotone. Nous nous croirions volontiers au désert. Tout prête à l'illusion. Les villages, assez rares d'ailleurs, sont abrités dans des ravins ou sur des croupes de montagnes, selon que leurs fondateurs ont trouvé de l'eau et une position facile à défendre. On ne les voit pas, et ils sont si loin du chemin battu, qu'on n'en tirerait aucun secours si on se trouvait en détresse. On va, on va à travers un pays ondulé, toujours silencieux. De la terre, et puis de la terre, sans arbre, sans verdure, sans rien qui repose l'œil, égaye le paysage. On se croirait sur un océan dont les collines sont les vagues, devant un horizon sans fin. C'est bien la Cappadoce telle que les auteurs nous la firent connaître dans notre enfance, une immense solitude. De très-loin en très-loin, quelques laboureurs se rencontrent qui poussent une charrue traînée par des buffles ; ou bien, une femme chargée d'enfants suspendus à ses épaules dans des sacs qui ne laissent voir que la tête, chasse un âne devant elle. Parfois, on se heurte contre une tombe isolée. Un chamelier a suivi sa caravane jusqu'au jour où, la force lui manquant, il est tombé pour ne plus se relever. Ses compagnons lui ont creusé une fosse, avec ou sans regret, disant : *Dieu l'a voulu*. Il y est descendu ; il y dort son dernier sommeil.

La terre de Cappadoce semble porter les hommes à regret. Que de temps il fallut pour la peupler ! Les Phéniciens établis en Cilicie, la dédaignèrent. Ils ne franchirent pas le Taurus. Les peuplades qui remontèrent l'Euphrate à la suite des armées de Sésostris, restèrent derrière l'Halys. Personne ne s'aventurait sur ce sol, sans cesse ravagé par des feux souterrains. Les contrées de l'Est de l'Euphrate, l'Arménie et l'Assyrie, par exemple, étaient en pleine prospérité, lorsque la Cappadoce, à peine sortie du chaos, restait inhabitée. Il fallut le génie de Sémiramis pour réveiller les échos de ce pays endormi depuis le déluge ; lui frayer des routes, lui amener des colons. Et encore ! cent quinze ans avant Jésus-Christ, Lucullus n'y trouva que deux agglomérations de maisons dignes du nom de villes. Comme le présent ressemble au passé !

Notre troisième journée commence par un accident. La cheville-ouvrière de notre charrette casse. On la remplace par un bâton qui sera notre unique ressource pendant quatre jours, car il ne faut pas espérer de rencontrer un forgeron. Tout ici est primitif. L'extrême pauvreté est un héritage des ancêtres. Horace disait déjà : « en Cappadoce, le numéraire manque même chez les rois ; »

Mancipiis locuplex, eget æris Cappadocum rex.

Et Cicéron, qui avait parcouru le pays durant son proconsulat, ajoutait : « Je ne connais rien de dénué comme ce royaume, rien de plus pauvre que son roi. »

Parfois, sur le revers des montagnes, nous apercevons des troupeaux au pâturage. C'est, je ne dirai pas la richesse, mais la vie du pays.

La profession de berger convient mieux que toute autre aux Cappadociens. Le sel, essentiellement utile à l'élève du bétail, se trouve, ici, en abondance, soit en carrière, soit dans le lac de Tata ; l'orge du pays est d'une qualité supérieure, et les plaines des environs de Césarée et de Nigdé abondent en fourrage. Nous avons parcouru ces plaines. Les champs d'orge sont immenses. L'herbe pousse partout, et ces grandes nappes de verdure sont émaillées de fleurs. Nous y rencontrions à profusion des oreilles-d'ours d'un jaune éclatant et des pieds-d'alouette d'un velouté merveilleux. De loin en loin, le paysage est coupé par de beaux villages, véritables oasis, environnés de vignes et d'arbres fruitiers de la plus belle venue. Ce petit coin de la Cappadoce fait exception, il ne ressemble en rien à la contrée que nous traversons actuellement.

Faute d'argent, les anciens payaient le tribut aux rois de Perse avec leurs bestiaux. Ils leur offraient annuellement quinze cents chevaux, deux mille mulets et cinquante mille moutons. Peut-être, aujourd'hui, serait-on dans l'embarras pour s'acquitter de cette redevance. Le nombre et la qualité du bétail ont baissé. Ainsi, nous ne rencontrons plus l'onagre, dont le croisement avec les cavales donnait des mulets recherchés jusqu'en Babylonie ; il devient de plus en plus rare et se cache dans les montagnes du Farsistan. Toutefois le pays produit encore des mulets estimés. Les moutons à large queue y sont abondants. Du temps d'Hérodote, les queues étaient longues de trois coudées, et si lourdes que les bergers les soutenaient sur de petits chariots en bois ; leur volume et leur longueur ont diminué ; les petits chariots deviennent inutiles, mais une queue chargée de sa graisse pèse encore six kilogrammes et plus. Ce qui nous frappe surtout à mesure que nous entrons en relation avec les indigènes, c'est leur peu d'intelligence. Le visage des enfants, partout si mobile, reflète presque la stupidité. Ces petits êtres se campent devant le voyageur, immobiles, la bouche ouverte, et le regardent longtemps d'un air hébété. Quelques-uns sont nus ; d'autres portent des guenilles qui ne couvrent rien. Filles et garçons grouillent, pêle-mêle, avec les dindons, les oies, les poules et les canards. La physionomie des hommes est moins expressive encore. A part la colère, souvent terrible, elle ne reflète aucune émotion. Vivre au jour le jour est leur seule préoccupation. Comment en serait-il autrement ? Qui les a élevés ? Qui a développé leur intelligence ? Qui a parlé à leur cœur ? Aux mahométans, leurs muezzins ont enseigné la formule : *Dieu est Dieu, Mahomet est son prophète,* et rien de plus. Les chrétiens n'en savent guère davantage. Leurs prêtres sont des paysans, chargés de famille, soumis aux corvées communes à tous. Sur le chemin de Samsoun à Marsivan, nous en rencontrâmes un qui cassait des pierres sur la route, et un peu plus loin deux autres, dans l'eau jusqu'à la ceinture, construisant un pont. On les reconnaît à leur bonnet, seule marque distinctive de leur profession. Aveugles eux-mêmes, comment donneraient-ils la lumière à leurs semblables ?

Pauvres habitants de la Cappadoce ! Mériteraient-ils, par hasard, la flétrissure que leur infligeait Cicéron, lorsque, pour caractériser la mine stupide de Cæsonius Calventius, contre lequel il plaidait, le grand orateur disait :

« Vous le prendriez pour un Cappadocien ? »

Espérons du moins qu'au moral ils ne tiennent pas de leurs pères. S'ils chassaient de race, ils seraient détestables.

Tertullien écrivait : « Il y a trois C abominables, les Cappadociens, les Ciliciens et les Crétois. » Martial prétendait que le sang d'un Cappadocien empoisonnait une vipère :

Vipera Cappadocem nocitura momordit ; at illa
Gustato periit sanguine Cappadocis.

Les Romains et les Grecs prêtaient à ce peuple tous les défauts. Ils l'accusaient surtout d'être toujours disposé à rendre faux témoignage.

Nous passons trop vite pour comparer les modernes avec les anciens, et nous voulons croire qu'il en est du Cappadocien comme du vin qui s'améliore en vieillissant.

Notre gîte de la troisième nuit sera tout ce qu'il y a de plus misérable, une maisonnette de six pieds de haut, plancher en terre, murs en terre, toit en terre. Nous avons deux petits réduits, l'un pour étendre nos matelas, le second destiné à nos chevaux. Les quadrupèdes occupent l'appartement réservé, et nous l'antichambre. Ils entrent et sortent par chez nous pour aller s'abreuver et se faire étriller. En fait de provisions de bouche, point de viande, mais les dons simples de la nature, du beurre et du lait de buffle, du miel et des œufs.

Jamais les Cappadociens n'ont aimé les demeures confortables ni surtout les élégances de l'architecture. Ils ne bâtissaient point. Ils s'abritaient dans des grottes au flanc des rochers. A mesure que la famille augmentait, ils creusaient de nouvelles chambres. De nombreux spécimens de ces habitations se rencontrent encore sur notre chemin. Aux bords de l'Halys, aux environs de Césarée, de Nazianze, de Nysse, et de Sbandus, surtout, certains rochers ressemblent à des ruches d'abeille. Ils sont percés de grottes assez nombreuses pour loger la population d'un village. Les chambres ont leurs cheminées, les cuisines leurs citernes. L'église chrétienne se distingue par sa forme, sa largeur, ses autels, ses emblèmes ; mais, au delà du nécessaire, il n'y a rien, pas la moindre ornementation, pas l'idée de connaissances architecturales.

Les modernes habitants de la Cappadoce partagent les mêmes goûts. Hommes, femmes, enfants passent leur vie au grand air, sur cette terre sans fin qui n'est coupée d'aucune plantation. Les pasteurs ne savent ce que c'est qu'une demeure fixe ; ils s'étendent par terre dans un manteau de feutre, lorsque vient la nuit, et dorment pendant que leurs chiens veillent. Les agriculteurs sont déjà sur pied lorsque le soleil se lève. Ils vont piquant la terre avec leur pioche, jetant quelques semences ou recueillant une maigre récolte, et quand ils ne travaillent pas, ils s'assoient par terre au soleil et causent ensemble. Le soir ils rentrent littéralement sous terre. Leurs habitations ne sont guère moins primitives que celles de leurs pères. Quatre murs de la hauteur d'un homme reposent sur la terre. On jette quelques arbres en travers, puis des fagots, puis une quantité de terre qui recouvre le tout, même les murs, et forme une sorte de mamelon. Bêtes et gens foulent cette terre, comme si le dessous ne contenait pas des êtres humains.

Notre humble gîte de ce soir se transforme en cabinet de consultation. Il en est, à peu près, ainsi chaque jour. Un Européen apparaît à ces pauvres gens comme l'inventeur et le maître de tous les secrets de la nature. Nous donnons quelques soins aux malades. Nous leur apprenons surtout à se servir de certaines herbes abondantes dans le pays. Après notre départ, qui leur procurerait les médicaments de l'Europe ?

Le quatrième jour, on nous montre de grandes ruines dont notre carte ne fait pas mention. Un schah de Perse y avait enfermé sa fille trop volage. On l'appelle le château de la princesse Kerkénèse. Il est sur une montagne au pied de laquelle serpente un ruisseau plein de sangsues. Au retour du printemps, on va se coucher dans le ruisseau, et on se laisse mordre pour éviter les frais de chirurgie.

Sur ces entrefaites, nous voyons notre zaptié changer de coiffure. Il remplace le fez turc par le bonnet des Circassiens ; c'est que la contrée est peuplée de détrousseurs de grand chemin, appartenant à ce peuple assassin et pillard, et que notre homme trouve sans doute prudent de passer pour l'un d'eux, afin de s'attirer quelques égards.

Quel cas faut-il faire de ces brigands dont on parle si souvent et avec si grande frayeur ? Je ne saurais le dire exactement. Nous croirions toutefois qu'il ne convient pas de s'en épouvanter outre mesure. Une fois, nous avions refusé de nous faire accompagner par un gendarme, et nous nous trouvions avoir affaire à un conducteur, du nom de Sélim, qui voyait des brigands partout, en sorte qu'il n'était question que de cela du matin au soir.

Trois semaines avant, Sélim avait été arrêté avec un autre arabadji. Les brigands avaient dépouillé leurs huit voyageurs. Ils avaient fait les choses en règle. Tout bon vêtement, fût-ce même une chemise, avait été capturé. Depuis lors, Sélim tremblait comme une feuille. L'aspect d'un cavalier l'épouvantait. Après deux jours de route, à la veillée, on raconta que la semaine précédente, près de notre gîte, la poste avait été arrêtée, les valises éventrées, les groups saisis ; que le Tartare avait essayé de se défendre et s'était fait tuer ; que les brigands rôdaient encore dans le pays. Sélim n'en dormit pas. Le lendemain, vers trois heures, il aperçut trois cavaliers suspects. Aussitôt il arrêta ses chevaux, et resta fasciné comme le petit oiseau sous l'œil du faucon.

— Qu'y a-t-il? demanda Antonio.

Sélim montra du doigt les cavaliers, au loin, sur la droite.

— Eh bien, fouette, reprit Antonio, tâche de gagner de vitesse.

Sélim obéit, et nous voilà précipités dans une course échevelée. Les pierres ne se dérangent pas pour nous laisser passer. Nous rebondissons par dessus pour retomber avec fracas. Deux heures durant, nous gardons cette allure. Enfin nous apercevons un village. C'est le salut.

Par compassion pour notre timide automédon, nous consentons à nous faire accompagner, le lendemain, par un turc, ancien artilleur au ventre omnipotent, qui, d'un coup de poing, écraserait un bœuf. La première étape se passa bien. Au milieu de la seconde, cinq cavaliers de front apparurent à peu de distance ; c'étaient des Circassiens armés, la fleur des brigands sans doute... Notre gros turc qui chevauchait en avant, n'a rien de plus pressé que de se replier sur nous et de se serrer tremblant contre notre charrette, pendant que l'arabadji s'arrête court. D'un coup de pied, nous réveillons Sélim de sa torpeur.

— Marche donc, lui crions-nous. On va croire que nous avons peur. Quand nous serons près des brigands, nous te dirons ce qu'il y a à faire.

Ce qu'il y avait à faire, nous ne le savions pas plus que lui ; mais il fallait faire bonne contenance.

Etions-nous réellement en face de détrousseurs de grand chemin ? L'aspect d'un vieux prêtre leur donna-t-il à penser que la maigreur du butin ne compenserait pas les chances d'une attaque? Dieu le sait!... Le fait est que les cavaliers ouvrirent les rangs et nous laissèrent passer.

Un voyageur qui eût parcouru le pays pour la première fois, sous la conduite de Sélim, eût probablement rapporté de son voyage l'idée que des brigands et des assassins se cachaient derrière toutes les pierres et qu'il avait échappé aux plus grands dangers. Gardons-nous de telles exagérations. Il y a danger sans doute en quelques occasions, mais il n'est pas de toutes les heures.

Aujourd'hui, le changement de bonnet de notre zaptié nous sauve-t-il ? La coiffure circassienne fait-elle sur sa tête l'effet d'un paratonnerre ? Nous ne savons ! Toujours est-il que nous gagnons notre gîte sans mauvaise rencontre.

Hier, nous avions cédé notre chambre à nos chevaux. Ce soir, ils nous rendront la politesse et nous recevront chez eux, car nous n'aurons qu'une écurie pour asile. On en balaye un petit coin, où nous installons notre ménage.

A dater de ce moment, nous ne savons plus où nous sommes. La carte reste muette sur les pays que nous traversons. Sous prétexte d'abréger, nos hommes se sont perdus. La soirée de ce jour aurait dû nous trouver à Césarée. Au lieu de cela, demain toute la journée, nous suivrons des chemins rocailleux entrecoupés de cours d'eau où les ponts semblent faits pour qu'on n'y passe pas, car bêtes et gens préfèrent les gués, de peur d'accident ; et quand la nuit est venue, nous tombons comme des fantômes, au milieu d'un hameau dont nous augmentons les terreurs. La population est en émoi parce que les brigands viennent de leur enlever neuf chevaux. La mine de notre zaptié ne leur semble pas rassurante. Ils nous refusent un gîte. A grand'peine, nous nous faisons céder un repaire. Mais c'est à notre tour d'avoir peur. Nos chevaux devront passer la nuit en plein air : nous avons trop peu de place pour leur rendre la politesse d'hier, et notre arabadji tremble qu'on ne les lui vole ; aussi veille-t-il auprès d'eux la nuit entière et salue-t-il avec joie le soleil du lendemain, qui lui permet de fuir ce séjour terrifiant.

Huit heures encore en pays désert, où nous essuyons une vraie tempête de vent et de sable, et nous touchons enfin à cette montagne couverte de neiges éternelles au pied de laquelle se développe Césarée.

En face de cette patrie de Saint Basile le Grand, comme on oublie vite les fâcheux incidents du voyage ! Comme on se livre, avec bonheur, aux charmes du souvenir de cet homme à jamais illustre !

C'est à Césarée qu'il naquit en 329, et qu'il mourut en 379. C'est là qu'il donne de brillantes leçons après s'être formé aux belles-lettres sous Libanius à Constantinople, et dans la célèbre école d'Athènes. C'est là qu'il se montra orateur habile au barreau, là surtout que, devenu prêtre et évêque, il construisit des hôpitaux où lui-même servait les malades ; là qu'il prêcha ses merveilleuses homélies ; là qu'inflexible devant les menaces de l'empereur Valens, intrépide au tribunal du préfet Modestus, il sut maintenir la foi menacée par les Ariens. Et dans cette vie agitée, il trouva là encore le secret de composer des ouvrages qui le placent au premier rang des écrivains et lui valurent l'honneur d'être classé parmi les Pères de l'Eglise Grecque.

Entrons avec respect dans la ville témoin de ses vertus.

Mais, auparavant, saluons le mont Argée, qui, depuis bien des heures, nous montre sa cime neigeuse.

Cette montagne, qui se détache du Taurus au nord de la Cilicie, est le point culminant de tout le système de l'Asie-Mineure ; elle est comme le noyau de l'Anti-Taurus. Semblable à un géant, le front couvert de neige, elle étend deux bras immenses sur la presqu'île asiatique ; l'un, du côté de l'est, entre l'Euphrate et l'Halys, touche au Caucase ; l'autre, dans la direction du nord-ouest, se termine, près de Brousse, par l'Olympe Myzien. Son large pied couvre dix myriamètres carrés.

Longtemps les indigènes crurent qu'on ne pouvait atteindre à son sommet sans mourir. Deux voyageurs modernes en ont fait l'ascension. Le premier, M. Hamilton, lui assigne une hauteur de 3,961 mètres, d'après ses calculs barométriques. Le second, M. de Tchihatcheff, ne lui en attribue que 3,841. Césarée est durement assise à ses pieds, sur un sol volcanique, dans les plus mauvaises conditions.

Josèphe la fait remonter à Mesech, fils de Japhet, qui lui aurait donné le nom de Mosaca. Philostorgus veut qu'elle doive son nom et sa fondation à Mosoch, chef cappadocien. Les Arméniens la revendiquent comme l'œuvre d'un de leurs princes, nommé Mazac. Aucune de ces opinions n'est solidement établie.

Strabon est le premier qui ait parlé de Césarée. Il paraît tout surpris de trouver une ville en un tel lieu, une ville au pied du mont Argée. .

Effectivement, l'Argée était un volcan. Longtemps après que son principal cratère fut éteint, le feu brûla dans ses flancs. En maints endroits, durant la nuit, on voyait les flammes s'échapper des lagunes formées par les eaux de neiges fondues ; et lorsque les bûcherons se hasardaient à venir couper du bois dans la montagne, le sol s'affaissait parfois sous les pas de quelques-uns, et les infortunés glissaient au fond des gouffres enflammés. De plus, les cendres rejetées par le volcan, avaient couvert la plaine et formé, en durcissant, un vaste composé de tufs improductifs. Le sol tremblait souvent, il s'ouvrait, et le feu grondait à travers les fentes.

Comment des êtres humains eurent-ils l'idée de bâtir une ville en ce lieu ?

Ceux qui l'osèrent furent, sans doute, quelques princes barbares qui se cantonnèrent contre les nombreux brigands de la Cappadoce, dans cette forteresse naturelle à laquelle les fondrières incandescentes de la plaine environnante tenaient lieu de bastions et de fossés.

L'antique Mazaca perdit son nom sous Tibère, qui la nomma Césarée. On en voit les ruines au lieu appelé Eski-Kaïsarieh. Ce sont quelques murailles de caractère byzantin, faites en blocage, avec alternance de lits de briques.

La Césarée moderne, construite un peu plus avant dans la plaine, est sans caractère aucun. N'y cherchons point les vertiges des vieux âges, ni l'église de Saint-Basile, ni le sanctuaire où fut sacré saint Grégoire l'Illuminateur. Aucun monument de la cité n'est antérieur au douzième siècle. Son château seul date de plus haut. C'est une masse sans grâce jetée là par Justinien, lorsqu'il essaya d'entourer la plaine d'une enceinte immense.

Les maisons de Césarée sont en pierre de taille, chose rare en Asie-Mineure. Les toits en terrasse, les rues tortueuses et sales, ressemblent à tout ce qui se voit en Orient. Les bazars, beaux pour le pays, sont bâtis en moellons de lave, cimentés par un mortier d'argile.

D'après un relevé cadastral, la ville renfermerait soixante mille habitants, soit dix mille maisons turques, quinze cents Arméniennes, et quatre cents Grecques.

Parmi les chrétiens, les schismatiques sont de beaucoup les plus nombreux. Les Arméniens catholiques ont un Evêque, mais point encore d'église. Un mouvement de conversion au catholicisme s'est manifesté parmi les Grecs. Rome a envoyé un prêtre de leur rite aux nouveaux convertis.

La fondation d'une maison de la Compagnie de Jésus à Césarée n'entrait pas d'abord dans nos projets ; mais l'Evêque arménien catholique nous la demanda avec tant d'instances que nous cédâmes. Le Prélat était seul avec un prêtre, sans église. Ne convenait-il pas de lui venir en aide ?

Que ferons-nous ici ?

Dieu le sait ! l'avenir le révèlera...

Pourquoi Saint Basile ne nous aiderait-il pas à défricher la vigne plantée de ses mains ?

Ses vertueux amis, Saint Grégoire de Nazianze et Saint Grégoire de Nysse, Cappadociens comme lui, ne daigneront-ils pas bénir nos efforts ?

Ne pouvons-nous espérer que Saint Grégoire le Thaumaturge renouvellera en faveur de ses compatriotes les miracles qu'il prodiguait à leurs pères ?

Serait-ce en vain que Saint Pierre, écrivant à ses chers élus du Pont, de la Galatie et de la Cappadoce, leur disait : « Que la grâce de Dieu soit avec vous, et que descendent sur vous en abondance les bénédictions qui donnent la paix et la joie dans le Saint-Esprit » ?

VI

La Cilicie et Adana

Après nous être occupés des chrétiens de la Cappadoce, nous eussions laissé notre œuvre incomplète, en négligeant ceux de la Cilicie ; aussi fut-il résolu d'établir, sans tarder, un septième poste à Adana, capitale de cette province.

La Cilicie est cette portion méridionale de l'Asie-Mineure qui descend du Taurus à la Méditerranée. Elle est célèbre dans l'histoire de l'Arménie.

Lorsque, à la suite des invasions répétées des Grecs et des Perses, les fils d'Haïg se virent contraints de descendre, en pleurant, les pentes de l'Ararat où fut leur berceau, ils transportèrent de ce côté du Taurus les débris du trône des Pagratides. La famille princière de Roupène y ceignit la couronne, et, durant près de quatre cents ans, elle y porta le sceptre non sans quelque gloire. Aujourd'hui encore le nom de cette province reste en honneur, et le chef spirituel des catholiques arméniens s'honore du titre de Patriarche de Cilicie.

Le premier qui prit possession de cette terre fut le héros Cilix, fils d'Agénor, d'où lui vint le nom de Cilicie, qui s'est perpétué jusqu'à nos jours.

Cilix était, selon toute apparence, de race phénicienne, car ni lui ni les siens ne parlaient grec, et leurs médailles portent des légendes et des symboles qui se rapportent aux mythes et aux divinités de la Phénicie.

Ce hardi colon et ses descendants vécurent de la mer plutôt que de la terre. La nécessité de pourvoir à leur défense leur avait fait préférer le séjour de cette portion de la Cilicie qu'on appelle Trachœotis ou rocheuse, pour la distinguer de celle que sa fertilité fit surnommer champêtre. Or, comme le sol ne leur offrait ni moyen de subsistance ni matière à échange pour le commerce, ils se mirent à écumer la mer. La domination romaine n'arrêta pas ce brigandage. On soupçonne même les gouverneurs imposés par le peuple-roi de l'avoir encouragé dans leur intérêt personnel.

Au temps des Croisades, les rois arméniens de la race de Roupène étaient maîtres du pays. Ils y accueillirent les guerriers Francs en amis dévoués. Ils leur fournirent des vivres ; ils les soutinrent les armes à la main ; ils s'unirent à nos familles princières par des mariages ; et lorsque leur dynastie fut près de s'éteindre, deux Lusignan qui tenaient aux Roupènes par les femmes, occupèrent leur trône.

Les turcs finirent par hériter de cette contrée; mais leur autorité y est mal assise ; et, de nos jours encore, plusieurs dynasties turcomanes s'y maintiennent, çà et là, dans une indépendance absolue.

La fière attitude des Ciliciens en face de voisins jaloux, s'explique par la configuration de leur territoire. Rarement on rencontre un pays mieux organisé pour la défense.

A l'ouest, au nord et à l'est, des montagnes gigantesques le protègent ; et, vers le midi, des falaises ardues ou des plages inhospitalières le tiennent à l'abri d'un coup de main.

Si nous voulons pénétrer en Cilicie par le

nord, le Taurus se dresse devant nous, et, du haut de ses pics neigeux ou du fond de ses cavernes béantes, une voix semble nous crier: *On ne passe pas!* — Force nous est d'aller, par mille détours, chercher la coupure unique qui permet de franchir cette masse de rochers amoncelés depuis le commencement du monde. Pas plus que nous, humbles pèlerins, les fiers conquérants ne se frayèrent une autre voie; Alexandre et Darius durent s'y engager. Or, quelques blocs précipités d'en haut suffiraient à y barrer le passage d'une armée.

Ainsi protégée au nord, la Cilicie n'est guère plus accessible du côté du levant. Nous y arrivions d'Antioche, il y a vingt-cinq ans, et nous chevauchions insouciants dans une plaine en pente douce, lorsque, soudain, les monts Amanus nous arrêtèrent.

Ici comme au Taurus, une seule fissure livre passage. Elle est si étroite que les anciens la fermaient avec des portes dont les montants de pierre restent debout. Quoi de plus facile à défendre? Les turcs essayèrent longtemps de s'en rendre maîtres sans y réussir. Au commencement de ce siècle, le chef de tribu Kutchuk-Ali en restait possesseur et faisait payer rançon à tout venant. En 1825 seulement, il fut surpris et tué par le Pacha d'Adana ; et le passage devint libre ; mais combien il reste aisé de l'intercepter encore !

S'agirait-il maintenant d'accéder en Cilicie par l'ouest ou le midi ? La difficulté n'est guère moindre. Le bateau a quitté Rhodes ; il nous amène du couchant. Or, tandis que nous admirons les verdoyants rivages de la Pamphylie, tout à coup, brusquement, à l'embouchure du fleuve Mélas, nous nous heurtons au cap Caracesium, où commence la Cilicie. Ce ne sont que rocs entassés, au dessus desquels dominent à dix-huit cents et deux mille mètres, les sommets déchirés de l'Imbarus. Ici, comme au nord, comme à l'est, la nature s'est chargée d'élever un rempart à la Cilicie.

Reste, sans doute, un accès au midi, par la mer. Mais quelques châteaux-forts, élevés sur les falaises, rendent la défense singulièrement facile. Les pirates l'avaient compris, et la côte est semée des ruines de leurs forteresses.

Les premières en vue sont les pans de murs pélasgiques du château de Diodote Tryphon. Ce corsaire s'était embusqué parmi les rocs tourmentés du cap Caracesium. De là, sur ses hardis navires, il s'élançait à la chasse des hommes, qu'il réduisait en esclavage et vendait à l'Italie. Sa position était inexpugnable. Pour mettre fin à ses brigandages, il fallut qu'Antiochus, fils de Démétrius, le surprît dans une de ses courses et le précipitât dans les flots. Plus tard, Pompée détruisit son château ; et Marc-Antoine céda son port à Cléopâtre, qui exploitait les forêts du Taurus pour la construction de ses flottes.

A mesure que nous avançons, d'autres ruines se présentent. Voici Sélinus, où Trajan vint mourir, en l'an 117 de notre ère, lorsqu'il s'en allait réduire une révolte des Juifs ; et puis Anemurium aux murailles flanquées de tours ; et encore Séleucie, fondée par Séleucus Nicanor, 300 ans avant Jésus-Christ, et qu'on appela Trachæa la rocheuse, pour la distinguer des autres Séleucies; et aussi Corycus, l'ancienne demeure des rois Arméniens, fièrement campée sur la pointe d'un rocher battu par la mer ; enfin Pompeiopolis, un peu enfoncée dans les terres, mais reliée au port par un portique de deux cents colonnes, dont cinquante restent debout.

A quelques kilomètres de Pompeiopolis, il est vrai, se rencontrent les terres basses et la rade ouverte de Mersina. Mais la nature encore a pris soin de la défense de ce point vulnérable. La rade est sans profondeur, les grands navires doivent mouiller au large ; et des coups de vent rendent souvent le rivage inaccessible.

Un soir, nous arrivons joyeux de toucher au but. Le commandant nous prévient qu'il sera probablement impossible de débarquer et qu'il faudra le suivre à Beyrouth, sauf à rebrousser chemin plus tard. La nuit se passe. Le lendemain, la mer continuait à faire rage. Cependant une forte barque se détache du rivage et se hasarde à venir à nous. Elle approche, mais la vague la rejette à distance, et l'abordage est problématique. Enfin on lui lance une corde ; elle se maintient à peu près, et, à force de gymnastique, nous parvenons à nous y jeter. Alors commence une lutte d'une grande heure. Le flot nous repousse ; il passe par dessus nos têtes et nous inonde. A l'approche de la terre, nouvel embarras. Le ponton s'élève à deux mètres, et son échelle vient d'être emportée par la vague. Nous étendons les mains. Deux robustes portefaix les saisissent, un coup de mer emporte la barque, et nous restons suspendus dans le vide. Heureusement, nos sauveteurs tiennent bon. Ils tirent, nous hissent comme un balot et nous voilà enfin sur la plate-forme, accueillis par les rires joyeux des spectateurs.

S'il s'agissait de débarquer une armée, elle serait exposée au sort terrible de la flotte de Charles-Quint sur les côtes d'Afrique.

C'est ainsi qu'abritée au midi par l'escarpement de ses rivages, ses châteaux, ses villes et la mer inclémente, la Cilicie défiait l'ennemi du côté de la mer, et ses forbans restaient sûrs de l'impunité.

Nous gagnerons aujourd'hui cette province par le nord, et nous partirons de Césarée, parce que cette route est la plus intéressante, sinon la plus facile.

Le mont Argée nous empêche de descendre droit vers le midi. Nous contournons la montagne, le long d'une plaine insipide qui se transforme en un immense marécage durant l'hiver. Jusqu'au Taurus, la marche solitaire serait fastidieuse si sa monotonie n'était brisée, à grandes distances, par la rencontre de villages et de villes, charmantes oasis, qui reposent la vue et remettent en contact avec des êtres humains.

C'est d'abord Indjé-Sou, à trente kilomètres de Césarée, modeste cité d'un aspect vraiment curieux.

C'est ensuite Kara-Hissar, sorte de nid coquettement dissimulé au sein de frais vergers.

C'est encore Nigdé, mollement étendue au pied d'un rocher, couronnée de ruines et comme submergée dans un océan de verdure.

C'est enfin Klissé-Hissar, l'ancienne Tyane, autour de laquelle, semblables à une guirlande, les têtes verdoyantes des arbres forment ceinture.

Indjé-Sou est construit au fond d'une enceinte de rochers, et n'a que deux entrées fort étroites. Celle devant laquelle nous stationnons, est protégée par un mur élevé qui court d'un rocher à l'autre et rend sa défense extrêmement facile. Une assez belle mosquée, construite au siècle dernier par Sélim Bey, domine les humbles maisons de la cité. Sa population est de deux mille familles turques et de mille familles grecques. Les femmes portent un costume pittoresque. Outre les nombreuses pièces de monnaie dont elles se chargent la tête et les épaules, elles attachent aux chevilles de leurs pieds des anneaux connus dans l'antiquité sous le nom de périscélides. Horace nous peint une courtisane pleurant sa chaîne et ses périscélides qu'on lui a volées.

Nigdé, à 324 kilomètres de Césarée, est de beaucoup le centre le plus important de la contrée. Un Mutessarif y réside. Nous y visitons avec intérêt les ruines d'une ancienne mosquée du xve siècle, et un médressé, précédé d'un portique aux arcades mauresques, supportées par des colonnes de marbre blanc, dont les chapiteaux sont arabes.

Sur les collines environnantes, semés dans la verdure, plusieurs villages semblent être les faubourgs de la ville. L'un d'eux, Kaïbachi (tête du rocher), est remarquable pour ses sépultures seldjoucides, mélange d'art arménien et arabe. Parmi ces tombeaux, il en est un qui renferme les cendres d'une fille du sultan Akmed Ier. Paris possède un livre qui appartint à cette princesse, morte à Nigdé en 1610, lorsqu'elle allait à la Mecque. Ce livre, classé au *Supplément arabe de Saint-Germain-des-Prés,* traite de magie, de chiromancie, et contient des figures coloriées.

L'ancienne Tyane, aujourd'hui Klissé-Hissar, dut sa plus grande célébrité à cet Apollonius, né en 97 de l'ère chrétienne, qui embrassa à seize ans la règle sévère de Pythagore, partagea son bien entre ses frères et les pauvres, laissa croître sa chevelure, marcha pieds nus, vêtu d'une simple toile, visita presque toutes les parties du monde connu, et fut si habile magicien que les païens opposaient ses prodiges de sorcellerie aux miracles de Notre-Seigneur Jésus-Christ.

Le village est traversé par une ligne imposante d'arcades en blocs de pierre calcaire à bossages, ancien aqueduc destiné à conduire à Tyane les eaux d'une source voisine.

Dans les environs se voient deux petits lacs.

Au centre du plus petit, surgit, en bouillonnant comme celle d'un puits artésien, une eau saumâtre qui rentre dans le sol par un conduit inconnu. L'eau est froide, mais le bouillonnement et les globules gazeux lui donnent l'apparence de l'eau bouillante.

Après Tyane, nous commençons à gravir, en pente assez douce, les premiers contre-forts du Taurus. Cette montagne célèbre n'est point imposante de ce côté comme elle l'est au midi. Lorsqu'on la regarde de la Méditerranée ou des plaines de la Cilicie, elle se présente abrupte, taillée à pic, le front couvert de neige, comme un géant qui fait peur. En venant de la Cappadoce, au contraire, nous la voyons descendre progressivement, et les monts et les monticules amoncelés sur ses flancs, dissimulent aux yeux son élévation.

Notre arabadji nous fait passer la nuit dans un pauvre village qu'on suppose construit sur les ruines de l'ancienne forteresse de Cibystra, où le dernier roi arménien de la famille des Pagratides fut traîtreusement assassiné par les Grecs.

La journée de demain sera mauvaise. L'arabadji taille du bois, se fabrique un timon et des chevilles de rechange pour parer aux accidents probables.

Au soleil levant, nous partons accompagnés de deux villageois qui soutiendront la charrette et tâcheront de l'empêcher de rouler dans les précipices. Le chemin est, en effet, presque impraticable aux voitures, et nous avions eu bien de la peine à trouver à Césarée un homme déterminé à risquer son véhicule et ses chevaux. Nous ferons huit heures de chemin à pied devant la charrette, car ce serait folie que de rester dedans. Comment nos pauvres bêtes ont-elles pu gravir ce rocher à pic ? Comment la charrette ne s'est-elle pas brisée ? Nous nous le demandons encore. Au moment où nous sortions d'une fente de rocher, se dresse devant nous, comme une apparition fantastique, un homme grand, sec, nerveux, vêtu du froc des tertiaires de Saint-François, abritant son mâle visage et sa barbe blanche sous un capuchon, et tenant à la main le bourdon traditionnel surmonté d'une croix. C'est un médecin espagnol. Il a fait vœu d'aller pieds nus à Jérusalem. Il a traversé une première fois l'Europe et l'Asie, et, ses dévotions accomplies, il retourne au tombeau de saint Jacques de Compostelle. Comme nous étions honteux, en face de ce chrétien héroïque, de traîner derrière nous une charrette avec une valise !

La montagne franchie, nous entrâmes dans une gorge profonde, que sillonne un torrent fougueux. Il fallut longer le torrent, le traverser douze fois, sur des cailloux roulants qui cédaient sous les roues et nous exposaient à des chutes. Lorsque nous arrivâmes, le soir, au khan de Bozanti, notre arabadji jurait qu'une fois de retour à Césarée, ni pour or ni pour argent, il ne recommencerait le voyage.

Il le fera cependant et d'autres avec lui, car le gouvernement s'est décidé à ouvrir une route. Le terrible rocher qui nous a fait obstacle, sera évité. Une chaussée, taillée dans le roc vif, courra le long du fleuve Sarus et permettra aux voitures de circuler sans peine. Elle ressemblera à la route tracée par les ingénieurs Hongrois le long du Danube ; nous croyons qu'elle sera plus pittoresque encore.

Bozanti, où nous arrivons tard, est un triste lieu de repos après une journée aussi fatigante. Nous sollicitons du Khandji la faveur d'étendre nos matelas dans un lieu qui ne soit pas trop malpropre. Il venait de construire en planches un abri pour ses poules, et par dessus un pigeonnier qui n'avait pas encore servi. Il nous céda le pigeonnier.

De tout temps, ce lieu fut misérable. Saint Basile le compare au Charonium, qui exhalait des vapeurs pestilentielles. La ville de Podandus s'y éleva cependant autrefois. L'impératrice Faustine y mourut en 174, lorsqu'elle accompagnait Marc-Aurèle dans son voyage en Syrie. L'Empereur y fit construire un temple à la mémoire de sa femme.

Trente kilomètres seulement nous séparent du célèbre défilé que les anciens appelèrent les Portes Ciliciennes, et que, dans leur langage imagé, les turcs nomment Kulek-boghaz, le défilé du moucheron.

Nous nous étions fait illusion sur ce défilé. Nous nous attendions à quelque grand effet de nature, à un de ces coups d'œil féeriques, tels qu'il nous avait été donné d'en voir sous d'autres cieux. Nous nous souvenions du Valais, par exemple, et du ravissement que nous éprouvâmes, dans notre jeunesse, lorsque, après une longue journée de marche dans une vallée pierreuse, le rocher sembla se fendre pour nous montrer une plaine luxuriante. Nous pensions aussi à la route de Constantine à Biskra, lorsque nous la suivions avec l'armée française, à la poursuite de tribus arabes insoumises. Devant nous, se dressait l'Atlas majestueux et fier. Nous nous demandions comment il nous serait possible de le traverser, lorsque nous aperçûmes une fissure, à travers laquelle s'engouffrait un torrent. Nous suivîmes le cours de l'eau qui s'élançait par bonds. Tout à coup, le rocher se déchira, et, à nos pieds, nous vîmes la plaine immense du grand désert, le

Sahara. L'exclamation spontanée arrachée par la surprise et le ravissement à des milliers de poitrines de soldats, bruit encore à nos oreilles.

Nous nous trompions en attendant des effets semblables.

Le défilé du Moucheron ne ravit point l'âme hors d'elle-même. Il est pittoresque. Les rochers s'élèvent à une assez grande hauteur ; des arbres d'une belle venue croissent dans ses anfractuosités, mais il faut de la réflexion pour se rendre compte de l'importance de cette gorge.

Les Portes Ciliciennes ont cela de remarquable, qu'elles sont l'unique passage praticable entre la Cappadoce et la Cilicie.

Les voyageurs sont leurs tributaires ; e commerce l'est également ; les grandes armées lui demandent le droit de passer. Les guerriers les plus célèbres tremblèrent devant la nécessité d'y engager leurs soldats. Elles arrêtaient les plus fiers conquérants. Alexandre le Grand se félicita de son bonheur, lorsqu'il vit son armée en sortir saine et sauve ; et, dans notre siècle, les troupes de Méhémet-Ali, en marche sur Constantinople, n'eurent rien de plus à cœur que de s'assurer la possession du Kulek-boghaz.

Nous le franchîmes à pied pour mieux nous en rendre compte, et nous fîmes halte, quelques kilomètres plus loin, au Khan de Mezarlik, où l'on croit reconnaître la fontaine de Mopsus, *sub Tauri radicibus positam,* Mopsucrène, qui vit mourir l'empereur Constance.

La journée fut mortellement longue. Nous nous étions remis en route avec l'espérance de rencontrer un gîte vers le coucher du soleil, et de nous rendre à Tarse le lendemain matin. Illusion ! Il fallut marcher bien avant dans la nuit.

Les ténèbres étaient profondes lorsque nous arrivâmes à Tarse ; la fatigue était grande ; mais comment se souvenir de la longueur du chemin, comment écouter la fatigue en face de cette patrie de tant de grands hommes, qui fut la métropole de la confédération Cilicienne ?

Sardanapale s'attribua la gloire de l'avoir fondée, dans cette épitaphe cynique, gravée sur son tombeau : *Sardanapale, fils d'Anaxyndarax, a bâti Tarse et Anchiale en un jour. Passant, bois, mange, ris ; le reste ne vaut rien*. Toutefois il est permis de douter que ce roi voluptueux ait construit la cité, et surtout qu'il l'ait bâtie en un jour. Peut-être l'enrichit-il de beaux édifices, lorsque, tout près, à une journée de distance, il fondait Anchiale, où il fut enterré; mais Tarse paraît avoir existé avant lui.

N'y cherchons pas aujourd'hui les splendides demeures aux portiques élégants, qui la rendaient si fière. Les éléments se sont conjurés pour les détruire.

La terre, entr'ouverte par des commotions violentes, en engloutit une partie, comme aurait fait la mer en courroux ; et les archéologues ont retrouvé des édifices enterrés jusqu'à l'imposte des voûtes, et des colonnes enfoncées jusqu'à l'astragale.

Son fleuve aux eaux si froides qu'Alexandre le Grand faillit y périr, le Cydnus, entraîna, dans sa course furieuse, le reste de ses temples et de ses palais de marbre.

Pourquoi faut-il que ce fleuve se soit montré si inclément ? En même temps qu'il faisait la gloire et la richesse de la cité, il partageait avec elle l'honneur de sa renommée. Un jour, on vit une galère dorée, armée d'avirons aux reflets d'argent, déployer ses voiles de pourpre sur ses eaux limpides.

Elle portait la reine Cléopâtre, qui faisait son entrée à Tarse, accompagnée de Marc-Antoine. Et tous les jours, d'ailleurs, sans trêve ni relâche, de riches marchands lui confiaient les opulents produits de l'Orient et de l'Occident. En ruinant la ville, le Cydnus s'est lui-même amoindri.

Par suite de catastrophes successives, Tarse a perdu sa couronne. Elle n'est plus la reine de la Cilicie. A peine est-elle une ville. Mais qu'importe son triste aspect ? Cette terre est sacrée. J'écoute, et j'entends retentir, plus haut que celui des conquérants, le nom de Paul, ce faiseur de tentes, au cœur ardent, au zèle sans borne, qui, touché de la grâce et devenu apôtre, conquit à la foi une partie du monde connu, sans faire verser une goutte de sang, et par la seule vertu du nom de Jésus qu'il prêchait intrépidement aux nations. Tarse peut se consoler de la perte de ses splendeurs. Elle fut la patrie de Saint Paul ; et ce sera son éternelle gloire.

Après une ardente prière à l'apôtre, nous continuons notre route à travers la Cilicie champêtre. De vastes champs à perte de vue, bordent le chemin à gauche et à droite. Ils sont admirablement fertiles. On y récolte en abondance, le coton, le sésame et le blé.

Coton et sésame se sèment vers la fin de février ou le commencement de mars. On les récolte en septembre. Le cultivateur n'a pas le souci de pourvoir à l'arrosement. Un peu de pluie en hiver pour labourer, une ou deux averses en avril pour faire germer, cela suffit. Nous apercevons bien quelques vignes, mais elles servent uniquement à l'agrément. Les fermiers ne savent pas faire le vin, ou ne s'en donnent pas la peine. Ils préfèrent l'acheter à Chypre.

Chemin faisant, notre souvenir nous reporte vers Cicéron, cet ami de notre enfance qui nous fit travailler et punir, celui dont nous ne cessons d'admirer les chefs-d'œuvre. Il fut proconsul de Cilicie. Il nous transmit ses impressions sur le pays, et nous nous plaisons à les comparer avec les nôtres.

Il ne peut se consoler d'être si loin de Rome ; et, tout entier à ses regrets, il ne voit que le mauvais côté des choses.

Il débarque à Ephèse, le 21 juillet de l'an de Rome 702. Ephèse le reçoit avec empressement ; il n'en est point touché. Dès le lendemain, il part pour Tralles. La poussière du chemin et la chaleur l'exaspèrent. Il continue sa route et arrive le 31 à Laodicée, siège de son gouvernement. Le peuple a beau l'acclamer, il ne cesse d'être de mauvaise humeur et écrit à Atticus : « Vous ne sauriez croire combien je suis déjà las du métier que je fais. » Son orgueil est froissé ; il ne le cache pas, et il ajoute : « Le bel honneur pour moi de juger les affaires de Laodicée et de commander, dans mon exil, une armée de deux légions. Je ne suis point ici à ma place ; faites en sorte que j'en sois quitte au bout d'une année. »

Cependant le patriotisme lui commande de faire son devoir, et il l'accomplit, sinon avec joie, du moins généreusement.

La Cappadoce est menacée par les Parthes. Il se met en route pour la défendre. Sur son chemin, il constate des misères profondes.

Les députés des villes lui représentent que les charges sont trop lourdes, que le peuple paye difficilement un impôt écrasant, que plusieurs sont obligés de vendre leur fonds pour satisfaire aux exigences du fisc. Il en est touché, et il écrit : « Ces pauvres gens sont à plaindre. » Aussi ne consent-ils pas à leur être à charge. Rarement il loge chez l'habitant, malgré son droit, et il campe sous la tente. Il ne se laisse point défrayer, il paye *même son bois.*

Il stationne trois jours à Synada, sans trop savoir où il est. Il a l'air de dédaigner de s'informer de la géographie du pays. De Synada, il passe à Iconium, en traversant Philomelium, (aujourd'hui Ak-Chéher.) Le 31 du mois qui correspond à notre mois d'août, il va dresser son quartier général à Cibystra, pour s'opposer à un coup de main possible des Parthes et surveiller les Arméniens mutinés.

Au bout de quinze jours, il reçoit des nouvelles inquiétantes des peuplades éparses sur les contre-forts ou dans les vallées de l'Amanus. Il y court, brûle les châteaux, soumet les révoltés, et se voit saluer du titre d'Imperator, sur les bords de l'Issus, au lieu même où Alexandre le Grand triompha de Darius.

Cependant il a laissé derrière lui, par delà le Taurus, des ferments de révolte. Il se retourne de ce côté. « J'ai conduit mes troupes, écrit-il, chez les peuples les plus indociles de la Cilicie ; j'ai mis le siège devant Pindenis-

sus. » — Dans son dédain pour le pays, il fait ici deux fautes de géographie. Il estropie le nom de Pednelissus, et le place en Cilicie, quoiqu'il soit en Pamphylie. Il continue ainsi :
« Cette ville très-forte de la Cilicie indépendante, fut toujours en armes, de mémoire d'homme ; ses habitants sont gens rudes, prêts à se défendre par tous les moyens. J'entourai la ville d'un fossé et d'un retranchement, et j'établis un grand terrassement. Je fis construire des *Vinea* ou berceaux, une tour très-haute et une quantité de machines. Je lançai, en outre, une nuée d'archers. Nous sommes arrivés à notre but après de rudes fatigues et en employant de grands moyens. Un certain nombre des nôtres ont été blessés, mais l'armée est sauve. Je lui ai abandonné le butin, excepté les chevaux. Je fais vendre les esclaves aujourd'hui 21 décembre ; le prix en monte déjà à douze millions de sesterces, (2,400,000 fr.) »

Toujours sous l'impression de son dégoût, il ajoute : « Qu'est-ce que c'est que ce Pindenissus ? Je ne savais pas qu'il y eût au monde une ville de ce nom. »

C'est ainsi que l'Orateur qui se révélait Général, ne cesse d'accabler de son dédain le pays que nous parcourons 1936 ans après lui, et ne se donne même pas la peine de songer à sa gloire, tant il est pressé de retourner à Rome.

Hélas ! ses idées sur la vie future étaient trop vagues pour lui faire estimer fructueuses des années si bien dépensées au service de la patrie. N'est-ce pas lui qui écrivait : « Quand je lis Platon sur l'immortalité de l'âme, je suis de son avis ; mais, dès que j'ai fermé le livre et que je me prends à réfléchir, je ne sais plus qu'en penser » ? — Il lui fallait la jouissance, et la jouissance tout de suite.

Eclairés des lumières de la Foi, comptant sur les espérances éternelles, nos missionnaires de Cilicie ne considèreront pas comme une disgrâce d'avoir à vivre si loin de leur pays, sans même les honneurs du proconsulat. Ils y passeront de longues années, ils sauront y mourir, heureux d'y travailler au relèvement de la nation Arménienne.

Tandis que nous charmons les lenteurs de la marche par ces réminiscences du vieux temps, nos chevaux gagnent du terrain. L'aspect de la campagne se modifie. Des jardins, des orangers et même quelques palmiers nous avertissent de l'approche d'une ville. Il faut cela pour s'en douter, car Adana ne s'aperçoit pas de loin. Son vieux château byzantin attirait jadis l'œil du voyageur. Il déployait avec un certain orgueil ses murs d'enceinte flanqués de tours, et donnait à la ville un cachet féodal. Les Egyptiens le ruinèrent en 1836. L'ornement de la cité a pour toujours disparu. Il ne reste plus que des maisons basses, sombres, qui, de loin, paraissent se confondre avec le sol.

Cette ville n'a pas d'histoire. Etienne de Byzance attribue sa fondation à deux frères, en guerre contre Tarse. L'aîné, Sarus, aurait donné son nom au fleuve qui arrose la ville ; le second, Adana, aurait imposé le sien au groupe de maisons qui devint plus tard une cité. Quelle que soit son origine, son antiquité n'est pas contestable. Pompée y établit une colonie de pirates, et le pont qui traverse le Sarus, date de l'empereur Justinien.

Aujourd'hui, Adana demeure la capitale incontestée de la Cilicie. Les troupes de Méhémet-Ali avaient reconnu son importance, puisqu'elles y établirent leur quartier général ; et la Sublime-Porte n'a pas cru devoir placer ailleurs le siège du Pacha, gouverneur général de la province.

Lorsqu'il s'agit de nous établir en Cilicie, la tentation fut grande de nous fixer à Tarse, en souvenir de Saint Paul, mais la raison nous commandait de préférer la ville centrale.

D'ailleurs, le peuple d'Adana avait des titres à notre préférence. Lorsqu'un mouvement catholique se prononça en Arménie vers le milieu de ce siècle, les Adanites donnèrent le branle, et les nouveaux convertis firent des preuves de générosité dont il faut tenir compte.

La communauté catholique occupe ici une situation importante.

Le déplorable schisme Anti-Hassonniste a malheureusement fait décroître le chiffre des fidèles Arméniens. Schisme pour schisme, plusieurs des convertis préférèrent retourner vers celui où ils étaient nés. Toutefois, une forte agrégation reste encore compacte. Elle a son église, ses écoles pour les deux sexes ; et le Saint-Siège lui a récemment envoyé un Evêque. Espérons que la bonne semence germera, que l'arbre grandira et que les oiseaux du ciel viendront nombreux s'abriter sous son feuillage.

Par un effort digne de tous les éloges, un prêtre du rite Syrien, dénué de toute ressource, a trouvé le moyen de bâtir ici une église et d'ouvrir une école pour ceux de son rite.

Un religieux grec prend également soin des catholiques de sa nation. Il n'a point de lieu de réunion et célèbre ses offices dans notre chapelle.

Enfin les latins et les maronites ont aussi leurs représentants à Adana. Ils forment paroisse ; nous sommes leurs pasteurs.

Quel avenir est celui de la religion en cette contrée ? Nous n'osons le prévoir.

Assurément, le schisme est fort entamé. A vingt-quatre heures d'ici, dans la ville de Cis, ancienne capitale des rois de la famille Roupène, est un Patriarche arménien. Il a rompu en visière avec ses collègues. A la mort du Primat des Patriarches, il refusa de se rendre à Edch-Miadzin pour l'élection d'un successeur. La séparation est complète. Que feront les schismatiques de sa juridiction ? Tous ne l'approuvent pas. Un parti s'est formé contre lui. C'est un schisme dans le schisme. Moins que tout autre, le Patriarche aurait le droit de le trouver mauvais. N'a-t-il pas donné l'exemple de la défection, en se séparant d'Edch-Miadzin ? Il a cependant réclamé à Constantinople. La

Porte a ordonné de dissoudre l'association de ses opposants. Le Pacha a agi dans ce sens. Mais le parti subsiste ; il travaille dans l'ombre, au lieu de le faire en plein jour. La confusion est extrême.

Les Anglais profitent du désarroi général pour atteindre leur but, qui n'est un secret pour personne. Ils sont à Chypre, et prétendent bien n'y point rester confinés. Leurs yeux se tournent vers la Cilicie. Leurs vaisseaux sillonnent le bras de mer qui les en sépare. Ils s'occupent de la construction d'un chemin de fer entre Mersina et Adana. Ils disent, dans leurs meetings, *que ce tronçon est l'amorce de la grande route des Indes*. Selon leur usage, ils envoient devant eux des ministres protestants comme avant-coureurs, et ne leur épargnent ni l'argent ni les protections. Ces ministres s'établissent grandement. La Sublime Porte est pour eux d'une condescendance extrême, et ferme les yeux sur leurs agissements. Elle, qui se montre si hargneuse envers tout chrétien, raya ou étranger, qui essaye de construire un lieu de prière, elle vient de leur permettre d'édifier, à Adana, un temple dont les proportions dépassent celles de toutes les églises. Une haute tour supporte les cloches et domine, sans rivale, campaniles chrétiens ou minarets. Les ministres protestants poussent l'audace à ce point, qu'à Mersina, ils ont écrit, en anglais, en français, en turc et en arabe, sur la porte de leur temple : *Notre religion est la seule véritable ; il n'y en a pas d'autre.* Il est vrai que, devant une émeute probable, ils ont dû effacer cette parole de lèse-majesté musulmane ; mais il faut qu'ils se soient sentis bien forts pour tenter une semblable manifestation. On dit que le Patriarche de Cis ne serait pas éloigné de se rapprocher d'eux, et voudrait entraîner vers le protestantisme les Arméniens soumis à sa juridiction. Qui l'emportera, du schisme ou des Anglais ? Peut-être nul des deux partis.

Au milieu de cette confusion, la grande voix de la vérité ne sera-t-elle pas assez forte pour se faire entendre et s'imposer ?...

Attendons ! mais que ce ne soit pas dans l'oisiveté. La lutte sera ardente.

Il faut prier et agir pour amener le triomphe de Dieu. Nous laissons en ce lieu des missionnaires qui ne manqueront point à ce devoir.

Adana est le point extrême de notre mission du côté du midi. Partis des bords de la mer Noire, nous avons semé nos postes sur toute la longueur de la Petite-Arménie. La Méditerranée nous arrête, notre course est finie. Nous prendrons maintenant le bateau pour gagner Rhodes, Smyrne et enfin Constantinople.

VII

La Bithynie et la Galatie.

La maison d'Adana une fois établie, nous pensions en avoir fini avec les créations de postes de missionnaires, lorsque le Patriarche nous pria de nous occuper d'Angora.

Cette ville est intéressante à bien des points de vue. Elle fut la capitale de nos vieux Gaulois d'outre-mer; elle est le centre le plus important des catholiques arméniens de ce côté de l'Euphrate; mais fallait-il songer à du nouveau lorsque nous avions si grand besoin d'affermir les sept maisons récemment établies?

Nous hésitions, lorsque nous arriva la pétition suivante :

« Les Arméniens catholiques, qui jouissent toujours de la considération des puissances européennes, parce que leur nation est grande et importante, se sont vus en butte à des persécutions sans nombre. Ces persécutions les ont réduits à un état de misère et d'infériorité croissantes, qui les amoindrit, soit au point de vue de la civilisation, soit à celui de l'industrie, de l'instruction et de l'éducation.

« Tandis que les grandes nations occidentales, la France, l'Allemagne, l'Autriche, l'Espagne, ont dû aux efforts de la Compagnie de Jésus tant de progrès dans la civilisation, dans les arts et les sciences, nous sommes restés privés des bienfaits de ces religieux. N'est-il pas de notre devoir de les réclamer, puisque tout homme a le droit d'essayer de passer de l'état de misère à celui du bonheur et de la perfection ?

« Assurément, notre clergé pourvoit aux nécessités morales de la population; et nous avons lieu de nous estimer heureux sous ce rapport, lorsque nous nous comparons à d'autres nations; mais, pour des motifs divers, il ne nous a enseigné ni les sciences ni les lettres; et, de jour en jour, notre nation s'affaiblit parce qu'on n'a point porté remède à notre mal.

« Angora, l'une des villes d'Asie les plus peuplées d'Arméniens, compte quinze cents maisons habitées par plus de six mille de nos nationaux. Elle ne possède aucune école convenablement organisée, et, comme notre situation ne nous permet pas d'y pourvoir, la jeunesse est privée du bienfait de l'éducation.

« En conséquence, nous prenons la liberté de prier les Révérends Pères Jésuites, dont tous les efforts tendent au bien de l'humanité, de relever les faibles de leur état de misère, et de vouloir bien, dans leur générosité, nous faire participer à leurs bienfaits, en nous rendant reconnaissants pour toujours.

« Angora, 24 avril 1884. »

Cette pétition, rédigée en turc, était signée de sept cents pères de famille.

Elle exprimait une souffrance réelle, elle contenait l'expression de désirs légitimes, les signataires étaient nombreux, comment y répondre par l'indifférence ? Comment surtout lui opposer un refus, toujours brutal malgré les formes dont on essaie de le revêtir ? Il nous sembla prudent d'aller nous entendre avec les signataires de la pétition avant de rien décider.

Nous reprendrons donc le bourdon et la panetière, et nous cheminerons, sous l'œil de Dieu, à travers des pays nouveaux.

Le voyage devrait être court, puisque Angora n'est qu'à trois cent trente kilomètres de Constantinople; et cependant nous ne devions parvenir au but que le dix-septième jour. C'est que nous ne saurions marcher droit devant nous, que les défilés sont impraticables et qu'il faut les tourner. Nous essayâmes d'aller chercher à Brousse le chemin le moins mauvais, sans nous douter que nous marchions vers un obstacle plus sérieux que les rochers et les fondrières, la mauvaise volonté d'un Valy-Pacha.

Le classique bateau-poste franchit les bouches du golfe de Nicomédie, et nous fait côtoyer l'île des Rubicus, aujourd'hui Calomnino, œuvre prétendue des géants de la fable. Jaloux des habitants de Cizyque, les géants avaient précipité des blocs de rochers dans la mer pour fermer l'embouchure du Rhyndacus. Leur ruse fut déjouée. Proserpine, favorable à Cizyque, fit de ce roc une île gracieuse, qui partagea avec celle des Princes le privilège d'attirer en villégiature les seigneurs de Byzance ; et la massue d'Hercule écrasa les géants.

Après six heures de traversée, le vapeur attérit à Moudania, ville sans importance, fondée par Myrléus, chef des Colophoniens. Elle s'appela Myrlæa, jusqu'au jour où Prusias, roi de Bithynie, la reçut de son beau-père Philippe de Macédoine, fils de Démétrius, fils de Persée, et lui imposa le nom d'Apamée, sa femme. Les ruines de son théâtre subsistaient au milieu de ce siècle. Un Pacha en enleva les pierres et les marbres pour construire les quais de Moudania ; les inscriptions disparurent sous le ciseau ; et la barbarie eut, une fois de plus en Turquie, raison de la science.

En franchissant la montagne qui sépare Moudania de Brousse, nous nous croyions déjà sur le chemin d'Angora, tant il nous paraissait simple de continuer notre marche, mais nous avions compté sans les turcs.

Sous prétexte que le chemin n'était pas sûr, qu'il ne fallait pas nous aventurer dans les terres sans zaptié et qu'il n'y en avait pas de disponible, le gouverneur général de la province nous arrêta net, et, bon gré mal gré, nous dûmes reprendre la route de Constantinople.

L'Ambassadeur de France se plaignit à la Sublime Porte, le Valy-Pacha de Brousse reçut un blâme, et nous repartîmes avec un passeport délivré par le Grand-Zaptié. Pour la seconde fois, le Pacha nous barra la route. Il fallut télégraphier à l'Ambassade. Le Marquis de Noailles adressa de nouvelles remontrances au Ministre de l'Intérieur. La négociation dura huit jours.

Si un missionnaire avait le temps de se livrer aux charmes de la villégiature, nous n'aurions pas le droit de nous insurger contre cet arrêt forcé dans une contrée enchanteresse comme celle-ci.

Mollement couchée sur les dernières pentes du Mont Olympe, la ville s'étend de l'est à l'ouest, dans un panorama ravissant. L'Olympe, géant aux cimes neigeuses, la couronne. Une forêt de cèdres et de cyprès, de chênes et de platanes, de hêtres et de châtaigniers d'une merveilleuse venue, l'entoure comme d'une ceinture ; les neiges, en fondant, lui envoient mille ruisseaux qui forment cascade dans la verdure, et répandent la fraîcheur sous un soleil de feu.

On conçoit l'amour des Ottomans pour cette

première capitale de leur empire. Elle semble faite exprès pour ces indolents contemplateurs des beaux sites, ces amateurs passionnés d'ombre, de verdure, de claires et gazouillantes fontaines. L'imagination se les représente volontiers, jouissant de leur première gloire dans des palais féeriques, vêtus de robes flottantes en soie verte ou rose, la tête ceinte de riches turbans de cachemire, les pieds dans des babouches de velours brodé d'or. Etendus sur des divans d'étoffes précieuses, ils fument des pipes au tuyau de jasmin enroulé de perles, trempent leurs lèvres dans des sorbets rafraîchis avec de la neige, écoutent vaguement le murmure d'un jet d'eau qui retombe dans une conque de marbre, et laissent s'égarer leurs yeux sur une vallée luxuriante de verdure.

Brousse était si riche, qu'en l'année 1402, après la bataille d'Angora, lorsqu'elle fut pillée par les troupes de Timour, les soldats mesuraient au boisseau les perles et les pierres précieuses.

Sous les Romains, ses eaux thermales lui valurent les préférences des empereurs.

Justinien bâtit à ses portes, sur l'emplacement actuel du bourg de Tchékir, un superbe palais et un bain public. Les patriciens de Byzance s'y donnaient rendez-vous. Ils y déployaient volontiers le luxe de leurs équipages ; et l'impératrice Théodora, femme de Justinien, s'y rendit, en 525, avec une suite de quatre mille serviteurs.

Mais ces temps sont loin. Plusieurs incendies, notamment celui de 1804, et le tremblement de terre de 1859, ruinèrent la ville luxueuse. Ses minarets, nombreux comme les jours de l'année, s'écroulèrent l'un après l'autre ; les riches mosquées élevées sur les tombeaux des premiers Sultans, firent place à des constructions nouvelles et sans grâce ; la fortune disparut, et l'indigence et la malpropreté règnent ici en souveraines.

Brousse se compose actuellement de la ville proprement dite, du château et des faubourgs. Sa largeur est d'un kilomètre, sa longueur de quatre. Les musulmans occupent la ville, les chrétiens et les juifs résident dans les faubourgs.

Parmi les chrétiens, nous rencontrâmes une communauté arméno-catholique. Elle a son Evêque, son église et son presbytère. Six cents catholiques s'abritent sous la houlette du pasteur. Ils vivent, me dirent les prêtres, dans une sorte d'indifférence. Leur église est peu fréquentée, et leur école ne compte pas plus de vingt-quatre enfants, tandis que les protestants ont quatre grandes écoles. La population latine devrait grossir le nombre de ceux qui vont à l'église arménienne, car cette église est la seule catholique, mais la paresse et aussi le dégoût d'un rite auquel ils ne sont pas habitués, les éloignent malheureusement.

Les sœurs françaises de Saint-Vincent-de-Paul luttent de toutes leurs forces contre le mal envahissant. Elles ont un hôpital, un orphelinat, un pensionnat, un dispensaire. Un prêtre arménien dessert leur chapelle. Leur maison est un chef-d'œuvre de goût et de propreté. Que Dieu multiplie leurs ressources et bénisse leur dévouement !

Au point de vue administratif, la Brousse moderne conserve une importance relative. Un Valy, ou gouverneur général, y réside ; et la Russie, la Grèce et la France y entretiennent des vice-consuls.

En avril, en juin et en septembre, de nombreux étrangers viennent y prendre les eaux ; aussi voyons-nous s'établir successivement plusieurs hôtels meublés, avec table d'hôte, luxe à peu près inconnu dans toute l'Asie Mineure. A cette époque, on voit circuler de nombreuses voitures et de charmants petits ânes sellés pour la promenade. On oublie qu'on est en Turquie devant certaines toilettes tapageuses qui s'affichent dans des voitures découvertes.

En 1845, la ville sembla revenir à son antique prospérité. Les Européens entreprirent d'y exploiter la soie. Ils furent trop nombreux : ils se jalousèrent, se disputèrent les matières premières qu'ils firent renchérir, haussèrent le prix des journées pour accaparer les ouvriers ; et la décadence vint, suivie de la hideuse banqueroute.

Mais quittons enfin Brousse. Le Valy-Pacha se décide à nous laisser partir.

Nous nous disposions à monter dans une humble charrette, lorsqu'un turc vint nous offrir de nous emmener en landau. Il y a mis son amour-propre. Il veut prouver qu'il est possible de voyager ici comme en pays civilisé. Nous faisons le prix pour deux modestes chevaux. Le lendemain, il nous en amène quatre. Un cocher est sur le siège, un postillon sur le porteur de devant, et le turc monte un cheval vigoureux pour faire l'office de piqueur, éclairer la route, signaler les mauvais pas, indiquer les meilleurs passages. La voiture n'est guère confortable. Les chevaux sont attelés avec des cordes. La livrée des conducteurs est une guenille. Cependant nous nous donnons les allures de triomphateurs.

Si le chemin du Capitole ne valait pas mieux que celui du Mont Olympe, je plains les triomphateurs. Nous retrouvons en Bithynie les pierres et les cahots du royaume de Pont, et surtout une terrible montagne semblable à celle qu'il nous fallut franchir entre Samsoun et Marsivan, avant la nouvelle route ouverte par le Valy de Trébizonde.

Le paysage est splendide. Des châtaigniers d'une grosseur et d'une hauteur comme nous n'en avons point, ni en Périgord, ni en Limousin, des platanes au tronc monstrueux, des chênes séculaires se pressent et se confondent. Toutefois les dangers du chemin nous avertissent de ne pas trop sacrifier à la fantaisie d'admirer.

Notre cocher est un vieux mâcheur d'opium, et ne jouit pas toujours de ses facultés. Il fait une fausse manœuvre. Le chef le somme de quitter les rênes et de descendre. Il s'y refuse. Le chef le saisit par le bras, l'entraîne de son siège et le précipite violemment à terre. Ce qui paraissait fait pour augmenter le péril, arrangea toutes choses. On fit la paix, et le mâcheur d'opium devint plus prudent.

Nos conducteurs, heureusement, sont d'une dextérité merveilleuse; tandis que plusieurs charrettes roulent au précipice, nous franchissons tous les mauvais pas.

Si la voiture penche à droite, un Turc s'élance sur le marchepied et fait contrepoids; il court faire le même office de l'autre côté, dès que nous sommes menacés de verser à gauche; et quand les chevaux, incapables de se retenir, assoient leur croupe par terre en se laissant glisser, un vigoureux Arménien saisit une roue et l'immobilise.

Quatre heures se passent, et, des cimes de l'Olympe, nous apercevons les plaines de Dorylée. L'horizon s'élargit. La Galatie nous promet un voyage moins tourmenté.

Nous atteignons Eskicher, jolie ville, heureusement située au point d'intersection des routes d'Iconium, de Brousse, d'Ismidt et d'Angora. Les commerçants y affluent ; ses eaux thermales y attirent des baigneurs. On y sent le bien-être, l'abondance et la richesse.

Un amateur de pipe foulerait le sol d'Eskicher avec une sorte de vénération. Cette petite ville est l'entrepôt de la plus belle espèce de ces pierres connues vulgairement sous le nom d'écume de mer, et en minéralogie sous celui de silicate de magnésie. La Hongrie et la Grèce possèdent chacune une mine d'écume de mer, mais ne sauraient rivaliser avec Eskicher pour la qualité, l'homogénéité et la blancheur.

Ces pierres sont des rognons, dont les plus gros atteignent rarement le volume d'un pied cube. Elles ne sont pas agglomérées, comme celles des carrières, mais disséminées dans l'argile smectique, à quinze ou vingt mètres de profondeur, sur une surface de plus de cent kilomètres, le long du fleuve Sangarius. On atteint les rognons en perforant des puits. Le gouvernement turc s'en réserve l'exploitation, et les marchands d'Allemagne et de Russie viennent s'approvisionner ici.

Eskicher est l'ancienne Dorylée, et, demain matin, nous traverserons cette plaine qui but le sang des Croisés et fut témoin de leur gloire.

L'armée chrétienne était partie de Nicée le 25 juin 1097, et s'était séparée en deux corps.

Le 1ᵉʳ juillet, celui de Bohémond, de Tancrède et du Comte Robert de Normandie débouchait des montagnes, lorsqu'il se vit en face de 300,000 ennemis commandés par le Sultan Kilidj-Avilan. La bataille fut des plus opiniâtres. Durant six heures, les chrétiens luttèrent sans espoir. Les chevaliers et les soldats résistaient à outrance ; les prêtres invoquaient le ciel et animaient les guerriers ; les femmes parcouraient les rangs versant de l'eau fraîche aux combattants exténués par la chaleur, ou bien elles relevaient les blessés, ensevelissaient les morts. Personne ne restait inactif. Tous faisaient des prodiges de valeur. Cependant les Turcs pénétraient dans le camp des chrétiens et commençaient le massacre, lorsque apparut sur la montagne, resplendissant au soleil, le casque d'or du Duc de Lorraine. Godefroi, prévenu dès le matin par Bohémond, accourait avec quarante mille hommes d'élite. Derrière lui venaient le Comte Raymond et l'Evêque Adhémar, conduisant une réserve de dix mille hommes. Godefroi et les siens fondent comme la foudre sur les Turcs consternés. Les cadavres s'amoncellent sous le glaive des Francs. Le Sultan espère trouver dans la montagne une sorte de forteresse qui le sauvera. Les Francs l'y poursuivent, et le sommet des collines est rougi du sang de ses guerriers.

A la nuit, vingt mille Musulmans gisaient inanimés. Leur camp fournit aux Croisés des vivres en abondance, des tentes luxueuses, des bêtes de somme, et surtout des chameaux qui firent leur étonnement, car ils en voyaient pour la première fois. « Les Francs ne sont pas des hommes ordinaires, s'écria le Sultan ; leur force leur vient de Dieu ou du diable. »

Cette bataille de Dorylée n'est pas l'unique souvenir de la patrie absente.

En traversant ces plaines, nous ne pouvons nous rappeler sans un sentiment d'orgueil national, que les Gaulois pénétrèrent jusqu'ici, s'y établirent, et y laissèrent une mémoire impérissable.

Après avoir ravagé la Grèce sous la conduite de Brennus, ils se fractionnèrent. Une partie d'entre eux resta dans la Dardanie, et l'autre suivit son chef, Léontarius, sur les côtes de la Propontide. Or, au moment où ceux de la Propontide songeaient à se faire une installation définitive qui inquiétait Byzance, Nicomède, roi de Bithynie, en guerre contre son frère, appela les Gaulois à son secours.

Léontarius répondit à l'appel, aida Nicomède, et puis s'avança pour son compte vers la Phrygie centrale, et la conquit.

Cette contrée convenait admirablement à un peuple d'agriculteurs et de pasteurs comme le furent nos ancêtres. Climat sain et tempéré, hiver assez froid pour rétablir l'équilibre des forces abattues par les ardeurs de l'été, pays coupé de plaines fertiles et de montagnes où les troupeaux rencontrent une nourriture choisie ; des eaux abondantes, et de plus un grand lac qui fournit du sel ; que leur fallait-il davantage ?

Les Gaulois s'adonnèrent à la vie pastorale. Nulle nation de l'antiquité ne rivalisait avec eux dans l'art de gouverner un troupeau et de préparer le laitage. Ils apportaient des fromages jusqu'en Italie, se faisaient des vêtements avec la laine des brebis, tissaient le poil soyeux des chèvres pour la parure des grands seigneurs, et se nourrissaient de chairs succulentes. A leurs chèvres et à leurs brebis ils joignaient de nombreux troupeaux d'onagres qu'ils vendaient fort cher.

Le Galates se partageaient en trois tribus distinctes : les Tolistoboiens, qui fondèrent des établissements en Germanie, en Italie, en Illyrie ; les Tectosages, qui faisaient partie des Volces de la Narbonnaise ; et les Trocmiens, appelés ainsi du nom de leur chef Trocmus. Les premiers se réfugièrent sur les bords du Sangarius, et Pessinunte devint leur capitale ; les seconds occupèrent le territoire d'Ancyre ; et les troisièmes s'engagèrent vers l'est, aux environs du fleuve Halys, avec Tavium pour centre.

Rapidement ils prirent une influence considérable en Asie ; leur nom resta au pays ; et longtemps encore après la fusion des races, on remarquait, tranchant sur la masse, des hommes à la barbe blonde et aux yeux bleus. Leur langage même se perpétuait ; et saint Jérôme écrivait, au IVe siècle, qu'alors que toute l'Asie Mineure parlait le grec, le peuple d'Ancyre avait le même idiome que celui de Trèves.

S'étonnera-t-on, maintenant, que le nom de Franc désigne tous les Européens en Orient? C'est que nos ancêtres ont, de temps immémorial, influé sur les destinées de ce pays du soleil. Les fils de Brennus ouvrirent la voie; les Latins renouvelèrent les exploits des Gaulois, lorsque s'écroula l'empire romain ; et c'est la France qui poussa des essaims de croisés à travers l'Asie ; et François Ier et Louis XIV furent les premiers à entrer en commerce avec la Turquie.

A partir d'Eskicher, le paysage change d'aspect :

En Bithynie, les terres se présentaient cultivées, les montagnes boisées, les eaux abondantes, et les villages riants. Partout nous trouvions abri dans les khans. Les provisions de bouche étaient peu variées, car le pays se nourrit de fromage, d'olives, d'ail, d'oignons crus, et de galettes faites de pâte non fermentée ; mais il y avait de quoi vivre.

En Galatie, la végétation devient rare, la culture presque nulle. Les gîtes sont moins fréquents, les villages plus espacés, les aliments introuvables, et l'hospitalité peu avenante. Plusieurs fois nous dûmes étendre notre matelas dans la rue, et attendre ainsi le lever du soleil.

A peine rencontrons-nous des chrétiens. A Eskicher, il y avait une petite église et un prêtre. Dans un bourg de la montagne, trois chrétiens nous saluèrent ; comme nous nous étonnions de les trouver dans ce groupe mahométan : « Autrefois, nous dirent-ils, nous étions plus nombreux. Les Turcs s'en effarouchèrent. A l'occasion d'une dispute, ils massacrèrent trois d'entre nous. Le lendemain ; ils en tuèrent sept. Les survivants se sauvèrent. Nous les eussions volontiers suivis, mais nous avions des dettes ; on nous retint, et nous restons en otage. »

Les femmes de ce village partagent l'animosité de leurs maris à l'égard des chrétiens. Nous faillîmes être leurs victimes. Comme nous essayions de faire quelques pas dans les rues, elles déchaînèrent contre nous des chiens féroces qu'elles excitaient par leurs cris.

Au moins si, dans le pays, on était fervent disciple de Mahomet, on excuserait cette haine farouche contre les chrétiens ; mais non, la loi ne s'observe pas. Ainsi, nous sommes en plein ramazan, le grand jeûne des Musulmans : qui donc le garde? Ailleurs, on se cache pour l'enfreindre, et nous avons vu à Constantinople un zaptié conjurer nos domestiques de lui permettre de rester dix minutes dans le vestibule, derrière notre porte, pour fumer une cigarette. Ici, la violation de la loi est publique. A certaines haltes, en nombreuse compagnie, les voyageurs fumaient et prenaient le café. Nous en fîmes une fois l'observation tout haut. Les hommes riaient, et même un colonel levait les épaules avec une sorte de mépris. « Notre loi est absurde, nous dit quelqu'un. Chez les chrétiens, on sait faire la part de tous; on dispense du jeûne le malheureux accablé par son travail; mais chez nous, on n'a égard à personne. Tant pis pour la loi, on la viole, et on s'en moque. »

Dans ces pays perdus, la naïveté et l'ignorance sont poussées à l'extrême.

Un soir, nous campions en plein air. Les gens du village remarquèrent une lunette d'approche attachée à la ceinture d'Antonio. On leur expliqua de quelle manière elle suppléait à la faiblesse de la vue. L'ancien voulut s'en assurer. Il braqua la lunette sur son nez. « Que vois-tu? lui demanda Antonio. — Je ne vois encore rien, reprit l'ancien, mais sois tranquille, je verrai bientôt, car je ferme les yeux de toutes mes forces. » — Il s'imaginait qu'une lunette faisait voir les aveugles.

Une autre fois, le chef du village demandait de quelle nation nous étions. «— Français, lui répondit-on. — Français, reprit-il, qu'est-ce que cela peut être? Il n'y a que deux nations dans le monde, les Turcs et les Russes. »

Le lendemain, nous passions au trot devant deux charrettes. Lorsque nous fûmes au haut de la montagne, les charretiers, encore dans la vallée, nous appelèrent à grands cris. Notre chef d'équipage crut à un accident, et descendit au galop. — « Est-ce vrai, lui dirent ces hommes, que les Français n'ont pas de bras? Nous n'avons pas aperçu ceux de l'effendi qui est dans ta voiture, et nous t'avons appelé pour savoir la vérité. » — Furieux, mon conducteur leur tourna le dos, et piqua des deux, jurant comme un damné.

Les santés paraissent vigoureuses en ce pays. La plupart des malades qui vinrent à nous en consultation, étaient des vieillards qui demandaient avec simplicité, à être soustraits aux infirmités de leur âge. Ils s'étonnaient de ce qu'un Européen ne pût les délivrer d'un coup de baguette.

Leur médecine à eux est tout ce qu'il y a de plus primitif, les sangsues, le massage et l'hydrothérapie : contre le sang, les sangsues ; contre les rhumatismes, le bain de vapeur ; et pour le reste, le massage. Après une journée très fatigante, un de nos hommes sentait de violentes douleurs dans la poitrine ; il se coucha par terre à plat ventre et fit un signe à un jeune homme de seize ans. Celui-ci monta debout sur ses épaules et le piétina. Après quelque temps, le malade se déclara guéri. Nous vîmes, autrefois, chose semblable en Afrique. Nous étions dans une caserne de cavalerie. On nous avertit qu'une sentinelle venait de tomber sans mouvement, frappée d'un coup de soleil. C'était un tirailleur algérien. Nous le fîmes porter à l'infirmerie des Chasseurs, et, en attendant le major qui logeait à trois quarts d'heure de distance, nous prîmes la direction des infirmiers. Quand l'Arabe revint à lui. il se dressa à moitié, fit signe qu'il avait mal à la tête et qu'il fallait lui donner des coups de poing dans le dos. L'infirmier s'exécuta timidement. Le turco témoigna qu'il y allait trop doucement et ne fut content, qu'après avoir reçu des coups violents. Ensuite, il se leva, et le docteur devint inutile.

Mœurs primitives, isolement complet, ignorance profonde, tel est l'état des hommes que nous rencontrons.

Notre marche fastidieuse à travers la plaine, fut heureusement agrémentée par la rencontre de la petite villa de Sivri Hissar, littéralement le Château pointu, ou mieux le Château des pointes, à cause des rochers bizarrement dentelés qui la surmontent et l'environnent de trois côtés. Ces rochers sont un soulèvement de syénite, sur lequel fut bâti un château-fort de date assez récente, dont il reste peu de chose.

La ville ouverte, en éventail, descend graduellement vers une plaine à perte de vue. Elle est insignifiante, mais on l'aborde avec intérêt, à cause de son voisinage de l'antique Pessinunte, l'une des trois capitales des Gaulois d'Asie.

Nos pères ne jetèrent pas les fondements de Pessinunte. Midas y régnait avant eux. Lorsqu'il maria sa fille avec Adgis, la déesse Cybèle, dans un accès de jalousie, força les portes de la ville, et apparut, irritée, en plein festin. Midas, saisi d'effroi, lui promit de lui bâtir un temple. Il le fit, et, en signe d'hommage, plaça sur la tête de la déesse une couronne de tours, qui rappelait les fortifications de la cité.

« Pessinunte, écrit Strabon, est la place de commerce la plus considérable de ce canton. Elle renferme le temple de la Mère des dieux, que les habitants nomment Agdistis, et pour laquelle ils ont une profonde vénération. Les prêtres de la déesse furent des espèces de souverains, et jouirent d'immenses revenus. »

Des multitudes de pèlerins affluaient vers le temple. Le motif de leur dévotion démontre à quel excès de sottise se laissent emporter les hommes que la foi n'éclaire pas.

Un jour, un aérolithe tomba sur la place. On ne douta pas que ce ne fût un présent de la Mère des dieux, et la ville prit le nom de Pessinunte, d'un vieux mot qui signifie tomber. Plus que cela! la vénération publique s'attacha à cette pierre. Les fiers Romains se prirent d'enthousiasme pour elle. Les livres sibyllins leur promirent que sa possession les rendrait invincibles. Ils la demandèrent aux Phrygiens et l'obtinrent : « On la mit sur un vaisseau, raconte Hérodien ; mais le vaisseau s'arrêta immobile à l'embouchure du Tibre. Nulle force humaine ne put l'ébranler ; et la crainte s'emparait de la multitude, lorsqu'une Vestale condamnée à mort pour violation de son vœu, se réclama de Cybèle. On lui promit de s'en rapporter au jugement de la déesse. Alors, attachant sa ceinture à la proue, elle entraîna le vaisseau docile. »

Or, de telles aberrations n'étaient pas l'effet de la surprise d'un jour, elles duraient des siècles ; et la fête de cette translation se célébrait annuellement à Rome, le 6 des calendes d'avril. Un Phrygien et une Phrygienne faisaient, ce jour-là, l'office de prêtres, portaient la pierre sacrée par la ville, en récoltant des aumônes pour le temple.

Pour nous chrétiens, nous avons mieux à faire qu'à nous pâmer d'admiration devant l'aérolithe de Pessinunte. Nous retrouvons ici les traces de Saint Pierre. Cette contrée, cette ville de Pessinunte furent évangélisées par le Chef des Apôtres.

Au delà de Sivry-Hissar, rien de remarquable : route solitaire, quelques misérables hameaux, des fontaines de loin en loin, et rien de plus.

A Brousse, on nous avait beaucoup parlé des voleurs, et, de fait, l'Asie Mineure en est inondée. Avons-nous couru des dangers ? Nous en doutons ; nos conducteurs cependant affirment que oui. En toute hypothèse, le plus sérieux aurait été conjuré d'une façon bizarre.

Un zaptié, gendarme du pays, nous accosta un jour. Il jouissait d'un congé et chevauchait à sa guise. Il interrogea nos Turcs sur le voyageur de la voiture. Je ne sais comment ils imaginèrent de lui répondre que leur Effendi était un prêtre français, docteur en médecine de première classe, dentiste des empereurs et des présidents de république. — « Bon, s'écria le zaptié, j'hésitais, depuis plus d'un an, à me faire arracher deux dents. L'occasion est merveilleuse. » — Il se présenta à la portière en disant : « Papasse Effendi, veux-tu m'arracher deux dents ? mais tout de suite, car, dans un quart d'heure, mon courage sera tombé. » — Il descendit de cheval, s'assit par terre, et, vrai charlatan, nous fîmes, en plein vent, la double opération trop connue de ceux qui malheureusement possèdent un palais ruiné. Notre guerrier reconnaissant s'attacha à nous et nous suivit comme un chien fidèle. Le lendemain, au détour d'un défilé, plusieurs tcherkeseses à cheval, la terreur du pays, nous croisent et engagent avec nos turcs une conversation qui ne leur présageait rien de bon. Déjà mes hommes caressaient leurs revolvers, lorsque le zaptié, resté en arrière, sortit de derrière un rocher.

Les tcherkesses terminèrent brusquement l'entretien et partirent. On prétend que la présence du zaptié leur persuada que l'Effendi était un de ces personnages dont le Sultan vengerait la mort avec rigueur. C'était là le triomphe du dentiste.

Une autre fois, nous passions la nuit dans un hameau perdu au milieu des solitudes. Vers onze heures, le gardien du camp et quelques hommes fumaient et prenaient du café, pendant que nous semblions dormir. Ils entendent des chevaux, gardent un profond silence, éteignent les lumières et se glissent dehors. Ils tirent des coups de fusil, et rentrent bientôt en racontant que les rôdeurs de nuit se sont enfuis.

Une troisième fois, le danger fut écarté plus simplement encore. C'était l'heure de la halte de midi. Nous nous disposions à pénétrer dans le dernier débouché des défilés de l'Olympe. Ce vallon est solitaire, mais charmant.

Les collines boisées se rapprochent. Un torrent coule impétueux et laisse à peine la place d'un chemin à travers l'étroit passage. La verdure, la fraîcheur, le pittoresque donnent je ne sais quoi d'enchanteur à ce défilé. Au village on nous racontait que, trois jours avant, des voyageurs avaient été dévalisés, d'autre même tués. Nos guides n'étaient pas rassurés. Cependant, comme, huit jours auparavant, nous avions franchi ce pas sans accident, nous donnions l'ordre du départ, lorsque dix charrettes arrivèrent au galop de divers côtés. On avait su notre passage, et chacun d'accourir pour se mettre sous notre protection. Le calcul était faux. Qu'aurions-nous pu faire pour la défense ? Mais, s'il y eut danger, le nombre nous sauva. Nous avions vingt-sept chevaux et trente hommes à opposer aux brigands. Nous partîmes en éclaireurs, voiture découverte, pour jouir du paysage, et nous ne vimes pas l'ombre d'un canon de fusil.

Singulier pays que cette Asie Mineure. Elle confine à l'Europe, au point que nous, habitants de Constantinople, nous passons jusqu'à deux et trois fois en une journée de l'Europe en Asie. Et, cependant, cette contrée reste fermée. L'Egypte et la Syrie sont percées à jour ; les voyageurs les sillonnent en hiver comme en été ; l'instruction s'y répand ; les esprits s'ouvrent, les cœurs se dilatent ; la civilisation se développe; mais l'Asie Mineure est comme une forteresse impénétrable. L'Européen y est presque inconnu. L'ignorance est extrême, et le brigandage s'y exerce comme en pays sauvage. Il ne nous manque que l'anthropophagie.

VIII

Angora.

A mesure que nous approchons d'Angora, nous recevons la preuve qu'on nous y attend, et que notre visite ne sera pas inutile.

Déjà, à six journées de distance, nous avions croisé des turcs Angoriotes. Apprenant qui nous étions : « Ah! s'étaient-ils écriés, si les chrétiens connaissaient le jour de l'arrivée de l'Effendi, ils sortiraient tous au-devant de lui.»

Deux négociants d'Angora se trouvent à Sivry-Hissar, au moment de notre passage. Ils viennent à nous et nous demandent si nous ouvrirons enfin une école française dans leur pays.

Comme nous manifestions quelque hésitation : « Cependant, disent-ils dans le style imagé de l'Orient, ce serait nécessaire. Nous étions la grande ville Arméno-catholique par excellence, et nous étions fiers de notre situation. Maintenant, le commerce a fléchi ; divers fléaux ont compromis l'agriculture ; et nous sommes assis dans la poussière, nos vêtements déchirés, la cendre sur nos têtes ; et nous crions, et nous demandons qu'on vienne à notre secours. Ignorants comme nous le sommes, nous ne saurions réparer le passé ; mais, si nous vivons comme des bêtes, au moins que nos enfants ne nous ressemblent pas. »

Plusieurs témoignages de ce genre nous encourageaient à la marche.

Enfin, nous arrivâmes le dix-septième jour.

Ne connaissant personne, nous descendîmes au Khan. On nous logea dans un local infect au-dessus de l'écurie. Un chrétien devina qui nous étions et courut prévenir l'administrateur du diocèse. Deux heures après, deux prêtres nous installaient à l'évêché, resté vide sous la garde d'une vieille servante.

Les souvenirs chrétiens abondent ici.

L'Eglise d'Ancyre fut l'une des premières du monde dans l'ordre de fondation. Saint Pierre consacra son premier Evêque ; aussi reçut-elle le nom d'Eglise apostolique. Ses évêques figurèrent aux Conciles de Nicée et de Chalcédoine. Deux Conciles particuliers s'y tinrent en 314 et 358 ; et la province comptait seize évêchés.

Sur plusieurs de ses pages, le Martyrologe romain inscrivait le nom de ses grands chrétiens et de ses martyrs. Nous en comptons deux au mois de janvier, un au mois de mars, huit au mois de mai, deux en juillet, trois en septembre, quatre en novembre, et trois en décembre.

Un moment, Ancyre paraît avoir appartenu aux Croisés. Bohémond s'en serait emparé après la bataille de Dorylée. Les Latins y auraient bâti quelques églises, auraient restauré son château et l'auraient possédé dix-huit ans.

Son histoire profane n'est pas moins remarquable. On discute encore sur l'ancre qui lui fit donner le nom d'Ancyre. D'après Pausanias, cette ancre aurait été trouvée dans la terre par le roi Midas, fils de Gordius, lorsqu'il creusait les fondations du temple de Jupiter. Apollonius, historien de Carie, en fait honneur aux Gaulois. Nos ancêtres, après avoir battu l'armée Egyptienne de Ptolémée, l'auraient poursuivie jusqu'à ses vaisseaux, auraient rapporté les ancres de sa flotte, et les auraient conservées comme un trophée.

Ces traditions cependant semblent controuvées, car la ville existait sous le même nom, au dire de plusieurs, lorsque Alexandre venant de Gordium et marchant sur la Syrie, s'arrêta sous ses murs pour recevoir les députés Paphlagoniens.

Chose remarquable ! De toutes les villes de l'Asie, Angora est l'une de celles qui ont fourni au monde savant, le plus grand nombre d'inscriptions et de documents historiques. On a retrouvé ici et nulle part ailleurs, le testament d'Auguste, gravé sur les murs du temple élevé à cet empereur.

La ville actuelle s'étage au centre d'un amphithéâtre de collines, sur un rocher volcanique aux flancs abrupts. Son château flanqué de tours la domine, mais ne la défend plus. C'est une ruine. L'Enguri-Sou s'enroule à ses pieds avant de se jeter dans le Sangarius.

Quand on pense que le château d'Angora était l'un des plus formidables de l'Asie ; que l'ancienne cité possédait six mille six cent soixante maisons, soixante-dix palais, soixante-seize mosquées, deux cents bains, quinze couvents de derviches, trois établissements publics consacrés à la lecture du Koran, cent quatre-vingts écoles de garçons, un bézutin ou marché couvert; que ses rues étaient pavées de pierres blanches, et que cent soixante-dix sources naturelles et trois mille fontaines l'arrosaient jour et nuit !

Alors, les savants, les poètes, les hommes de loi et de religion y abondaient; alors régnaient le luxe et l'opulence, à côté de la science, de l'agriculture et du commerce...

Mais aujourd'hui !

L'aspect général est noir. Les maisons se pressent sans être séparées par des jardins. Les rues étroites laissent rarement passer trois hommes de front. Ni puits, ni citernes. On achète l'eau, et des ânes la portent sans cesse de la plaine au sommet. Le commerce est tombé. Les chèvres célèbres d'Angora étaient la source principale de la richesse. On n'a pas su défendre la source. L'appât de l'or a fait vendre une partie des chèvres. Les Hollandais les ont acclimatées et multipliées au Cap ; et ce qui se vendait cinquante piastres, il y a dix ans seulement, ne vaut pas plus de dix-neuf et vingt piastres, à l'heure présente. La science avait disparu bien avant le commerce, et, aujourd'hui, les Angoriotes en sont réduits à implorer, comme une grâce, la fondation d'une bonne école primaire.

La population d'Angora s'élève, dit-on, à vingt-cinq mille âmes. Nous croyons les catholiques au nombre de quatorze mille, d'après une statistique officiellement présentée à l'Ambassadeur de France. Quel ne fut pas notre étonnement lorsque les notables nous affirmèrent qu'ils n'étaient que six mille? — « Sans doute, disaient-ils, il y a bien de douze à quatorze mille familles catholiques originaires de notre pays, mais le besoin de vivre a forcé le grand nombre à l'apostasie. Ne vous laissez pas tromper par certains chiffres. Quand on veut donner de la valeur à notre communauté catholique, en face de l'Europe, on a recours à cet adroit procédé. On fait double emploi. Ainsi on inscrit 14,000 âmes à Angora, et 12,000 à Constantinople. On se garde bien de dire que beaucoup de familles angoriotes ont émigré dans la capitale, et que, sur les 12,000 Pérotes, il faudrait retrancher ceux qui sont déjà attribués à Angora. Grâce à cette supercherie, on arrive au chiffre respectable de 26,000 catholiques entre

Constantinople et Angora. En continuant à enfler ainsi les chiffres, on fait croire que nous sommes cent mille Arméniens catholiques. Mais nous n'admettons point cette exagération. Elle est coupable; elle nous est nuisible. Mieux vaut dire franchement qui nous sommes et ce que nous sommes. » Nous nous rangeâmes à l'avis de ces honnêtes gens.

La dissimulation est toujours odieuse; et d'abord à quoi bon se faire valoir, quand on demande assistance et protection? On va au cœur en exposant sa pénurie, tandis que Dieu, dit Salomon, hait le pauvre orgueilleux.

Les six mille catholiques d'Angora ne manquent pas de secours spirituels. Un Prélat, administrateur du diocèse, et vingt-sept prêtres leur prodiguent leurs soins. Tous leur rendent témoignage. Le clergé les aime, et ils aiment leur clergé. S'ils appellent les Jésuites, ce n'est point pour remplacer leurs prêtres, mais bien pour les aider à élever leurs enfants.

Impossible à nous de rendre l'empressement avec lequel nous accueillirent les notables et le peuple.

Le lendemain de notre arrivée, de bonne heure, nous étions descendus au bazar. On nous devine. Un notable s'approche et nous prie d'entrer au comptoir de son frère aîné. On s'était donné le mot. Dix notables nous suivent. Ils nous baisent la main ; on apporte le tabac et le café ; et, sans retard, on discute la question palpitante, celle de l'école. Bientôt, d'autres notables demandent la permission d'entrer. Nous redoutâmes un attroupement en plein bézutin ; nous fîmes dire que nous allions rentrer à l'évêché, où nous recevrions toute la journée.

L'affluence fut grande. On arrivait par bandes de dix à douze personnes. Le divan ne désemplit pas jusqu'au coucher du soleil. Tous demandaient l'école. La manière de plaider la cause variait, le sujet était toujours le même.

Nous ne prîmes aucun engagement, mais nous assurâmes cet excellent peuple de notre désir sincère de nous dévouer à lui, quand les circonstances le permettraient.

Si nous nous décidons à faire à Angora une fondation, ce sera certainement la dernière.

IX

Pourquoi les nouveaux Missionnaires semblent-ils se cantonner dans quelques centres, au lieu de se répandre partout?

Maintenant que nous avons fait connaître le pays, il nous reste à raconter de quelle manière les envoyés du Pape y furent reçus, quels obstacles ils y rencontrèrent, et quelles espérances Dieu leur permet de concevoir.

Mais, auparavant, il importe de définir leur situation.

Nous avons dit qu'une fois installés à Constantinople, à Marsivan, à Amasie, à Tokat, à Sivas, à Césarée, à Adana, et peut-être à Angora, nous comptions borner là nos fondations. Quelqu'un pourrait nous répondre : « Pourquoi vous arrêter ? — Pourquoi ne pas vous répandre dans le pays tout entier ? — Vos quelques postes suffiront-ils à l'évangélisation de quatre millions d'Arméniens ?... »

Hâtons-nous de répondre qu'il n'en est pas de l'Arménie comme des pays sauvages.

Dans les régions absolument infidèles, Rome envoie une communauté religieuse, avec mission de pourvoir à tout et d'assumer toutes les fonctions du ministère ecclésiastique.

En Arménie, nous rencontrons un clergé indigène, auquel nous n'avons certes pas la prétention de nous substituer, et dont nous sommes heureux de nous déclarer les humbles auxiliaires. De là, une nécessité absolue de nous limiter dans le choix des postes à occuper et dans l'exercice de certaines fonctions.

Et, puisque nous sommes amenés à cette explication, peut-être ne sera-t-il pas hors de propos d'entrer dans quelques détails sur la situation respective des missionnaires européens en présence du clergé indigène.

L'Eglise arménienne, constituée à l'orientale, ressemble si peu à celles du reste du monde qu'il serait impossible de se rendre compte de l'apostolat des étrangers, sans étudier son fonctionnement.

Elle a son clergé. La hiérarchie, établie par Benoît XIV, s'y maintient. A sa tête marchent un Patriarche et dix-sept Evêques.

Voici, par ordre alphabétique, le nom des évêchés : Adana, Alep, Angora, Artuin, Brousse, Césarée de Cappadoce, Constantinople, Diarbékir, Erzeroum, Ispahan, Karpouth, Marache, Mardine, Malathia, Mouch, Sivaz, Tokat, Trébizonde.

A combien peut se monter le nombre total des catholiques de ces dix-sept évêchés? Nous n'oserions le préciser. Les opinions varient. Les statistiques n'existent guère en Turquie; et puis l'amour-propre fait quelquefois enfler les nombres. Quelques-uns aiment à s'appeler légion ; et ceux-là vous diront qu'il y a quatre-vingt-dix-neuf mille catholiques arméniens. D'autres, plus modestes, en avoueront soixante mille.

On le voit, l'écart est considérable.

L'Europe s'étonnera, peut-être, de cette multitude d'Evêques pour si peu de fidèles. Mais l'Orient ne doit pas être jugé au point de vue de l'Occident.

Le clergé arménien procède à la façon de la primitive Eglise. Il nomme des pasteurs sans s'inquiéter du nombre de leurs ouailles ; et l'Evêque s'en va, colonisateur sublime, s'établir au chef-lieu dont il est titulaire. A lui de se créer des diocésains,

Là où l'Europe enverrait un humble desservant, nous rencontrons un Evêque. — Combien a-t-il de prêtres ? Peut-être un, peut-être deux. — Combien compte-t-il de fidèles ? Quelques centaines.

Il en résulte que les curés de nos grandes villes, ceux de Paris, par exemple, ont trois, quatre et cinq fois autant de paroissiens qu'un Evêque d'Arménie a de diocésains ; que le plus petit diocèse de France a quatre et cinq fois plus de fidèles que toute l'Eglise arméno-catholique ; et que, pour organiser Paris à la façon d'ici, il faudrait sacrer Evêques un peu plus de deux cents curés, et transformer l'Archevêque en Patriarche.

Encore une fois, ne nous étonnons pas. L'Orient n'est point l'Occident. Faisons des vœux pour que chacun des Prélats, à son lit de mort, puisse dire comme Saint Grégoire mourant : « Je ne laisse que dix-sept infidèles dans ma ville épiscopale, où je n'avais trouvé que dix-sept catholiques à mon arrivée. »

A côté de cette vaillante Eglise arménienne, des missionnaires dominicains, capucins, jésuites, frères des Ecoles chrétiennes, travaillent à défricher des portions diverses du vaste champ de l'erreur, sous la direction d'un délégué latin du Saint-Siège, qui réside à Constantinople en qualité de Vicaire Patriarcal.

— Quoi ! encore un Evêque latin, s'écrie quelqu'un, alors qu'il y a tant d'Evêques arméniens ! — Mais, nous l'avons déjà dit : l'Orient est un pays à part, où il ne faut s'étonner de rien.

La présence d'un Evêque latin est plus que légitime. Elle est nécessaire à cause de la constitution des Eglises orientales.

Dans tout le monde catholique, la terre est divisée en diocèses nettement délimités. Quand le Pape prépose un Evêque à l'un de ces diocèses, ce Prélat reçoit juridiction sur tout le territoire, quels que soient ceux qui l'habitent ; et, s'il s'y trouve à la fois des Français, des Allemands et des Anglais, il en est le pasteur.

L'Orient fait exception. L'Evêque n'y a juridiction que sur ceux de sa nation qui résident dans une certaine étendue de pays. Les autres catholiques ne lui appartiennent pas. Chaque nationalité a son Evêque. Il en résulte que si une même ville renferme des Arméniens, des Maronites, des Grecs, des Syriens, des Chaldéens et des Cophtes, elle aura autant d'Evêques que de nationalités. Tous seront Evêques de la même ville, ils en porteront le titre, mais chacun verra sa juridiction limitée, chacun aura son Eglise et ses diocésains.

En cet état de choses, ne faut-il pas que les Latins aussi aient leur Evêque? Autrement, ils n'appartiendraient à personne. Il n'y aurait plus pour eux, ni baptême, ni mariage, ni enterrement, ni messe, ni sacrement quelconque.

Il y a donc, il doit y avoir un Evêque latin; et, dès lors, nous tous religieux Allemands, Espagnols, Français, Italiens, qui travaillons en Arménie, nous relevons de lui. Il est notre chef hiérarchique. A lui de nous donner des ordres. Les Prélats des autres rites n'ont pas autorité sur nous; et nous leur devons seulement cette respectueuse déférence que tout prêtre doit à un Évêque, lors même qu'il n'est point sous ses ordres.

Reste un point à éclaircir. On pourrait se demander si cette juxtaposition de prêtres latins et d'Evêques arméniens indépendants les uns des autres, n'est pas de nature à créer des conflits.

A cela, une première réponse. En supposant qu'il y eût quelque chose de faux dans cette situation, c'est à l'Orient qu'il faudrait s'en prendre, et non à l'Occident. C'est l'Orient qui tient à être ainsi constitué ; et si les Souverains Pontifes voulaient changer cet état de choses, ce seraient des clameurs et, peut-être, des schismes. Nous n'y pouvons rien ; et, si cela entraîne des conséquences fâcheuses, il faut en prendre son parti.

Mais il y a une meilleure réponse à faire. Pourquoi travaillent les missionnaires latins ? Evidemment au bénéfice des Eglises orientales.

Voici un Evêque dont le clergé se compose d'un, de deux, de huit prêtres. Combien son action n'est-elle pas restreinte ? Viennent des religieux latins. Ils doublent, ils triplent le nombre des ouvriers évangéliques, et tout Evêque animé de l'amour de Dieu doit s'estimer heureux de voir les missionnaires latins tent même nos vêtements étriqués, bien inférieurs pourtant à leur majestueux costume, afin de se rendre semblables au reste de l'humanité ; et, vraiment, on s'étonne de rencontrer dans des villes obscures, tant de marchands de paletots et de pantalons confectionnés, aussi bien que de voir courir dans les rues, cette multitude de petits garçons et de petites filles vêtus *à l'instar de Paris*. C'est que les préjugés tombent devant la nécessité.

Non, il n'y a rien de sérieux dans cette allégation : « L'Oriental ne se convertira pas si on lui envoie des missionnaires de l'Occident... » Ceux qui la font, se montrent singulièrement maladroits et n'atteindront pas le but qu'ils se proposent. Ils écrivent en Europe : « Envoyez-nous votre or, envoyez-en beaucoup, parce qu'on nous en refuse ici ; mais gardez-vous de venir en personne, car nous vous abhorrons. Prodiguez cet or dont nous sommes avides, mais cachez la main qui le donne, parce qu'elle est maudite. » — Singulière façon de se ménager des bienfaiteurs. Et, d'ailleurs, à qui persuaderont-ils qu'un Oriental refusera un bienfait s'il ne lui est présenté par une main indigène ? Refuser un bienfait dans le pays du bakchich !...

XI

Les débuts des Missionnaires

En Europe, on s'imaginerait volontiers que le missionnaire, à peine arrivé à destination, parcourt les villes et les campagnes, un crucifix à la main, entraîne après lui des foules, et, sur une place publique, ou du haut d'un rocher abrupt, ou bien encore sur le bord d'une claire fontaine, annonce l'approche du règne de Dieu.

Mais tant s'en faut que la Turquie nous autorise à prendre de telles allures. Rien n'est dénué de poésie comme les débuts d'une mission en pays mahométan.

D'abord, la prédication publique du christianisme nous est interdite. Une seule voix a le droit de se faire entendre du haut des toits, celle du Muezzin qui crie : « Dieu est Dieu et Mahomet est son prophète. » — La police aurait bientôt fermé la bouche du prédicateur de Jésus-Christ, si d'ailleurs les Turcs ne l'eussent préalablement massacré dans une émeute.

Avant de se livrer à l'exercice du zèle, le missionnaire se trouve dans la nécessité de s'occuper d'une foule de détails absolument dénués d'attrait. Il lui faut se faire un gîte, disposer un vaste local où il puisse dresser un autel et convoquer le peuple ; apprendre les langues du pays ; sonder le terrain sur lequel il est appelé à marcher, de peur d'un faux pas qui jetterait le discrédit sur son apostolat.

Les impatients s'étonnent de ces précautions, ils les taxeraient volontiers de recherche du bien-être et de perte de temps. Ceux-là ressemblent à un enfant qui, le soir, confierait une semence à la terre, et s'irriterait de ne pas cueillir, le lendemain matin, un œillet ou une rose.

Mais l'homme pratique sait qu'il faut semer et attendre longtemps avant de récolter.

Nos missionnaires ont donc semé, et ils ont semé dans les larmes. Ils ont planté un arbre, dont, peut-être, eux-mêmes ne goûteront pas les fruits ; posé les fondations d'un édifice que d'autres habiteront après eux.

Avant tout, ils ont dû songer à s'installer, sinon confortablement, du moins solidement. Logés, au début, dans des maisons de paysans, sans église, ils ressemblaient plutôt à des explorateurs de passage qu'à des colons sérieux. Les indigènes se méfiaient. Avant de se confier à eux, ils exigeaient des garanties de stabilité; et la meilleure était l'acquisition d'une maison.

A cette maison, il fallait une église. Cette condition n'était pas de rigueur pour nos anciens Pères; elle l'est pour nous. Anciennement, Rome n'avait pas encore cessé toute relation avec les Arméniens ; les Pères entraient librement dans leurs églises, y célébraient la messe, y prêchaient, s'y mettaient en rapport avec la population. Aujourd'hui, nous n'avons plus ce droit ; et, ne pouvant aller chercher les Arméniens chez eux, nous devons les appeler chez nous, et, par conséquent, leur ouvrir une église.

Or, en Turquie, acquisition de maison, ouverture d'église sont entourées de difficultés qui font perdre des semaines, des mois, des années.

Depuis vingt ans, sans doute, la loi permet aux Européens d'acquérir et de posséder des immeubles, mais la Porte craint si fort l'influence étrangère, qu'elle limite notre liberté d'action par mille clauses embarrassantes. Ainsi, elle ne reconnaît pas les sociétés anonymes, et la Banque Ottomane elle-même n'a pas le droit d'être propriétaire. Un contrat n'est guère solide que s'il est passé au nom d'un père de famille, et même, dans certains cas, si l'acquéreur meurt sans enfants, son immeuble retourne à l'Etat. Quant à bâtir des églises, la loi le défend, à moins d'un firman impérial qui ne s'accorde presque jamais.

Nous crûmes nous mettre à l'abri de tout embarras, en nous soumettant à ces conditions, en achetant sous le couvert d'un père de famille domicilié à Paris ; en nous résignant à ne point bâtir d'église, à y suppléer par de grandes salles. Nous avions compté sans la chicane.

On ne nous sut aucun gré de notre déférence. On nous intenta des procès de tendance. De là, des négociations sans fin, des avanies cruelles, et la perte d'un temps que les Pères eussent bien préféré employer à la prédication de l'Evangile.

Ainsi, dans une ville, nous avions signé un contrat d'achat sous seing privé. Lorsqu'il fallut le faire enregistrer au tribunal, le Pacha défendit aux juges de s'y prêter, et, comme la justice turque est esclave et vénale, on nous opposa un refus. Nous entrâmes tout de même dans la maison, mais il fallait l'adapter à nos usages, préparer des salles de classe, disposer un vaste local pour les exercices religieux. La municipalité nous le défendit, sous le prétexte que l'immeuble ne nous appartenait pas. Au bout de trois ans, nouvelle instance et nouveau refus. Cette fois, pour dissimuler son injustice, le tribunal allégua que le propriétaire légal n'avait pas payé l'impôt depuis notre entrée chez lui. Nous offrîmes de le payer à sa place. On prit notre argent, on ne nous donna point de reçu, on nia que nous eussions payé, on nous renvoya.

Voilà comment, dans une ville où nous eussions pu exercer un apostolat fructueux, nos efforts demeurèrent paralysés par le mauvais vouloir de l'autorité.

Ailleurs, nous avions acheté maison et jardin d'un riche Mahométan, à la condition qu'avant la signature du contrat, il obtiendrait l'autorisation d'exhausser et d'allonger une salle de son harem. Il présenta son plan, son devis, et la municipalité lui octroya une permission écrite. Nous entrâmes en jouissance et nous mîmes des ouvriers à l'œuvre. Lorsque le travail fut à moitié, l'autorité se ravisa. Elle prétendit que nous bâtissions une église. En vain répondait-on qu'elle avait approuvé le plan quand il était question d'un harem ; en vain le Pacha fut-il amené à confesser que, ni en Orient, ni en Occident, il n'avait vu d'église bâtie dans ce style. Rien n'y fit. Nous fûmes condamnés à démolir. Forcer à démolir était contre la loi. Nous refusâmes de nous soumettre à une sentence injuste. Notre maison restait ouverte, sans toit, et l'hiver approchait. Nous reprîmes les travaux. La police vint saisir les ouvriers pour les traîner devant le Pacha. Comme un Frère coadjuteur les suivait pour les défendre, le Chef de la police eut l'insolence de lever son fouet sur lui. — « Frappe, répondit le Frère, mais nous sommes dans la rue ; il y a des témoins. Je suis un ancien sous-officier de l'armée prussienne. Essaye de la violence et je me plaindrai à mon Empereur et aussi à la France, car je suis dans un établissement français. » — Le Colonel laissa retomber son bras ; mais les ouvriers furent mis en prison. Cette visite domiciliaire constituait une illégalité. Nous appelâmes de nouveaux ouvriers, et nous fermâmes avec soin les portes extérieures de la maison. La police appliqua des échelles au mur d'enceinte, pénétra chez nous par escalade et mis la main sur les ouvriers. La violation de la loi était de plus en plus flagrante.

Le Chef de la police aurait dû être condamné. Nous le fûmes à sa place. Et, parce que les Pères se plaignirent à leur Supérieur de Constantinople, et que celui-ci, après avoir pris l'avis de notre Ambassadeur, leur indiquait les moyens de neutraliser les effets de la malveillance, la poste arrêta notre correspondance durant deux mois et plus. Il fallut payer des amendes ; et le prix de la construction tripla et quadrupla. Le Pacha fit circuler des patrouilles dans la rue, pour dévisager et intimider les personnes qui entraient ou sortaient par notre porte. Des menaces de mort furent proférées. On prit tous les moyens de nous isoler par la terreur.

Ailleurs, on nous attaqua d'une manière différente. Partout, on nous entrava ; et nous dûmes consumer une partie notable de nos premières années à lutter, jour par jour, pied à pied, contre la malveillance.

Voilà comment, avec la meilleure volonté de se livrer à l'exercice de l'apostolat, nos Pères durent perdre un temps considérable à conquérir le droit à l'existence.

A la somme de ces retards, il faut ajouter celle des longues heures consacrées à l'étude des langues orientales ; heures bénies, car il est méritoire, à trente et quarante ans, d'apprendre à bégayer des mots comme un enfant ; heures fructueuses, qui préparent les succès oratoires de l'avenir ; mais, aussi, heures ingrates pendant lesquelles le missionnaire ne produit aucun fruit spirituel, et le public se moque de son œuvre comme d'une entreprise avortée.

Ces deux premières difficultés vaincues, ne pensez pas que le missionnaire soit encore prêt à l'action. Il lui reste à étudier le terrain sur lequel il s'agit de bâtir et de planter. L'Orient ressemble si peu à l'Occident, que le nouvel arrivé doit estimer qu'il est sans expérience des hommes et des choses, et qu'en agissant trop vite, il s'expose à compromettre l'Evangile, au lieu de le faire aimer.

Les Arméniens sont un peuple à part. Ils ont des qualités incontestables que nos prédécesseurs ont reconnues avant nous. — « On loue en eux, écrivait le P. Monnier, leur sens droit, leur prudence, leur habileté dans le commerce, leur application au travail qu'ils aiment d'inclination, un fonds de bonté qui les lie aisément aux étrangers et exclut entre eux les querelles, pourvu que l'intérêt ne s'en mêle pas. » — Mais ils ont les défauts de l'Orient, comme nous apportons avec nous ceux de l'Occident.

Une longue habitude du joug et de l'oppression a développé en eux les tristes instincts du prisonnier. Le prisonnier est défiant, parce qu'il vit sous le coup de la menace. Il recourt souvent au mensonge pour éviter un châtiment. Privé de bien-être et de liberté d'acquérir honnêtement, il devient peu scrupuleux sur les moyens de s'approprier ce qu'il convoite. Ainsi en est-il un peu de l'Arménien, toute proportion gardée.

Les Arméniens semblent n'avoir aucune de ces passions élevées, auxquelles l'instituteur européen s'adresse si utilement, pour développer les nobles instincts du cœur des jeunes gens. L'amour de la gloire, celui de la patrie, ne sont rien pour eux. Ils les remplacent par je ne sais quel amour-propre national qui ne les mène à rien et ne les empêcha, dans aucun temps, de courber la tête sous le joug des Perses, des Grecs ou bien des Turcs. Ils eurent autrefois une noblesse illustre, qui perpétuait les traditions d'un ordre élevé. Ils n'en ont même pas conservé la trace, et ne reconnaissent plus qu'une seule distinction, celle de posséder plus ou moins d'argent. Gloire, honneur, dévouement sont des mots vides de sens. Le terre-à-terre de la finance est leur niveau. Nous ne serions pas compris, si nous leur parlions de généreuses entreprises ou d'œuvres d'une grande portée morale. La religion même ne serait pas un mobile suffisant pour les entraîner. Sans doute, ils ont le sentiment religieux. Ils aiment leurs églises, qui sont les mieux ornées de l'Orient ; mais tout se borne là ou à peu près. L'ignorance les a jetés dans une sorte d'indifférence pratique, et le contact avec les mécréants, commence à détruire en eux le sens religieux. Ils respectent encore leurs Evêques ou leurs prêtres ; mais ce qu'ils estiment en eux, c'est le plaideur qui s'occupe de leurs affaires auprès de l'autorité civile, le médiateur qui leur obtient une place lucrative. Que cet Evêque ou ce prêtre soit ou non zélé pour le bien des âmes, peu leur importe! La messe doit être dite à l'aurore. Ensuite l'église est fermée jusqu'au lendemain ; et le prêtre s'en va dans les bazars, s'asseoit sur le bord des boutiques, fume, prend le café, s'occupe d'affaires.

Nos anciens missionnaires les trouvaient libres de préventions contre la vérité, indifférents aux questions controversées, prêts à se rendre au catholicisme. Ils croyaient à peine utile de les avertir qu'ils étaient dans l'erreur, parce qu'ils ne s'en doutaient pas. Leur inspirer l'horreur du vice, l'amour de la vertu, la pratique de leurs devoirs, l'amour de l'Eglise catholique, sans jamais disputer sur le dogme, paraissait à nos prédécesseurs le moyen sûr d'entraîner les masses et de les arracher au schisme. Il n'en est plus de même à l'heure actuelle. Les jeunes gens que leurs familles ont envoyés faire leur éducation à Londres, à Paris, à Vienne, à Berlin, à Moscou, en reviennent avec un fort mince bagage de science, et en rapportent souvent le vice. De plus, les protestants sont venus dans le pays former une jeunesse libre-penseuse.

Ils tiennent en plusieurs villes des réunions du soir, où on fait de la musique, on parle de religion, on proclame la légitimité du libre examen, on détruit la foi, on ridiculise la pratique. Devant ce peuple, jamais un Européen ne réussira avant d'avoir longtemps cherché le point d'appui sur lequel il établira le levier capable de le soulever; et cette recherche est un long travail auquel nos missionnaires novices ont dû se livrer avant d'agir.

N'avons-nous cependant fait que préparer le terrain depuis notre arrivée ?

Non, grâce à Dieu. Nous avons commencé à suivre le programme de nos vaillants ancêtres en ce qu'il a de pratique aujourd'hui.

Ces hommes généreux étaient d'avis que la prédication était le premier moyen d'ouvrir les yeux au peuple; qu'à la prédication, il était bon de joindre la publication de petits traités de controverse, de réforme des mœurs, d'encouragement à la piété; qu'il importait aussi de faire ce qu'ils appelaient des missions volantes, soit en prêchant dans les villages, soit en suivant les caravanes dans un but apostolique; qu'il fallait enfin s'appliquer de toutes ses forces à l'éducation de la jeunesse.

Nos missionnaires ont commencé à prêcher. Mais ils ont rencontré des obstacles à la diffusion de la parole sainte. D'abord, ils connaissaient mal la langue ; ensuite, exclus des églises arméniennes pour les raisons que nous avons données, ils ont eu quelque peine à attirer les schismatiques dans un sanctuaire, en apparence, ennemi des leurs. Cependant le concours s'est fait petit à petit. Il va s'augmentant chaque jour, et tout porte à croire que la semence évangélique ne tombera pas en mauvaise terre.

Timidement, nous avons lancé quelques tracts. Le malheur est que le grand nombre ne sait pas déchiffrer les caractères arméniens, nous n'atteignons encore qu'un très petit nombre.

Quant aux missions volantes, elles sont moins faciles aujourd'hui qu'autrefois. Il suffisait à nos anciens de gagner les bonnes grâces du curé d'une paroisse. Ils vivaient à sa table moyennant une modeste redevance, et prêchaient dans son église. Aujourd'hui, il faudrait louer une grande maison, y organiser une chapelle : deux choses qui, souvent répétées, entraîneraient des frais considérables. Ce n'est pas que nous renoncions à ce ministère, il est dans nos vœux, et nous aurons l'occasion de raconter plus loin, ce que nous avons essayé en ce genre. Si modestes qu'aient pu être nos débuts, Dieu nous a ménagé des succès partiels qui sont un encouragement pour l'avenir.

Ainsi, entre autres exemples, un jeune homme sur le point de se marier, se vit opposer des obstacles prétendus insurmontables par ses derders (prêtres schismatiques mariés). Il consulta les envoyés du Pape, qui lui démontrèrent que l'empêchement dirimant n'existait pas. Alors, il brisa avec le schisme, se fit instruire et devint catholique. Les Pères lui demandèrent de signaler sa conversion par un acte courageux. L'usage du pays est de se marier la nuit, dans une salle à manger, où l'on fait aussitôt un long repas. Intimidée, la jeune épouse ne doit plus sortir de longtemps, même pour la messe du dimanche. Elle attend quelque grande fête, Noël, Pâques, l'Assomption; se glisse alors dans la foule, et reprend la liberté de ses allures. On dit à ce jeune homme qu'il n'était point permis de rougir d'un sacrement; et on obtint que, brisant avec le préjugé, il se mariât à dix heures du matin, avant la messe. On entoura de pompe la cérémonie ; l'assistance fut nombreuse ; nous espérons que l'exemple sera suivi.

Un charpentier nous racontait ainsi son histoire : « A vingt-deux ans je me fis protestant. Au bout de six ans, j'entrepris le pèlerinage de Jérusalem. Je fus saisi de douleur en me voyant privé d'y faire la communion, et je me refis schismatique.

« — Pourquoi nous abandonner? me dirent les protestants.

« Je leur répondis : — Mon métier de charpentier m'amène à démolir beaucoup de vieilles maisons, et j'avale dans cet exercice, une poussière si insupportable que je quitterais le métier, s'il n'était mon gagne-pain. Depuis que je suis des vôtres, vous n'avez fait que détruire en moi ce qu'il y avait de croyances salutaires ; je suis suffoqué par la poussière de vos démolitions.

« — A Marsivan, je vis les Jésuites. Une lumière nouvelle me frappa. Je me fis catholique. »

Or, non seulement il est catholique, mais apôtre, apôtre parmi ses quinze ouvriers, apôtre parmi les autres maîtres charpentiers. Comme nous lui demandions : « Depuis quand avez-vous fait le voyage de Jérusalem ? » — il releva sa manche. Sur son bras droit, il avait fait tatouer la date, audessous d'une figure de Jésus-Christ ressuscité.

L'Evêque de Trébizonde étant venu passer l'hiver à Marsivan, entreprit des conférences dialoguées dans l'église paroissiale. Il s'associa un Jésuite. Le Père adressait des objections au Prélat, qui les résolvait avec un vrai talent. On vit aussitôt l'église se remplir de schismatiques, et le concours alla s'augmentant chaque dimanche. On eût pu craindre un diminution dans l'assistance lorsque l'ordre des matières amena l'Evêque à traiter de la véritable Eglise et de son Pontife suprême, mais il n'en fut rien : les schismatiques ne cessèrent de disputer les places aux catholiques.

L'heure de Dieu est-elle sonnée pour les Arméniens, comme on paraît le croire en Europe ? C'est le secret de l'avenir... Le mouvement s'accentue ; il est faible ; mais nous le préférons ainsi, car les conversions en masse nous font peur. Elles n'ont généralement pas un motif surnaturel, et, alors, que peuvent-elles valoir ?

Nous ne l'ignorons pas, des lettres d'Orient répètent à l'Occident que la moisson est mûre ; que les Arméniens se précipitent à flots pressés vers le catholicisme ; que notre rôle doit se borner à ouvrir les bras pour les recevoir.

Pourquoi écrit-on ces choses ?... Je n'ose en scruter le motif, peut-être un peu intéressé.

Mais est-ce bien la vérité ?

Ainsi, les *Annales catholiques* ont annoncé plusieurs fois que les villes de Missis et de Tchoq-Marzavan, en Cilicie, acclamaient le catholicisme. Mais on s'est bien gardé de publier le résultat de ce mouvement.

Missis est une ville intéressante, bâtie en amphithéâtre sur la rive droite du fleuve Pyramus, de façon à regarder la mer. C'est l'ancienne Mopsueste, prise par les Arabes, en 950 ; reprise par les Byzantins, en 964, glorieusement conquise par Godefroy de Bouillon, en 1097 ; fortifiée et cédée par ce Prince aux rois arméniens de la Cilicie. Elle est à sept heures d'Adana. Le Curé de la paroisse fut le premier à manifester un désir de conversion. Nos missionnaires étaient à peine arrivés et ne connaissaient guère le pays. Ils coururent a Missis. Après de fréquents voyages et de longs pourparlers, ils jugèrent qu'il y avait quelque chose à faire. Un colonel de l'armée française leur envoya mille francs, en leur faisant entendre que, si le succès couronnait leurs efforts, il ne s'arrêterait pas là de ses générosités. Les Pères louèrent une maison assez spacieuse pour contenir une école et une chapelle provisoire. Ils envoyèrent un maître et une maîtresse à cette école, ils en firent leur centre d'action et revinrent plusieurs fois revoir le prêtre et les laïques qui s'annonçaient comme devant entraîner la population tout entière. Les ardents les pressaient de conclure. Ils préféraient attendre. Un jour, un courrier rapide leur apporta la nouvelle qu'un des néophytes avait été battu par quelques schismatiques obstinés, que des menaces étaient proférées contre d'autres, que tout retard entraînerait des malheurs ; qu'il fallait se hâter de se présenter devant l'autorité turque, de se déclarer catholique et de se ménager ainsi la protection de l'Evêque le plus voisin. Les Pères n'avaient pas qualité pour traiter cette affaire. Ils en référèrent au Vicaire patriarcal. Ce prêtre est vertueux, prudent et digne de toute estime. Il se rendit à Missis, et déclara que l'union était faite.

Bien peu de temps après, un Père allait visiter le nouveau bercail, lorsqu'en entrant dans la ville, il se croise avec un cortège. Des enfants de chœur chantaient. Un prêtre, la tête basse, les épaules courbées, les suiavit. Et derrière ce prêtre, un Evêque schismatique marchait avec les allures d'un exécuteur des hautes œuvres. Le prêtre n'était autre que le nouveau converti. Il allait faire amende honorable pour avoir eu le malheur de devenir catholique. Et pourquoi ce retour à l'erreur ? L'Evêque schismatique lui avait offert soixante francs par mois pour acheter sa conscience, et il l'avait vendue.

Le mouvement catholique de Tchoq-Marzavan n'eut pas meilleur succès. Deux députés et un prêtre vinrent en ambassade à notre résidence d'Adana. Le Vicaire patriarcal, prévenu par nous, partit avec eux. Cinq cents personnes abjurèrent entre ses mains. Il revint plein d'espoir. Pendant ce temps-là, de violents schismatiques s'insurgèrent, firent emprisonner les notables qui avaient été en députation à Adana, coupèrent aux pieds les orangers, les citronniers, les figuiers de quelques autres néophytes. La panique s'empara des cinq cents, et ils coururent chez le Sous-Préfet se faire réintégrer sur les rôles des schismatiques.

Voilà ce qu'on n'écrit pas en Europe.

Sans doute, des avances nous sont faites. Il faut en tenir compte. Mais convient-il de recevoir avec précipitation dans l'Eglise, des gens qui ne connaissent point leur religion?

Ce qui est arrivé aux Arméniens catholiques enx-mêmes, il y a quinze ans, devrait les rendre prudents. Leur petite Eglise paraissait en progrès. Le Patriarche de Bzommar vient à mourir. Constantinople s'agite et veut attirer à lui le Siège patriarcal, jusque-là demeuré sur les cimes du mont Liban. Les têtes se montent. Nombre d'Evêques, de prêtres, de laïques se déclarent schismatiques, se donnent un Patriarche ; et cette Eglise arméno-catholique, fondée au prix de tant de sacrifices, est sur le point de périr.

Une population s'est brouillée avec son Evêque ou son prêtre, elle est mécontente de la répartition des impôts, elle est dans le malaise, elle espère quelque bien d'un changement;

elle s'adresse aux catholiques. Est-ce là une conversion ?

J'entends dire : N'importe ! Profitons de cette avance; ouvrons la porte du bercail, nous la refermerons bien vite sur ceux qui seront entrés, et ils n'oseront plus sortir.

Cette manière de profiter d'un mécontentement, d'une perturbation quelconque pour faire des catholiques, est-elle bien selon la science ?

Elie fuyait au désert, devant la fureur d'Achab, et, découragé, il voulait mourir. Et il appela le Seigneur à son aide, et il entendit une voix mystérieuse qui lui disait : « Tiens-toi debout sur la montagne, et attends. » — Et le prophète comprit que le Seigneur allait paraître. Et un vent violent et impétueux renversant les montagnes et brisant les rochers, passa devant lui comme un ouragan ; et il comprit que le Seigneur n'était point sur les ailes de ce vent. Et, après le vent, un tremblement de terre se fit sentir ; et le Seigneur n'était point dans ce tremblement. Et, après le tremblement, parut un feu ; et le Seigneur n'était point dans ce feu. Et, après le feu, Elie sentit comme un souffle caressant du zéphir en un pour de calme ; et il comprit que le Seigneur approchait. — Non, Dieu n'est pas dans ces agitations tout humaines. Dans un moment d'angoisse, le peuple élève les mains et crie vers lui ; mais le cœur du peuple n'est point changé pour cela. Que le danger cesse, on le verra retourner à ses habitudes funestes. Accueillons, sans doute, les cris de la détresse ; tendons les mains à ceux qui nous implorent ; mais attendons le calme avant de les enrôler sous la bannière du Seigneur Jésus.

Point d'illusion...

Nous sommes, je le sais, dans le pays d'où César écrivit : *Je suis venu; j'ai vu; j'ai vaincu.* — Mais nous n'avons pas la prétention d'être des Césars. D'ailleurs eût-il joui du même succès, si, au lieu de frapper sur les têtes avec le glaive, César eût été chargé par le Sénat romain de triompher des cœurs par la persuasion ?...

XII

Nos écoles.

Le ministère le plus facile pour le missionnaire qui débute, et aussi le plus fructueux, est l'éducation des enfants dans une école primaire.

Il est facile, parce qu'il ne demande pas d'éloquence, et n'exige que la connaissance de quelques mots usuels.

Il est fructueux, parce qu'il permet d'enseigner la doctrine chrétienne à des multitudes d'enfants, sans distinction de schismatiques, de musulmans ou de catholiques.

Il est fructueux, parce qu'autant l'intelligence des chastes vertus est peu accessible à la vieille génération, abrutie par l'ignorance ou les grossières jouissances du Coran, autant elle s'épanouit facilement dans l'âme encore innocente de l'enfant.

Il est fructueux, parce qu'il prépare une phalange de gracieux apôtres qui, au sortir de la classe, vont répéter à leur famille les leçons du missionnaire, et réalisent cette parole prophétique : « Vos louanges seront chantées, ô mon Dieu, par la voix des enfants et les cris de ceux qui sont encore à la mamelle. »

Ouvrir des écoles chrétiennes, c'est faire connaître Dieu, le faire aimer et servir par mille et dix mille enfants, qui l'ignorent aujourd'hui, qui apprendront à le connaître demain, et qui, devenus hommes et pères de famille, le feront à leur tour connaître, aimer et servir par leurs enfants.

Ouvrir des écoles chrétiennes en Arménie, c'est relever par la base une nation dont les caractères sont abaissés par la servitude ; c'est créer un peuple de nouveaux fils d'Haïg ; c'est arracher des générations entières de ce peuple aux ténèbres de l'ignorance, pour leur révéler la plus sublime des lumières ; c'est les arrêter sur la voie du schisme qui mène à l'enfer, pour les conduire aux pieds du bon Pasteur et aux joies ineffables de l'éternité bienheureuse.

Trois cents ans d'expérience en ont convaincu les missionnaires de la Compagnie de Jésus. Aussi l'un d'eux écrivait-il, en 1739 : « Je suis venu en Orient prêcher l'Evangile, et voilà qu'on m'a fait maître d'école. Je comprends cette conduite de mes nouveaux Supérieurs, de ces vétérans de l'armée de Jésus-Christ. L'éducation d'enfants grossiers et ignorants n'est pas, à la vérité, ce qu'il y a de plus brillant dans le ministère ; mais c'est, peut-être, ce qu'il y a de plus important. Ainsi en ont pensé Saint Ignace et Saint François-Xavier, nos pères et nos modèles ; et je ne crains pas de le dire avec les vieillards qui ont usé leur vie dans les labeurs de l'apostolat, si cet exercice n'était pas quelquefois un peu négligé, certaines missions feraient moins de bruit, et rapporteraient plus de fruits. »

Les Jésuites, nos prédécesseurs en Arménie, ont soupiré après les écoles. Ils auraient voulu en couvrir le pays. Plusieurs fois ils en ébauchèrent, et nous avons vu les merveilleux résultats qu'ils en obtinrent à Erzeroum. Mais leur œuvre resta toujours imparfaite : au moment le plus florissant, un vent d'orage soufflait et dispersait le jeune troupeau.

Aujourd'hui les circonstances se prêtent davantage à la réalisation de leurs vœux.

Le contact avec les nations européennes a réveillé la Turquie. Les Pères veulent faire instruire leurs enfants. Ils cherchent des maîtres autour d'eux, ils n'en trouvent pas ; car, ici, riches ou pauvres, jeunes gens ou vieillards sont égaux dans l'ignorance. Le missionnaire se présente. Il ouvre des écoles gratuites. Il promet d'enseigner les éléments de la science profane, à la condition qu'il y joindra la doctrine chrétienne ; et le besoin d'apprendre est si impérieux que le fanatisme accepte cette condition. L'école est même devenue pour nous un passeport, et les villes qui nous eussent volontiers fermé leurs portes, nous les ouvrent toutes grandes à la promesse d'une école.

Ce n'est pas qu'en Asie-Mineure, l'école soit absolument inconnue. Il y a presque partout, auprès des églises et des mosquées, une salle destinée à réunir des enfants, sous prétexte d'instruction ; mais l'enseignement y est nul.

Les petits Mahométans apprennent à épeler le Coran, qu'ils ne comprennent point et qu'heureusement on ne leur explique pas. Pour les chrétiens, leurs maîtres semblent n'attacher aucune importance au développement de leur intelligence et au profit qu'ils pourraient en tirer plus tard. Comme les offices arméniens sont longs et que les prêtres sont bien aises de n'avoir point à les chanter, on groupe un certain nombre de petits clercs destinés à chanter à l'église. On leur apprend juste ce qu'il faut de lecture pour déchiffrer l'office ; un office en langue inconnue à ces pauvres enfants! on les exerce à la psalmodie, mais sans se donner la peine de leur faire connaître les principes de la musique ni même les notes; et c'est pitié de visiter ces prétendues écoles, où de jeunes enfants consument de mortelles heures à lire sans comprendre, à se faire siffler comme aux oiseaux, à répéter comme des perroquets, sans aucun profit pour l'avenir. Et encore, si on appelait tous les enfants à ce triste exercice, l'école serait au moins une salle d'asile contre le vice ; mais on n'y songe point. Lorsqu'on a le nombre de clercs suffisant pour chanter à l'église, on s'en tient là. Une multitude de petits garçons et de petites filles remplissent les rues, mêlés aux chiens légendaires de l'Orient. Personne ne s'occupe de les recueillir, ni de leur enseigner la religion.

Abandonnés à eux-mêmes, ils croissent en âge et en taille, et leur esprit se déforme, et leur cœur se gâte, et ils arrivent à l'âge des passions sans connaître le frein. Comment attendre des chrétiens sérieux, d'une jeune génération qu'on n'a même pas dressée à la façon d'une bête de somme ?

Je le sais bien, on nous parlera de certaines écoles schismatiques ou protestantes, bien bâties et d'une apparence prospère. Hélas! la plupart n'ont que l'extérieur. Les professeurs se succèdent dans les écoles schismatiques, à peu près comme les voyageurs dans un chemin de fer. On les allèche par l'espérance d'une forte rémunération. On ne les paye pas; ils s'en vont, d'autres les remplacent. Ils n'y a pas de suite dans les méthodes, si tant est que les professeurs connaissent les méthodes ; et les écoliers ne profitent pas.

Trois quarts d'heure après avoir quitté la ville de X., Antonio s'aperçoit qu'il a oublié son caoutchouc et retourne le chercher ; nous l'attendons dans la charrette. Vingt jeunes gens étaient assis sur la berge du fossé. Ils s'approchent respectueusement et demandent, avec une naïveté charmante, la permission de nous parler. Nous les interrogeons. Ils sont schismatiques, âgés de vingt à vingt et un ans. Ils avaient un maître qu'ils aimaient. Ce maître leur avait été envoyé par je ne sais quelle société philologique de Constantinople. On lui avait fait un pont d'or. Les deux premiers mois, il avait touché ses appointements, et puis on avait cessé de payer. Il retournait à Constantinople. Ses élèves venaient l'attendre sur la route pour lui dire adieu. — Ah! si nous étions moins âgés, nous disaient-ils, nous irions à votre école. Nous voudrions tant savoir le français ! — Nous causâmes une heure. Je fus enchanté de leurs dispositions. Quand ils virent revenir Antonio, ils se groupèrent en ordre, et entonnèrent un chant en notre honneur.

L'histoire de leur école est celle de beaucoup d'autres. Les protestants ont plus de suite que les schismatiques, et surtout l'argent ne leur manque pas. Mais ils enseignent l'anglais, tandis qu'on a besoin du français. Et puis on ne prend pas leur religion au sérieux. Les Orientaux comprennent que c'est une protestation contre le dogme, ou mieux une négation de toute doctrine fixe. Cette année même, dans la ville de X., où nous étions de passage, un nouveau Gouverneur venait de prendre la direction de la cité. Toutes les autorités se présentaient pour le saluer. Arrivent à la fois le chef des prêtres arméniens, celui des grecs et celui des protestants. Le Gouverneur salue les deux prêtres et, se tournant vers le troisième personnage : — « De quel droit, lui dit-il, vous présentez-vous avec le clergé ? » Je suis l'Evêque des protestants, répond l'Arménien. — « Vous Evêque ! s'écrie le Pacha. Vous êtes un père de famille comme tant d'autres, vous n'avez rien de sacré, et vous n'avez pas le droit de marcher avec le clergé. » — Celui qui parlait ainsi était un mahométan. Que n'aurait pas dit et pensé un chrétien, à plus forte raison ?

Les écoles indigènes sont donc insuffisantes.

Aussi, notre premier souci a-t-il été d'en ouvrir de sérieuses, non pour faire chanter quelques enfants de chœur ; mais pour retirer le plus grand nombre d'enfants de la rue, les arracher à l'oisiveté, leur apprendre leurs devoirs, former leur conscience à la vertu, leur communiquer enfin cette science profane qui les aidera à gagner honorablement leur vie ; à développer leur commerce, à rendre service à leur nation, à exercer une influence salutaire sur leurs compatriotes.

Nos écoles sont encore à l'état d'ébauche. Elles commencent. Cependant chacune a déjà sa physionomie particulière, selon le climat et le pays.

A Sivas, malgré les rigueurs d'un âpre climat ; dans la boue, sous la neige, par un froid de 35 degrés à certains jours, les petits garçons accourent pour la messe, la classe et l'étude. Rien n'est pittoresque comme cette troupe joyeuse, portant la robe orientale, des souliers quand ils en possèdent, et leur petit sac à pain en bandoulière. Excepté pour la messe, où on les en dépouille, ils ont toute la journée l'inévitable sac à pain au côté. En étudiant, en écoutant la leçon, ils en tirent une galette grossière, qu'ils grignotent à belles dents ; de temps à autre, ils vont boire un peu d'eau à la fontaine, et restent ainsi jusqu'au soir, contents et sans regrets.

Les petites filles ont aussi leur école. Pauvres femmes de l'Orient qui ne se croient même pas le droit d'avoir une conscience !... Elles s'imaginent être esclaves à ce point qu'il n'y a pas de péché pour elles, si le maître commande le crime. Quelques familles ne les jugent pas dignes d'avoir une patronne parmi les saintes. Nous en rencontrons une qui s'appelle Paris! Grand honneur pour la capitale de la France, mais de peu d'utilité pour la protégée. Les Pères s'efforcent de la faire nommer Geneviève de Paris; ce qui serait plus chrétien, plus profitable aussi. — Puissent ces pauvres enfants apprendre à connaître la dignité de la femme régénérée par le Christ et à jamais ennoblie par la Vierge Marie!

Après une année seulement, les progrès étaient satisfaisants dans l'école de Sivas. L'intelligence ne manque point dans ces contrées; elle demande seulement à être développée.

Un dimanche matin, nous avons entendu les enfants exécuter la grand'messe de Dumont. Puis, en présence d'une foule nombreuse, ils subirent un examen.

Rien de joli comme ces centaines de petits yeux vifs qui nous regardent en face avec une confiance charmante. L'exercice commence par un dialogue français, où la poésie et le chant se mêlent à la prose. Vient l'examen de turc, et celui d'arménien. Ensuite un duo chanté avec une douceur mélancolique, où deux frères s'animent à mériter le ciel. Le français, la géographie, l'arithmétique ont leur tour. Les parents, dont plusieurs ne savent pas lire, dévorent leurs enfants des yeux et chuchotent des mots d'admiration. Le couronnement fut une conversation animée, mêlée de poésie et de musique. Le soir, il y eut un catéchisme public en turc, suivi de la bénédiction du Saint Sacrement. Les chants étaient ravissants. Or, une année avait suffi pour arriver à ce résultat.

A Amasie, où le catholicisme est si peu représenté, on n'hésita pas à confier aux Jésuites de nombreux enfants schismatiques qui apprennent avec zèle le catéchisme, assistent chaque jour à la messe catholique, et se montrent fiers d'y faire l'office d'enfants de chœur. Ils chantent des cantiques arméniens avec un merveilleux entrain. Comme ils ne payent aucune rétribution scolaire, ils tâchent de reconnaître ce bienfait par les petits présents que leur permet leur pauvreté. L'un apporte deux poires ; l'autre, trois petites pommes ; assez souvent ils offrent un tout modeste flacon d'eau-de-vie du pays, appelé mastic. Quand on ne peut présenter qu'une humble poignée de riz, on le décore du moins d'une bordure de papier d'or. Comme ces dons naïfs indiquent bien la satisfaction et la reconnaissance des familles !

A Marsivan, nos Pères débutèrent par une école d'adultes. C'étaient de jeunes hommes qui, après le travail quotidien, venaient apprendre le français dans la soirée. Le Supérieur de la mission présida un examen. L'élève désigné à la majorité des voix, pour lui faire le compliment d'usage, était un père de famille de trente-cinq ans. Il paraît que son vieux père ne se possédait pas de joie, en apprenant que cet honneur était échu à son fils. Avec une docilité merveilleuse, ces jeunes hommes quittaient leur banc deux à deux, baisaient la main du Supérieur et se tenaient debout pour répondre aux interrogations. Or, sur soixante, dix seulement étaient catholiques.

La seconde année, on ouvrit l'école des petits garçons et celle des petites filles. Le nombre des étudiants fut considérable. L'esprit d'apostolat se répandit sur eux et rayonna dans leur famille. Un matin, on engagea la classe des plus grands à introduire parmi leurs parents l'usage de la prière du soir en commun. Le soir, trente familles y avaient consenti. Quelques enfants avaient été repoussés avec perte, quelques-uns battus. Ils ne se découragèrent pas. Les petits voulurent faire comme les grands, les filles comme les garçons. On leur distribua des images du Sacré Cœur. Ils dressèrent de petits oratoires chez eux ; et, peu à peu, Dieu entra officiellement dans les demeures et fut honoré, chaque jour, à la nuit tombante, par un hommage public.

En 1884, il y eut une première communion de cinquante enfants. Trente étaient schismatiques. Avant de les admettre, on exigea des parents qu'ils donnassent leur consentement écrit, avec la promesse de laisser à leurs enfants pleine liberté de remplir leurs nouveaux devoirs et de ne jamais les conduire à l'église schismatique.

Il paraît difficile qu'après quelques années, la situation morale du pays ne soit profondément modifiée par ces écoles.

Peu à peu, les enfants s'attachent à leurs maîtres, et leur reconnaissance remonte jusqu'à Dieu et à son Vicaire sur la terre. Ils saisissent volontiers l'occasion de manifester cette reconnaissance, lorsqu'elle se présente. Ils la font surtout éclater à l'occasion de la visite annuelle du Supérieur de la mission.

L'un dit, avec le style imagé des Orientaux : — « Comme la fleur qui s'épanouit sous le regard du soleil, notre cœur tressaille d'un vif plaisir à l'arrivée de notre Père dans cette école, vrai jardin du bon Dieu. La présence du Chef jardinier semble donner une nouvelle vie à ces jeunes plantes, qui ne sont point insensibles aux soins qu'on leur prodigue. Aussi, prions-nous Dieu qu'il fasse vos jours aussi longs que ceux de Noé, qu'il rende vos pieds aussi agiles que ceux du cerf, afin que, longtemps et souvent, le retour d'un Père que nous chérissons, ravive notre joie et notre bonheur. »

Un autre se souvient que notre mission a été spécialement fondée par le Souverain Pontife en faveur de sa nation, et il dit : — « Honneur et reconnaissance au Roi des rois, Notre-Seigneur Jésus-Christ, qui nous visite par vous ! Honneur et reconnaissance à son Vicaire sur la terre, notre Très Saint Père le Pape Léon XIII, qui vous envoie auprès de nous ! Honneur et reconnaissance à vous, serviteur du Grand Roi, envoyé du Pontife, vous dont les cheveux ont blanchi au service de l'Eglise !

« Et nous, fils de l'Arménie, vos Benjamins, les enfants de votre vieillesse, que vous offrirons-nous qui mérite vos regards ?... Recevez l'assurance de notre parfaite docilité aux Pères et aux maîtres que vous nous avez donnés, et celle de notre dévouement inviolable au Souverain Chef de l'Eglise, le Pasteur de nos âmes. »

Un troisième jette un regard d'avenir sur les générations d'enfants de Dieu que préparent nos écoles, et il dit : — « Je me représente votre Paternité environnée des écoles qu'elle a fondées en Arménie, ainsi qu'un nouveau Jacob entouré de ses enfants. Comme cette famille l'emporte sur celle du Patriarche, puisqu'elle est toute spirituelle et surnaturelle !... Qu'elle se multiplie cette famille, qu'elle se compte par milliers et millions. C'est votre désir, c'est encore plus le nôtre, à nous Arméniens. Pour nous qui avons l'honneur d'en être les fils aînés, nous jurons de correspondre aux soins des Pères que vous nous avez envoyés, afin de mériter de combattre et de vaincre pour l'honneur de Dieu, de son Eglise, et de notre Patrie. »

D'autres fois, la poésie se substitue à la prose

et toute l'école entonne le chant de l'Arménie à Léon XIII.

Et puis le dialogue en prose se mêle à la poésie :

— « Qui vient à nous ? dit quelqu'un. Serait-ce le Pape ?...

— Non, reprend un second, car il porte une grande barbe blanche, et le Pape n'a pas de barbe.

— Ne serait-ce pas cependant le Pape ?

— Non, car il est vêtu de noir, et le Pape est en blanc.

— Qui donc vient à nous ?

— C'est le Chef envoyé du Pape qui vient nous dire combien le Pape aime l'Arménie... »

Alors, on explique de quelle manière le Pape, pasteur universel des âmes, successeur de Pierre, marque ses prédilections pour les fils d'Haïg, et tous chantent en l'honneur du Chef du collège apostolique :

> O grand Apôtre, ô suprême Pasteur,
> Reçois nos chants, offre à Dieu nos prières,
> A ton bercail puisse ton successeur
> Gagner encor des nations entières.

Puisse le ciel, aidant nos efforts et son vœu,
Y recevoir enfin toute notre Arménie.

Puisse toute la terre, en ce bercail béni,
Sous le seul vrai Pasteur, connaître un seul vrai Dieu.

Or, ce n'est pas une fois par an ou dans de rares circonstances, que nos enfants professent leur dévouement à saint Pierre et à ses successeurs. Tous les jours à la messe, ils renouvellent leur serment de fidélité, sous une forme ou sous une autre, celle-ci, par exemple : « O Jésus, par la vertu de vos sacrifices, accordez aux chrétiens qui refusent de reconnaître en saint Pierre et dans les Papes, les Chefs de votre Eglise, et qui gémissent dans le schisme, la grâce de rentrer dans la véritable Eglise, sous la conduite du vrai Pasteur des âmes. »

Comment l'écho de ces voix d'enfants ne retentirait-il pas au ciel? Comment leur prière ne redescendrait-elle pas en pluie de bénédiction sur l'Arménie ?...

Assurément, nous sommes loin d'avoir réalisé notre idéal. Nous sommes d'abord trop novices et trop peu au fait de la langue ; et puis deux obstacles paralysent nos efforts : l'impéritie des chefs de famille, et la fausse politique des Turcs.

Comme les parents n'ont rien appris, ils ne

se doutent pas des précautions à garder pour que leurs enfants parviennent à savoir quelque chose. L'assiduité surtout leur semble inutile. Qu'un étourdi fasse l'école buissonnière, son père ne s'en émeut pas. Il est le premier souvent à détourner son enfant de la classe. Une fois, il lui donne une commission à faire ; une autre fois l'enfant se plaint d'un malaise. Et puis vient le jour où on va en famille au bain turc. Toujours quelque nouveau prétexte pour s'absenter de l'école. Les Pères ont dû s'armer de patience pour obtenir, sans froissement, une régularité dont les familles ne comprennent pas l'importance.

Mais il y a des dangers plus sérieux. Ils viennent de l'autorité civile.

Une nuit, un télégramme nous arriva à Constantinople, annonçant qu'une de nos écoles serait fermée dans quarante-huit heures. Il fallut tout le zèle de l'Ambassadeur de France pour obtenir de la Porte un contre-ordre ; mais, le contre-ordre donné, que de vexations à subir ! Des ouvriers crépissaient un mur de la salle d'école ; le Pacha les fit mettre en prison, défendant à qui que ce fût de travailler pour les Jésuites.

Ailleurs, l'autorité fit afficher sur les murs des rues, sur les édifices publics et jusque sur l'église de l'Evêque catholique, la fermeture de l'école des Jésuites. Des gendarmes entrèrent dans la maison un dimanche pendant la messe, insultèrent les femmes dans l'église, saisirent par la barbe un Frère coadjuteur qui leur demandait raison de leur brutalité, et emmenèrent trois hommes en prison. Cinq jours durant, des agents de police se tinrent à la porte d'entrée, regardant avec insolence ceux qui entraient et sortaient, prenant leurs noms et les menaçant. Ailleurs encore, nous eûmes d'autres alertes.

Dans une autre ville, le Pacha défendit tout simplement l'ouverture d'une école, et durant deux ans, il fut impossible de réunir les enfants. Quand l'Ambassadeur de France demanda des explications à la Porte, on lui répondit que cette interdiction était motivée par des nécessités d'administration intérieure, et il fallut se taire. Plus tard, une quinzaine de schismatiques et une quinzaine de mahométans adultes, parmi lesquels un Colonel, demandèrent des leçons de français. On établit, pour eux, un cours privé qui se faisait le soir.

Le Pacha l'apprit et fit interrompre le cours.

A quoi attribuer ces tracasseries ? A des préoccupations politiques, et aussi à la situation fausse de la Turquie.

Autrefois, les musulmans laissaient assez facilement les chrétiens organiser chez eux le mode d'éducation de leurs enfants, mais depuis l'invasion des protestants, ils ont peur de voir des agents politiques s'insinuer dans les écoles sous le vêtement du bon pasteur, et le loup se glisser dans la bergerie. J'en trouve la preuve dans cette dépêche adressée à un Valy, le 5 Rébi-ul-akher, 1300 de l'année turque. Il y est dit : « Quand il a fallu demander l'avis de Son Altesse sur l'autorisation à accorder pour la fondation des écoles en Kurdistan dans la province de Naudjanis, siège du Patriarcat *Nastour,* par l'entreprise du sieur Mister Delfwal, sujet de Sa Majesté Britannique, Son Altesse nous a fait savoir par sa réponse, accompagnée d'un rapport du département des réformes du Conseil d'Etat, que de *pareilles gens* ne doivent être légalement tolérées ni dans leurs personnes ni dans leur but, et que l'autorité locale doit rejeter catégoriquement leur demande, parce que la fondation de leurs écoles sous l'influence étrangère, n'a nullement pour objet l'instruction de la jeunesse; que cette instruction est un pur prétexte pour déguiser l'accroissement de l'influence étrangère, et que (si nous ne lui opposions une barrière), il nous deviendrait plus tard impossible d'empêcher cette influence de s'exercer intérieurement et extérieurement d'une manière intolérable. »

Ainsi la Porte voit dans l'établissement des écoles européennes une menace contre sa propre existence. Elle se trompe assurément si elle confond les prêtres catholiques avec les agents de la politique anglaise, et si elle s'imagine que nous oublierons notre fin sublime pour des intérêts mesquins; mais elle n'en est pas moins sur ses gardes avec nous, et sa défiance entrave l'œuvre de l'éducation de la jeunesse.

Un autre embarras nous est créé par la fausse situation du Gouvernement Ottoman. On a tellement répété à cette malheureuse Turquie qu'elle était ignorante et que son ignorance la tuait, qu'elle est partie en guerre, à la conquête de la science, pour se mettre au niveau des puissances civilisées. Mais au lieu d'ouvrir des écoles, elle a créé un Ministère de l'Instruction Publique pour administrer ce qui n'existait pas. Le Ministère installé, on a réglementé, fait des programmes, on a intimé des défenses, on a limité la liberté, et on a entouré l'ouverture d'une école de tant de difficultés, qu'on l'a rendue presque impossible, et que les instituteurs en sont réduits à ne plus demander la liberté, mais à la prendre. De là des chicanes, des menaces, des arrêts de proscription.

Le moindre prétexte suffit à engager la lutte, et l'avenir n'est jamais sûr. Comme l'épée de Damoclès, la menace reste suspendue. A chaque heure, on est en péril. Le matin, on ignore si on ne s'entendra pas dire le soir : *Vous n'êtes pas autorisé; fermez.*

Les choses les plus innocentes sont un sujet de chicane.

Ainsi nous avions résolu d'introduire dans nos écoles, l'enseignement des beaux-arts. Ne sait-on pas, en effet, combien leur culture contribue au développement de la civilisation? Nous commençâmes par la musique, car, ici, l'art de la divine Euterpe est à peu près inconnu, et on s'imagine avoir atteint l'idéal, lorsqu'on a réussi à faire chanter du nez, par une vingtaine d'enfants, quelques prières liturgiques en un vieil arménien que personne ne comprend. Croirait-on que notre prétention d'arriver à quelque chose de mieux, faillit attirer sur nous un violent orage ?

Tant que nous nous bornâmes à des cantiques ou à des motets exécutés à quatre parties, on garda le silence ; mais le jour où nous essayâmes de la musique instrumentale, des clameurs montèrent vers le ciel. D'échos en échos, répercutées d'une montagne à l'autre, elles retentirent jusqu'aux rivages du Bosphore et frappèrent l'oreille des Ministres du Sultan.

Nous avions, cependant, procédé d'une manière bien simple. Les instruments à corde étant trop chers et trop difficiles pour des débutants, nous eûmes recours à la musique de cuivre. La France nous envoya les éléments de trois fanfares. Nos écoliers ravis gonflèrent leurs joues, soufflèrent de tout leur cœur. Ils réussirent. Leurs parents désirèrent jouir de leurs succès ; des amis sollicitèrent la faveur d'accompagner les parents ; on parla au dehors de ce qui se passait dans nos murs ; les désirs s'enflammèrent ; et lorsque les jeunes exécutants purent se faire entendre à l'église, il y eut une affluence considérable. Turcs et schismatiques accouraient, assistaient respectueusement à l'office, écoutaient le sermon pour jouir enfin de la divine harmonie. Tout se passait dans notre enclos. Cependant, l'éclat de nos trompettes blessa quelques vieilles oreilles. On porta plainte au Gouverneur général. Le Valy-Pacha en écrivit officiellement à la Sublime-Porte; et, un soir, un secrétaire d'Ambassade arriva chez le Supérieur de la mission pour demander des explications. Le Marquis de Noailles était saisi d'une réclamation contre les Jésuites, qui troublaient par leur musique les échos endormis de l'Asie Mineure. Le Supérieur répondit que nos trompettes n'étaient ni celles de Jéricho, ni celles du Jugement dernier, qu'elles aspiraient au plus humble des rôles. Ces explications ne parurent pas satisfaisantes. Un mois après, une seconde note comminatoire était adressée à l'Ambassade de France par la Porte. La question se compliquait de celle de je ne sais quelle cloche élevée sur un de nos toits. La plainte parut assez grave pour que le Consul général de Trébizonde crût devoir nous engager au silence. Nous n'eûmes pas le courage de le garder. La cloche retentit, et les trompettes sonnèrent comme auparavant.

Voici comment la bonne Providence voulut bien déjouer l'intrigue :

Le Gouverneur général de la province de Sivas était en tournée d'inspection. La population d'Amasie se portait à sa rencontre. Un Polonais, ingénieur des ponts et chaussées dans cette partie du vilayet, engagea les Jésuites à se joindre au peuple avec leur musique. Ils le firent. Le Valy-Pacha arriva en retard de six heures. Il était pressé d'entrer en ville et de s'y reposer. Il écouta à peine les compliments des Turcs, et donna l'ordre à son cocher d'avancer. L'ingénieur l'avertit que nos jeunes musiciens désiraient jouer une fanfare en son honneur. Le Pacha eut la bonté d'attendre et remercia du geste. C'était un encouragement. Une approbation complète ne se fit pas attendre. Lorsque le Pacha dut entrer à Marsivan, le peuple vint de lui-même prier les Jésuites de se joindre à lui pour aller au-devant de Son Excellence. A une heure de la ville, on se groupa selon l'ordonnance. Ceux qui devaient haranguer en turc, les premiers ; les schismatiques ensuite ; les Jésuites modestement les derniers. En arrivant, le Pacha mit la tête à la portière ; il aperçut la musique. Aussitôt il lui fit signe de jouer. A elle, les premiers honneurs. Et, quand il fallut se mettre en marche, le Pacha voulut que la musique précédât sa voiture. On dut lui faire la confidence que nos musiciens, trop novices, ne savaient encore qu'un seul morceau. « N'importe, dit le Pacha ; quand ils l'auront fini, ils recommenceront. » Les musiciens obéirent ; et, lorsqu'ils se taisaient un peu trop longtemps, le Pacha se mettait à la portière et faisait signe de jouer.

Ainsi se termina l'incident. Mais, on l'a vu, quelques trompettes firent naître une question diplomatique ; Ministres et Ambassadeurs s'en occupèrent à deux reprises différentes, et la fermeture de l'école faillit en résulter.

Pour compléter l'œuvre des écoles, nous aurons à fonder, plus tard, un établissement d'instruction secondaire en faveur des jeunes gens qui se destinent aux carrières libérales.

C'était l'ambition de nos anciens, et Dieu fit même un miracle pour témoigner combien ce projet lui était agréable. Le P. Portier se disposait à aller solliciter, en France, les aumônes nécessaires. Mais, dans les cachots de Trébizonde, il avait contracté un mal de jambe incurable. Les médecins de Constantinople avaient inutilement appliqué le fer, le feu, les caustiques les plus violents. La mort semblait devoir être le terme fatal de cette infirmité. Malgré cela le généreux missionnaire s'était jeté dans un vaisseau à destination de Marseille, incertain d'arriver vivant, mais résolu à poursuivre jusqu'au dernier jour, l'exécution de son dessein. Sur le navire, il fit un vœu à saint François Xavier. Bientôt, une énorme esquille se présenta à fleur de chair, sortit sans peine et ne laissa d'autre trace qu'une ouverture dont la cicatrisation ne se fit pas attendre. Comme il restait une grande faiblesse dans le membre malade, le Père crut pouvoir la conjurer par l'application de quelques remèdes anodins, mais son saint protecteur ne l'entendait pas ainsi. Des douleurs très vives et l'impossibilité de marcher se manifestèrent aussitôt après l'application de ces remèdes. Le Père comprit l'avertissement, arracha les compresses, sentit les douleurs se calmer instantanément, et devint si fort qu'il put faire à pied la moitié du trajet de Marseille à Paris. Il eut le bonheur d'intéresser plusieurs personnes à son projet, recueillit quelque argent, et se remit en route pour l'Arménie. Nous savons quels obstacles empêchèrent la réalisation de ses vœux. Mais nous reconnaissons la sagesse de ses vues d'avenir, et, si Dieu le permet, une fois les premières difficultés d'installation vaincues, nous fonderons dans quelqu'une des villes de l'Asie Mineure, un collège sérieux où de jeunes chrétiens se formeront aux sciences et aux arts, en même temps qu'aux vertus chrétiennes, et deviendront l'honneur et le soutien de leur nation.

XIII

Formation des Maîtres apostoliques de Saint-Grégoire l'Illuminateur.

Si nous voulons multiplier les écoles dans les villes et les villages, il nous faut des instituteurs. Or, le pays n'en fournit pas.

Un des premiers objets de notre sollicitude fut donc de choisir parmi les plus capables de nos élèves et de préparer à devenir maîtres, ceux qui consentaient à se faire les auxiliaires de notre apostolat.

Cette méthode d'évangéliser un pays par les enfants n'est pas nouvelle; elle est traditionnelle parmi nous.

Nous avons dit quel parti les PP. Portier et Le Vert tirèrent autrefois des enfants d'Erzeroum pour ménager la conversion de nombreux schismatiques.

Notre Père Saint François-Xavier avait donné l'exemple. Une clochette à la main, à la tête des enfants, il parcourait les rues pour entraîner le peuple au catéchisme. Au besoin, il se servait de ces petits et de ces humbles pour opérer des miracles. Appelé, durant un catéchisme, auprès d'un moribond, il donna son bâton à un enfant, avec ordre de le placer sur le malade et de guérir celui qu'il n'avait pas le temps d'aider à bien mourir.

Notre mission de la Guyane française dut son développement à la coopération des enfants.

Les Pères Lombard et Ramette avaient été chargés de la fonder. Deux années durant, ils coururent après les diverses nations sauvages éparses sur un immense territoire. Ignorant la multitude de leurs dialectes particuliers, ils cherchèrent à les apprivoiser en leur rendant les services les plus humiliants. Ils prirent soin de leurs enfants, pansèrent leurs malades, partagèrent leurs travaux, prévinrent leurs moindres désirs, leur distribuèrent des miroirs, des couteaux, des hameçons, des grains de verre coloré, en même temps qu'ils apprenaient les langues du pays.

Rien n'y fit. Au bout de deux ans, le P. Ramette succomba et devint incapable de continuer ce dur métier.

Le P. Lombard, resté seul, ne se découragea point. Il résolut d'en appeler à l'enfance. Mais les ressources lui manquaient pour grouper des pensionnaires autour de lui ; il les créa. Il choisit un vaste terrain central, et, à l'aide de deux nègres et de deux sauvages de bonne volonté, il défricha le terrain, y planta du manioc, du blé d'Inde, du maïs, d'autres racines encore, et se fit un petit revenu. Ensuite, il abattit du bois, construisit une humble chapelle et une maison capable de contenir vingt personnes.

Alors il pria les sauvages de diverses tribus de lui confier quelques enfants, se fit maître d'école, et enseigna la doctrine chrétienne avec un soin jaloux. De ces enfants, il fit des apôtres. A mesure qu'ils atteignaient l'âge de dix-sept ans, il les remplaçait par d'autres et recommandait aux partants d'enseigner à leur tribu ce qu'ils avaient appris de lui. Ces catéchistes prêchaient et rendaient compte de leurs travaux mois par mois. A mesure qu'ils opéraient des conversions, ils avertissaient le Père qui allait baptiser, confirmer et communier les néophytes.

Quinze ans se passèrent ainsi.

Rudes années que celles-là ! « Combien de fois, écrivait plus tard le missionnaire, l'inconstance naturelle des sauvages et la difficulté de les fixer dans le bien ne me rebutèrent-elles pas ?... Je craignais de m'être laissé tromper par l'apparence et d'avoir conféré le baptême à des indignes. Une sorte de dépit, qui me semblait raisonnable, me fit presque succomber à la tentation de les abandonner ; mais le Seigneur me fortifia contre ces défiances et ces dégoûts ; il me donna le courage de persévérer, et je l'en bénis aujourd'hui. » — Et certes il y avait de quoi bénir Dieu.

Un jour vint où la récolte des jeunes missionnaires fut si abondante que le Père n'avait plus ni le temps ni la force de se porter dans tous les villages où on l'appelait. Il dut engager les familles chrétiennes qui réclamaient son secours, à se grouper autour de sa maison. Il l'obtint d'elles, et se trouva à la tête d'une forte paroisse.

Mais à cette paroisse, il fallait une église ; et les ressources manquaient. Un architecte de Cayenne offrait de bâtir les quatre murs pour quinze cents francs. Où prendre cette somme ?

L'industrie du Père et la générosité des nouveaux chrétiens levèrent la difficulté. Une pirogue se vendait deux cents francs à Cayenne; les hommes en construisirent cinq. C'était mille francs. Un hamac se vendait cinquante francs; les femmes filèrent de quoi en tisser dix ; et les murs s'élevèrent.

Restait le toit. Il y avait à Cayenne deux esclaves, habiles charpentiers. Vingt sauvages allèrent proposer à leur maître de céder momentanément ces deux ouvriers à leur colonie, s'engageant, par compensation, à rester, tous les vingt, en esclavage à son service, aussi longtemps qu'il le faudrait pour l'achèvement du toit.

Quand l'église fut bâtie, des multitudes de néophytes affluèrent. Le Père dut fonder de nouvelles colonies chrétiennes et appeler des auxiliaires de l'Europe pour les préposer à ces paroisses.

Ainsi, grâce à la participation des enfants, d'apôtre isolé, le missionnaire devint le Père d'un grand peuple, et mourut Supérieur Général d'une mission florissante.

Dans l'île de Santorin, les anciens Jésuites essayèrent du même moyen et réussirent. La

Présidente de Nesmond leur avait envoyé une aumône assez large pour fonder une école normale dans le genre de celle que nous tentons de développer en Arménie. « Cette école fait un bien immense, écrivait l'un d'eux. Non seulement nos jeunes gens apprennent les belles-lettres et les principes de la vie chrétienne, mais ils se forment à l'apostolat. Ils s'exercent à disputer entre eux sur les vérités de la religion. Ils se font mutuellement des objections et des réponses, devant de nombreux auditoires. Ils débitent de petits sermons de morale, mêlés d'histoires de l'Ancien et du Nouveau Testament, très agréables aux Orientaux. Les paroles saintes, dans leur bouche, font plus d'effet que dans les nôtres. Ils s'acquittent si bien de ces exercices qu'on vient en foule les entendre. »

Encouragés par de tels exemples, nous écrivîmes au Souverain Pontife, dès la fin de l'année 1881 :

« Nous nous proposons d'ouvrir, le plus tôt possible, une double école normale, une pour les jeunes gens, et une pour les jeunes filles.

« On y formerait avec soin des instituteurs et des institutrices, dont une partie tiendrait les écoles actuellement entre les mains des missionnaires ; tandis que les autres seraient disséminés dans les villages environnants.

« Ainsi, on rayonnerait dans le pays entier ; ce serait comme un réseau jeté sur la Petite-Arménie.

« Les missionnaires circuleraient de village en village, et distribueraient l'enseignement religieux aux grands et aux petits.

« L'exemple de nos anciens nous excite à entreprendre cette œuvre.

« Elle est si efficace que les protestants recourent à ce moyen de création toute catholique. Ils ont à Marsivan une école supérieure, où ils forment de jeunes ministres, qu'ils marient avec des filles de l'école parallèle, et qu'ils sèment dans les villages. Ils leur assurent une pension jusqu'à ce qu'ils aient groupé un nombre d'adeptes suffisant pour les faire vivre. Hélas ! Et déjà plusieurs n'ont plus besoin de recourir au subside de la métropole.

« Dès que nos ressources le permettront, nous nous mettrons à l'œuvre. »

Le Saint Père, en lisant cette partie de notre mémoire, se leva et daigna aller chercher lui-même la première aumône destinée à l'entretien de l'école. Cette aumône généreuse fut accompagnée de la promesse d'un subside annuel.

Nos jeunes normaliens porteront le nom de Maîtres apostoliques de Saint-Grégoire l'Illuminateur. Ils ne sont point destinés à la vie religieuse. Ils restent libres. Nous les entretenons gratuitement et leur enseignons tout ce qu'ils devront ensuite apprendre à leurs jeunes compatriotes.

Le difficile est de rencontrer des cœurs dévoués. Le dévouement religieux est presque inconnu. On entre au service de la religion comme à celui d'un riche propriétaire, pour se faire une fortune. Combien aspirent au sacerdoce afin de ne pas rester portefaix comme leur père ! Parlez de sacrifice, vous n'êtes pas compris. Un homme se présentait un jour au Supérieur de la mission pour y être reçu à titre de Frère coadjuteur. — Quel motif vous dirige ? lui dîmes-nous. — J'aurais voulu être prêtre, répondit-il ; mon cousin l'est devenu. Il n'en sait pas plus que moi. Il a une maison, un chien, un chat, des pigeons, peu de chose à faire. On lui cède la première place, on lui baise la main. Cela me convenait ; l'Evèque m'a refusé. Je viens à vous. — Nous essayâmes de découvrir s'il avait l'idée des conseils évangéliques. Il ne se doutait même pas que Notre-Seigneur en eût donné. — Etes-vous au moins bon chrétien? ajoutâmes-nous. Nous sortons du temps pascal ; avez-vous fait vos pâques ? — Il s'en était bien gardé, et il prétendait gravement faire vœu de pauvreté, de chasteté et d'obéissance, dans la Compagnie de Jésus ! Nous le congédiâmes doucement. — Alors, s'écria-t-il, je me ferai Capucin ! — Certes, il ne connaissait les Capucins que de vue, et, s'il a osé se présenter, nous savons d'avance quelle réponse lui fut donnée. Evidemment il voulait s'assurer du pain pour le reste de ses jours. — Un ouvrier avait pressé, toute l'année, le Supérieur d'une de nos maisons d'admettre son fils à notre école normale. Au passage du Supérieur Général, il lui demanda de forcer la main au Supérieur local. — Tu n'as donc pas besoin de ton fils? lui répondit le Supérieur. — Non, dit-il ; il est ouvrier chez moi. Tu me donnerais de quoi payer un ouvrier, tu nourriras mon fils, tu l'instruiras, et il deviendra un monsieur. — Le marché pouvait être avantageux à ce brave homme. Ai-je besoin d'ajouter ce qu'il était pour nous? Ah! que les idées de dévouement, de sacrifice, de générosité sont rares dans ces tristes contrées!

Prions Dieu que, des pierres, il suscite des enfants d'Abraham!

Si nous sommes assez heureux pour former de jeunes Maîtres de Saint-Grégoire l'Illuminateur, nous serons en état de répondre aux demandes des villages. Le jeune apôtre ira planter sa tante parmi les schismatiques; il instruira les enfants, éclairera les parents eux-mêmes, préparera la voie au ministre de l'Evangile. Un de nous ira le visiter souvent.

L'école sera comme un noyau; quand ce noyau aura grossi, nous prierons les Evêques d'envoyer en ce lieu un prêtre; la paroisse se constituera, et le règne de Dieu sera établi.

C'est ainsi que, nouveaux Illuminateurs, ces jeunes hommes iront planter le flambeau de la vérité catholique jusqu'aux extrêmes limites de leur pays. Alors les espérances du Souverain Pontife seront réalisées. Alors l'Arménie verra briller cette lumière que Jésus-Christ révéla à la terre pour illuminer tout homme venant en ce monde.

XIV

Les Missions de villages.

A peine avons-nous pris pied sur la terre d'Arménie que, du fond de leurs vallées, du haut de leurs montagnes neigeuses, les villageois poussent des cris vers nous. Ils pétitionnent, ils pressent, ils conjurent.

Leur désir se manifesta dès la première soirée de notre premier voyage en Arménie. Nous avions demandé, à Cavak, un abri pour la nuit. Les habitants se groupèrent autour de nous, s'informèrent du motif de notre entrée dans le pays, et nous demandèrent de nous fixer parmi eux. — Nos prêtres, disaient-ils, nous ont abandonnés parce que nous étions pauvres, nous avons une église, et personne pour la desservir. Restez ; nous nous donnons à vous.

Après quelques mois, une députation de Kurdes se présentait aux Pères de Marsivan en disant : « Accordez-nous une école. Nous ne sommes pas riches, et nous ne pourrions reconnaître vos bienfaits ; cependant nous avons des pêches abondantes : venez ; nous aurons bien soin de vous, et nous vous donnerons beaucoup de poisson. »

D'autres écrivaient à Tokat : « Notre église, notre presbytère, notre maison d'école sont à votre disposition. Venez ; nous vous les remettrons de grand cœur. »

Et ce sont bien des écoles catholiques que l'on demande !

Dans un centre relativement important, trois ministres protestants se présentaient en explorateurs et s'informaient de terrains à acheter pour une école. Les femmes sortirent et assaillirent ces malheureux à coups de bâton. Les hommes et les jeunes gens accourant pour soutenir les femmes : « Laissez-nous, crièrent-elles ; c'est l'œuvre des mères : on veut nous ravir nos enfants. » Et elles assommèrent presque deux des ministres. Le troisième courut chercher une charrette, y déposa les victimes, et vint à bout de les arracher à la fureur populaire. — C'est vous que nous demandons, nous disait plus tard un habitant de ce pays.

Or, ces villageois, ces habitants des petites villes n'ont-ils pas eux aussi des âmes rachetées au prix du sang de Jésus-Christ? Ne sont-ils pas, comme ceux de la cité, la chair et le sang de cette Arménie que le Pape nous ordonne d'arracher à l'erreur?...

Ah! si nous étions plus anciens dans le pays! si nous avions de jeunes Maîtres de Saint-Grégoire l'Illuminateur déjà formés!...

Afin de manifester nos bonnes intentions et de donner un gage d'avenir à ceux qui nous sollicitaient, nous avons, dès la première année, entrepris quelque chose en faveur du village qui avait fait le plus d'instances, celui de Ladik, à moitié chemin de Samsoun à Amasie.

Vingt-cinq familles demandaient à se convertir au catholicisme. Elles s'étaient groupées et donné un chef.

Elles guettaient l'arrivée du Supérieur qui fait la visite annuelle des maisons. Le sachant débarqué à Samsoun, elles mirent une sentinelle sur la route pour lui faire une aimable violence et l'entraîner vers elles. Par je ne sais quel accident, la sentinelle le manqua. Alors le chef lui-même descendit à Marsivan, et déclara qu'il ne partirait pas sans l'emmener.

Il attendit douze jours. Enfin, il triompha. Le Supérieur et lui gravirent ensemble jusqu'à un plateau environné de sommets couvertsde neige. Comme le chef était fier de présenter son hôte au village! Il lui céda la moitié de sa demeure, c'est-à-dire, une chambre, et se réfugia dans la cuisine avec sa famille. Nous louâmes une maison avec un petit jardin qui peut nourrir une chèvre. Nous y plaçâmes un prêtre du pays, que voulut bien nous céder l'Evêque de Trébizonde; et une humble paroisse fut fondée avec une école.

Tout est pauvre et petit dans cet établissement. L'autel de l'église ressemble à ces chapelles que font les enfants dans leur chambre. Autour du prêtre qui chante la grand'messe arménienne, se groupent les enfants de l'école, avec leurs petites figures un peu sauvages, mais des yeux magnifiques. Leurs parents leur ont fait des robes de cérémonie pour le temps de l'office; l'une est verte, l'autre jaune, l'autre chamarrée. C'est d'un aspect bizarre, mais dans le goût du pays. L'ancien maître d'école des schismatiques, devenu catholique, fait les fonctions de maître des cérémonies et conduit le chant.

Après l'office, les enfants entrent dans la classe, où ils passent leur journée.

Un jour que nous les visitions et qu'ils avaient subi devant nous un examen public, les parents nous faisaient part de leur joie; l'un d'eux, jeune encore, nous disait : « Mon petit frère est à l'école; et moi je ne sais pas lire. Le soir, il ouvre son catéchisme, et souvent il me répète : Frère, quand tu vas à la messe schismatique, tu crois que c'est la même chose que la prière catholique; c'est que tu ne connais pas la vérité. Je vais te l'apprendre : et il me lit un chapitre de son livre. Qui sait si je ne le suivrai pas un jour à l'église catholique ? » — Voilà comme les enfants de cette école deviennent apôtres !

Devant notre modeste établissement, l'église dissidente s'est fermée; on a retiré le prêtre de l'erreur, et les schismatiques présentent leurs enfants au prêtre catholique pour les baptiser; leurs mourants lui demandent les derniers secours.

Un des principaux nous assurait que lui et d'autres viendraient à nous s'ils étaient sûrs que nous continuerions l'œuvre. Ils craignent de voir arriver ce qui est trop fréquent en Orient : *commencer et se décourager*. Notre constance les satisfera, nous l'espérons, et ce sera un village de gagné.

Depuis cet essai, nous en avons tenté deux autres.

Non loin de Marsivan, se rencontre le hameau de Yénidjé. Vingt familles schismatiques le composent. Le Curé est un vieillard de quatre-vingts ans, sorcier, qui, depuis trois ans, a dit la messe une fois, absorbé qu'il est par la composition de ses philtres. Avec lui, vivait un diacre, éloquent pour le pays. Actif et plein d'ardeur, le diacre tâchait de suppléer à l'inertie de son chef, ramassait de l'argent et réussissait à construire une jolie église. Dieu parla à son âme. Il écouta son Dieu, et un jour, il descendit à Marsivan pour abjurer l'erreur. Il le fit dans notre église, un jour de fête, devant une population nombreuse. Ensuite, il remonta au village et détermina six familles à abjurer comme lui. Nous résolûmes d'aller, sur son invitation, examiner ce qu'il y avait à faire pour confirmer ces néophytes dans la foi. Nous quittâmes Marsivan sur la charrette classique, par un temps abominable. Deux heures suffiraient au trajet, mais les boues sont si tenaces, la montée si glissante, les chevaux si mauvais que nous n'arrivons pas avant cinq heures de marche. Encore faut-il abandonner la charrette embourbée à trois quarts d'heure du village, et dans la fange, sous la pluie, essayer de faire une entrée triomphale, escortés d'une dizaine de villageois accourus à notre rencontre. On nous accueille dans une hutte, basse et sombre; les hommes nous baisent les mains, et nous entrons en pourparlers. Avant tout, il faut un lieu de réunion pour la prière. On nous indique un rez-de-chaussée, au-dessus duquel s'élève un toit, soutenu en l'air par quelques poteaux. Un des nouveaux catholiques avait eu l'ambition d'augmenter sa demeure d'un premier étage. Les fonds lui ont manqué. Le toit seul est fait. L'air circule dessous, et une rafale menace de l'emporter. Le propriétaire nous offre de nous céder ce premier étage pour cinq ans, à la condition que nous ferons les murs extérieurs et les agencements intérieurs.

Nous pouvons avoir là chapelle, école et petite chambre pour le missionnaire. Le diacre fera l'école. Chaque samedi, un Père viendra de Marsivan, dira la messe du dimanche, administrera les sacrements, fera le catéchisme, instruira le peuple. Il est deux heures de l'après-midi, lorsque nous avons conclu nos arrangements. Les bons villageois comprennent que nous n'avons pas déjeuné. Ils nous offrent des œufs et une tasse de lait de buffle aigri, le grand régal du pays. Nous nous asseyons par terre pour ce repas de patriarche; et puis, battus par un vent qui fait rage, inondés par l'eau du ciel qui tombe à torrent, nous regagnons notre charrette embourbée à trois quarts d'heure de là. Dieu connaît l'avenir. Nous avons planté un jeune arbre. Qui sait s'il ne couvrira pas tout le village de son ombre? Alors notre chapelle provisoire sera inutile; la population entière, devenue catholique, congédiera son prêtre sorcier, et les offices se feront dans l'église que le diacre avait construite pour le triomphe de l'erreur.

La même année, nous entreprîmes quelque chose à Tschoroum, ville relativement importante. Elle est peuplée de Turcs; cependant, les Arméniens schismatiques y sont au nombre de cent familles. La division s'est glissée dans le camp schismatique. Les protestants ont prêché le libre examen. Les prêtres ignorants n'ont su répondre. Une perturbation s'est produite. Six familles ont compris qu'il devait y avoir unité de croyance, comme il y a unité de Dieu. Elles firent dire qu'elles demandaient à devenir catholiques.

Tschoroum est à neuf heures de Marsivan. Notre charrette roule d'abord en plaine sur une belle route, et puis, le chemin se trouve tout à coup barré par une chaîne de montagnes. C'est là cependant que le beau chemin serait le plus utile ; le passage est difficile ; les brigands s'abritent dans les gorges, et le voyageur court quelque danger. Mais un différend s'est élevé entre Tschoroum et Marsivan. Chacune des deux communes prétend céder à l'autre l'honneur coûteux de construire la chaussée, en sorte que nous nous en tirerons comme nous pourrons. Dans un des sites les plus sauvages, un poste de trois soldats turcs nous offrent le café. Nous nous reposons dans leur cahute ; nous avons la bonne fortune d'assister l'un d'eux atteint d'une infirmité temporaire ; et, le soir, au coucher du soleil, nous descendons au khan de Tschoroum.

La foule se rassemble pour voir les étrangers ; et, bientôt, ceux qui ont intérêt à notre venue, nous envoient demander à quel moment nous les recevrons. Nous réclamons le temps de faire cuire un peu de riz ; nous étendons nos matelas le long des murs de notre chambrette, pour suppléer aux sièges absents ; nous collons sur la saillie d'une pierre la petite bougie que nous avons apportée ; les notables arrivent et nous passons la soirée à causer de projets religieux, au milieu d'un nuage de fumée produit par les cigarettes.

Ces braves gens comprennent ce qu'il y a de faux dans la situation des schismastiques. « Nous sommes comme une cognée sans manche, nous dit l'un d'eux. La cognée, c'est la religion chrétienne. Elle est solide, mais la cognée n'agit pas toute seule. Voulez-vous être le manche ? » — Nous acceptons la comparaison ; nous voulons bien être le manche ; mais le manche lui-même a besoin d'un moteur, et notre moteur sera le Pape.

Applaudissement universel.

On acclame le Pape. Reste à délibérer sur les moyens d'exécution. Pour une somme relativement légère, nous louerons une maison où seront la chapelle, l'école et le pied-à-terre du missionnaire. Nous promettons qu'un Père viendra, chaque mois, dire la messe, bénir les mariages, conférer le baptême, examiner les enfants, et surtout instruire le peuple. Quelle ignorance, en effet ! Quelques hommes savent le *Pater*, nul ne sait l'*Ave Maria*. Quant au *Credo*, il n'y faut pas penser, ces pauvres gens ignorent ce qu'ils doivent croire.

A une heure avancée de la nuit, chacun allume sa lanterne ; on se quitte avec l'espoir que, bientôt, vingt familles se joindront au petit groupe, et que la fameuse cognée élaguera les broussailles qui embarrassaient le chemin de la vérité.

Quittons Tschoroum ; enfonçons-nous dans les terres, traversons Amasie, Tokat, et poussons jusqu'à Sivas, d'où nous gagnerons Yusgat en cinq jours. A la première couchée après Sivas, le Khandji veut nous faire une politesse et nous offrir du yohourt, lait aigri, qui fait les délices du pays. Dans quoi nous le présenter ? On cherche dans le village un vase de faïence blanche. Il y en a un seul. Malheureusement, c'est celui que, dans son *Jardin des Racines grecques*, Lancelot appelle *amis*, pot qu'en chambre on demande. — N'importe ! on y verse le nectar. Il faut nous faire violence pour ne pas le casser sur la tête de celui qui nous le présente, joyeux. Nous remercions cependant, en refusant poliment.

Le lendemain, à mi-chemin, dans un village caché au fond d'une gorge profonde, on nous persuade que la montagne est dangereuse à franchir. Les brigands y faisaient, hier encore, des razzias impitoyables. Un montagnard s'assoit sur le devant de notre charrette, le fusil au poing. Effectivement, le lieu est merveilleusement propice au brigandage. Cependant, nul poignard n'étincelle à travers les fourrés. Au bout de deux heures nous offrons un bakchich à notre protecteur, qui s'en va en nous comblant de bénédictions. Les ruines d'un vieux château nous apparaissent vers le soir. Un village repose à leur pied. Nous demandons l'hospitalité. On nous avertit que le Kiaya, ou chef du village, peut seul nous offrir un abri ; mais il est aux champs. Nous stationnons trois quarts d'heure sur la place publique. Le Kiaya apparaît enfin, nous ouvre une chambrette, apporte un peu de bois et une marmite, et nous faisons cuire notre riz. Il en sera de même les jours suivants. On nous regarde avec étonnement. Il passe si peu d'Européens dans ces contrées ! Quelques malades nous demandent un soulagement à leurs maux, entre autres un vieillard à demi paralysé des jambes, dont le fils et la belle-fille sont morts, en lui léguant leurs petits enfants. Le peu que nous faisons pour lui, ranime son espoir. Il pleure, il baise le bord de notre habit, il prie Allah de nous bénir. Les importants font de la diplomatie. A leurs yeux, nous sommes un Ambassadeur russe, en tournée pour se rendre compte du pays. Ici, les Russes sont l'objet de toutes les préoccupations. Lorsque, plus tard, nous nous dirigerons vers Adana, nous ne serons plus un envoyé du Tzar, mais un ministre de Sa Majesté Britannique, parce qu'au midi de l'Asie-Mineure, les Anglais tiennent le haut bout. On se glisse près d'Antonio, on s'efforce d'en obtenir un aveu. Antonio jure que son maître n'est qu'un modeste prêtre ; on le quitte en lui faisant compliment sur la manière dont il joue son jeu. Il n'y a pas à en démordre, nous sommes Ambassadeur, seulement nous devenons russe ou anglais selon les latitudes.

Nous arrivons à Yusgat, la ville aux cent étages, ainsi nommée parce qu'elle est sur le versant de deux montagnes qui se rejoignent à une grande élévation au-dessus de la plaine. Autrefois, le Valy-Pacha, ou Gouverneur général de la province, y faisait sa demeure. Il a transféré son siège à Angora, mais il doit regretter son Konak de Yusgat. La ville est à cheval sur deux précipices. Les vents doivent y être terribles en hiver, et les froids piquants. Aujourd'hui, le soleil est splendide, et l'aspect général plein de gaieté. Deux cents familles schismatiques nous ont fait dire qu'elles voudraient se donner à l'Eglise catholique. Les hommes nous arrivent par bandes de six, huit, dix. Nous avons mis du tabac et des petits papiers à cigarettes par terre, au milieu de la chambre. Les arrivants s'assoient sur leurs talons, roulent des cigarettes ; le Khandji apporte le café oriental à mesure que les bandes se succèdent, et nous causons de la grande entreprise. L'exécution est malheureusement difficile. On nous demande de bâtir une grande église, d'ouvrir de vastes écoles, d'entretenir un prêtre et un instituteur. La dépense est lourde. Nous demandons quel secours prêtera la population, la réponse invariable est celle-ci : « Nous sommes pauvres ; que le gouvernement français fasse les frais. Nous lui donnons des âmes ; qu'il fournisse l'argent. » On ne nous croit guère lorsque nous répondons que le gouvernement français a d'autres soucis. Au fond, ces gens sont bien disposés, mais trop ambitieux. Comment répondre à leurs exigences ?... Sans briser avec eux, nous remettons à plus tard une œuvre dont nous sommes incapables aujourd'hui.

Ces quelques détails suffisent à donner une idée de nos rapports avec les villages. Nous en avons présenté quatre spécimens. On ne nous suivrait pas volontiers, sans doute, dans une plus longue tournée.

Ajoutons un mot cependant.

Est-ce bien un motif sérieux de conversion qui provoque l'appel de ces braves gens ? Non. Presque nulle part nous ne rencontrons, chez les adultes, cet ardent désir du catholicisme dont on se plaît à faire du bruit en Europe. Sous la triste préoccupation de gagner, chaque jour, le morceau de pain qui leur assurera vingt-quatre heures de vie, les hommes s'embarrassent assez peu de s'instruire de la religion. Les femmes, hélas ! ne comptent pas. Savent-elles qu'elles ont une âme ?... — Quand on demande à la plupart de ces malheureux : Pourquoi nous appelez-vous ? — ils donnent rarement une réponse nette. Ils souffrent ; ils sont mécontents de leurs despotes et de leurs prêtres ; ils aspirent à un avenir meilleur ; ils cherchent un appui, une force ; ils nous croient puissants ; ils nous crient : *Ayez pitié de nous.*

Que de fois, lorsque nous parlions d'envoyer un prêtre au village, ne m'a-t-on pas répondu : Choisissez-le bien ! — Et qu'est-ce que vous appelez choisir ? demandais-je. Quelles qualités exigez-vous de ce prêtre ?... Il sera pieux, il vous parlera en arménien, il s'occupera de vos âmes. — Non, non, s'exclamait-on. Cela ne sert de rien. Envoyez-nous un prêtre qui sache bien le turc et soit habile à soutenir nos procès au tribunal. — C'est ainsi que ces malheureux envisagent l'apostolat.

Les députés d'un village étaient venus frapper à la porte de notre maison de Césarée. Une vieille femme les accompagnait. Tandis qu'ils attendaient le Supérieur, un Frère coadjuteur leur dit : « Que voulez-vous ? — Nous

voulons nous faire Jésuites, répond l'un d'eux.
— Tous? reprend le Frère, même cette femme?
— Et certainement, s'écrie la femme ; pourquoi m'en exclure?» — Ils eussent été bien embarrassés si le Frère eût poussé davantage ses investigations. — Se faire instruire de la religion est leur moindre souci. Ils proposent de changer de religion comme un locataire changerait de maison. Le propriétaire le plus accommodant jouira de leurs préférences. En de telles conditions, que peut valoir leur conversion? Combien n'a-t-on pas vu de ces nouveaux locataires retourner à leur ancienne demeure?...

Les offres que nous recevons ne sont guère qu'une amorce. Ce n'est pas assez ; toutefois c'est beaucoup. On pouvait nous repousser ; on nous tend la main. On ouvre la porte à l'apostolat. A nous maintenant de passer par la porte entre-bâillée, et d'apporter le secours de Dieu à ceux qui réclamaient seulement celui des hommes.

XV

Avons-nous à craindre de rencontrer, dans les Arméniens, des hérétiques obstinés?

L'hérésie nous semble être le moindre mal des Arméniens. Sans l'esprit de schisme qui les mine, ils seraient bientôt catholiques.

Que certaines erreurs philosophiques ou théologiques aient vivement passionné les esprits sous le Bas-Empire, alors que les rhéteurs usurpaient la place des docteurs dans le monde romain dégénéré, à la bonne heure. Mais, aujourd'hui, où sont les rhéteurs, où sont les docteurs?... Evèques et prêtres schismatiques sont incapables de soutenir une thèse de philosophie ou de théologie. Ils n'ont jamais lu les Saints Pères grecs ou latins. Comment l'auraient-ils fait? Ils ne savent que le turc ou l'arménien; or, les Saints Pères ne sont pas traduits dans ces langues. L'histoire n'est plus qu'un prétexte pour eux. Ils dissimulent leur entêtement sous le manteau de la philosophie. Ils abritent leur lâcheté derrière une prétendue science. Cela flatte leur amour-propre.

Nous avons sous les yeux un assez long catalogue de leurs erreurs. Nous ne le reproduirons pas, de peur de nous perdre en discussions inutiles. Nous signalerons seulement les trois points fondamentaux sur lesquels ils diffèrent de croyance avec le reste du monde chrétien :

Ils ne reconnaissent pas deux natures en Jésus-Christ.

Ils nient que le Saint-Esprit procède du Fils aussi bien que du Père.

Ils ne croient pas au purgatoire.

Lorsqu'on leur en demande la raison, ils répondent gravement qu'ils tiennent leur doctrine de Saint Grégoire l'Illuminateur et de leurs saints docteurs. Or, ils n'ont jamais étudié la doctrine de l'Illuminateur ni celle de leurs Pères, ou bien ils mentiraient sciemment.

C'est après six générations de Patriarches successivement assis sur le trône patriarcal de

Saint Grégoire, que les Prélats arméniens ont nié l'existence de deux natures en Jésus-Christ.

L'auteur de cette hérésie fut Eutychès, hérésiarque grec du ve siècle. Son propagateur en Arménie, hélas ! et dans tout l'Orient, se nommait Jacques Zangale. Prêtre adroit, séduisant, parlant bien, populaire, se donnant des airs de modestie et d'humilité, mais dévoré d'ambition, il voulait primer, fût-ce au prix de la doctrine et de sa conscience. Il se fit novateur.

Eutychès avait nié qu'il y eût en Notre-Seigneur Jésus-Christ deux natures, la nature divine et la nature humaine, d'où il serait résulté que le Sauveur n'était ni Dieu ni homme, mais un composé monstrueux de divinité et d'humanité grossièrement unies.

Jacques Zangale releva cette doctrine foudroyée par un Concile, et enseigna qu'en Jésus-Christ il n'y avait pas plus deux natures qu'il n'y en a deux en l'homme, composé d'un esprit et d'un corps. En vain lui répondit-on que notre âme ne se fait pas corps, et que, si le Verbe de Dieu s'est fait homme, il n'a pas plus perdu sa nature divine que l'âme ne perd sa nature spirituelle en s'unissant au corps ; le novateur s'obstina.

Un parti assez nombreux se forma autour de lui. Le parti chercha à exalter son chef pour se donner plus d'autorité, et le fit nommer, en 541, à l'évêché d'Edesse. Alors, ses partisans levèrent la tête et formèrent une secte qui prit le nom de Jacobite. Un conciliabule d'Evêques arméniens adopta leur erreur, et, dès ce jour, l'Arménie commença à devenir hérétique.

Or, le Concile de Tovin se tint en 596, et l'époque approximative de la mort de Grégoire l'Illuminateur est 331. Comment donc Grégoire eût-il été Jacobite ?

Mais, après ce désastreux Concile, les docteurs arméniens sont-ils unanimes à nier qu'il y eût deux natures en Jésus-Christ ?

Il s'en faut.

Au VIIIe siècle le Patriarche Jean Otznetzi, surnommé le Philosophe, soutenait, dans un discours parvenu jusqu'à nous, qu'il y avait deux natures en Jésus-Christ. Au XIIe, un autre Patriarche, qu'ils vénèrent comme un saint, Nersès Glaietzy, écrivait : « Dire aussi « deux natures en Jésus-Christ, à cause de la

« réunion des deux en une seule personne, n'est
« pas contraire à la vérité, si toutefois on ne di-
« vise pas en deux l'unité. » Enfin leur saint
Nersès de Lampron écrit plus clairement encore :
« Dire Jésus-Christ Dieu et homme, et le dire
« de deux natures, c'est la même chose. »

L'obstination des Arméniens à soutenir la doctrine Jacobite les rend presque ridicules. Dites-leur : « Que pensez-vous d'Eutychès, condamné par un Concile catholique ? »—Ils vous répondront : « Nous le condamnons également. »
— Insistez et dites : « *Vous croyez donc, avec l'Église catholique, qu'il y a deux natures en Jésus-Christ ?* » — Ils se hâtent de vous répondre : « Nous ne le croyons pas. » — Ainsi, ils condamnent Eutychès et pensent comme lui.

Dites-leur encore : « Honorez-vous le Patriarche Jean Otznetzi, le Patriarche Saint Nersès Glaietzy, et l'Evêque de Lampron, Saint Nersès ? —Ils vous diront que ce sont leurs docteurs respectés. Demandez-leur s'ils adoptent leur doctrine sur les deux natures en Jésus-Christ ; ils avoueront qu'ils la rejettent. »

Quand on n'est pas plus ferme que cela dans une discussion aussi grave, c'est qu'on n'est guère convaincu.

Les Arméniens affirment encore que le Saint-Esprit procède de Dieu le Père, et ne procède pas de Dieu le Fils. Et, à les entendre, cette doctrine leur fut enseignée par leur Illuminateur et les docteurs qui siégèrent après lui.

Malheureusement pour eux, Saint Grégoire écrivait : « Le Père est de soi-même, le Fils est du Père, le Saint-Esprit est d'eux et en eux. » Il l'écrivait si bien que, longtemps, par respect pour leur Illuminateur, les Patriarches mirent cette formule en tête de leurs lettres pastorales.

Un siècle après Saint Grégoire, un de leurs Saints, Elisée, écrivait à son tour : « Le premier
« (le Père) n'est engendré de personne ; le
« second (le Fils) est engendré du premier ; le
« troisième (le Saint-Esprit) émane et procède
« du second et du premier, comme le fruit pro-
« vient de l'arbre et de la racine. »

En 862, le Concile national de Schiragvan prononçait cette sentence : « Si quelqu'un ne
« professe pas qu'il y a dans la Sainte Trinité
« une nature et trois personnes : le Père sans
« cause, et le Fils engendré du Père, et le
« Saint-Esprit procédant de leur essence, en
« égalité complète entre eux, qu'il soit ana-
« thème. »

Cette même doctrine fut confirmée par un autre Concile national en 1251. Ne remontons pas si haut : ouvrons les livres liturgiques dont les Arméniens se servent aujourd'hui même. Ce sont les anciens formulaires de leurs pères. Ils les suivent tels qu'ils les ont reçus. Eh bien ! ces livres disent nettement que le Saint-Esprit procède du Père et du Fils ; et, chaque année, le jour de la Pentecôte, dans toutes les églises arméno-schismatiques, on chante une hymne qui se termine ainsi : « Guérissez-nous, « Seigneur, Seigneur des vertus et vrai Dieu, « source de lumière et de vie, Esprit-Saint pro- « cédant du Père et du Fils. »

Un Arménien sérieux, auquel on démontrait cette contradiction flagrante, crut s'en tirer par ce sophisme : « Notre Eglise ne se contredit pas aussi grossièrement que vous le prétendez. Elle enseigne, il est vrai, que le Saint-Esprit procède du Père, mais elle n'a jamais écrit : il procède du Père et non du Fils. »

Pour défendre une cause par de tels arguments, ne faut-il pas la considérer comme perdue ?...

La troisième erreur des Arméniens porte sur l'état des âmes qui meurent sans avoir mérité l'enfer, mais ne sauraient encore entrer au ciel à cause de souillures relativement légères.

A ces âmes, l'Eglise arménienne refuse le purgatoire. Ce mot n'existe même pas dans la langue nationale.

Si cette erreur valait la peine d'être discutée, nous opposerions à ces prétendus Grégoriens, ce texte de Saint Grégoire : « Quant aux fidèles
« qui, après avoir péché, se sont confessés, ont
« subi la pénitence, et sont morts après avoir
« communié au sacrement salutaire, il faut
« que commémoration se fasse d'eux, par le
« saint sacrifice de Jésus-Christ, par les prières,
« par la charité envers les pauvres, et par
« d'autres œuvres de piété, afin que, avec le
« secours de ceux qui vivent encore, les décé-
« dés se renouvellent à la régénération de la
« vie éternelle. »

A la déclaration formelle de l'Illuminateur nous ajouterions cette parole de Saint Nersès Glaietzy : « Sublime est le ministère du prê-
« tre, lorsqu'il se tient debout, les bras éten-
« dus, devant l'autel, en célébrant la messe.
« Alors le feu s'éteint, les ténèbres se dis-
« sipent, les âmes attristées se réjouissent
« de ce que leurs péchés se remettent. O Dieu

« de miséricorde ! ayez pitié des âmes de nos
« trépassés. »

Mais à quoi bon discuter ?...

Les Arméniens disent et font dire des messes pour les morts. Pourquoi ces prières, pourquoi ces messes, si le sort des trépassés est à jamais fixé, s'ils ne sont pas en purgatoire ?...

Ces courtes explications suffisent à démontrer que l'hérésie des Arméniens ne repose sur aucune conviction sérieuse.

L'ignorance et l'indifférence religieuses sont trop profondes pour supposer une conviction faite.

A cette masse qui ignore son catéchisme, demandez s'il y a ou non deux natures en Jésus-Christ ; si le Saint-Esprit procède du Père à l'exclusion du Fils ; elle vous répondra que cela lui est bien égal, qu'elle n'y a jamais réfléchi...

Ce peuple n'est point formellement hérétique. Il l'est matériellement, parce qu'il navigue sur la barque de pilotes hérétiques ; il a de l'animosité contre les catholiques, parce que ses prêtres l'excitent à la haine ; mais, en réalité, il n'est ni hérétique, ni schismatique. Il est ignorant, et prêt à croire tout ce que Dieu lui ordonne de croire.

Nous nous souvenons d'un soldat russe blessé sous les murs de Sébastopol, qui nous avait été apporté mourant avec les blessés français. Il nous demandait l'absolution avant de paraître devant Dieu. « Nous ne pouvons « vous l'accorder, lui dîmes-nous, parce que « vous êtes hérétique. — Hérétique ! Qu'est-« ce que c'est que cela ? » reprit le mourant. — Nous n'avions pas le temps de discuter ; nous nous devions à une multitude d'autres agonisants ; nous lui demandâmes s'il croyait ce que Dieu lui ordonnait de croire. — Assurément ! s'écria-t-il avec une foi profonde. — Evidemment cet homme était hérétique et schismatique sans le savoir. Au fond, il était catholique. Nous lui donnâmes l'absolution.

Nous croyons que nos Arméniens, pris en masse, ne sont pas plus hérétiques ni schismatiques que ce pauvre enfant de la Russie. Devant Dieu, par conséquent, la bonne foi les justifie.

Seuls, leurs chefs sont responsables et coupables. Ceux-là, sans être savants, entrevoient la vérité. L'orgueil ou l'intérêt sordide les détournent de l'examiner. Ils la repoussent comme on éloigne un objet gênant.

Avec eux, hélas ! il n'y a pas à discuter. Il faudrait changer leur cœur. Cette parole de l'Ecriture les vise directement : « Ils n'ont pas « voulu comprendre, de peur d'avoir à bien « faire. »

XVI

L'esprit de schisme est le grand mal des Arméniens.

Si la doctrine catholique sur les mystères ne répugne point à l'Arménien du XIXe siècle, il n'en va pas ainsi de la croyance à la primauté de Saint Pierre. Le Pape l'épouvante.

Récemment encore, il nous en a donné la preuve.

Pie IX avait envoyé Mgr Ferrieri en ambassade à Constantinople. Travaillés par un secret besoin de rapprochement, les chefs de la nation se présentèrent au Nonce, firent devant lui une profession de foi parfaitement acceptable, et manifestèrent le regret de ne point être considérés par les catholiques comme des brebis du bercail de Jésus-Christ.

Le Nonce leur tendit la main en signe d'union fraternelle ; mais, lorsqu'il laissa entendre qu'un même bercail ne saurait avoir qu'un pasteur, ils se troublèrent, et la négociation fut interrompue. Cette répulsion contre l'autorité pontificale provient surtout de trois causes : une rivalité jalouse de l'Orient contre l'Occident, la haine d'une supériorité quelconque, et un préjugé national.

Comme l'Orient nous communique la lumière de son soleil, ainsi nous a-t-il envoyé la vérité chrétienne, cette lumière des âmes plus resplendissante que les feux de l'astre du jour ; et c'est de lui que nous reçûmes les messagers de la Bonne Nouvelle. Il en est fier, et il a raison. Mais Pierre a fait de Rome le centre de la catholicité. L'Orient s'en indigne. Au lieu d'accepter un partage fraternel et de dire : A nous l'honneur insigne d'avoir reçu le Dieu descendu du ciel et de l'avoir fait connaître au monde ; à l'Occident de veiller à l'intégrité de la doctrine ; il s'irrite de ne pas concentrer les deux privilèges en ses mains. De là, une horreur profonde pour le Pape. Elle s'exhale aujourd'hui, comme dans les siècles passés, et constamment les publicistes la traduisent par

des aménités semblables à celle-ci (mai 1885) :
« Impossible à nous de vivre en paix avec Rome ; son chef n'est-il pas l'héritier des Néron, des Caligula, des Héliogabale de l'ancienne Rome, qui s'appelaient Dieux, Fils de Dieu, Sauveurs ? »

A ce dépit des Orientaux contre le Pape, vient s'adjoindre, chez les Arméniens, une sorte d'impatience native de toute espèce de joug.

De cet esprit d'indépendance procédèrent tous leurs malheurs dans l'ordre temporel.

« Périsse la patrie, criaient-ils à leur roi, plutôt que de nous soumettre à votre autorité. Ne sommes-nous pas vos égaux ? » — Et ils tuaient le roi, ou le livraient aux souverains de la Perse ou de Byzance. — « Périsse l'armée, criaient-ils encore lorsqu'un chef vaillant marchait à la victoire. Nous ne souffrirons pas que l'un des nôtres acquière une gloire qui l'élèverait au-dessus de nous. » Et ils livraient ses plans à l'ennemi, ou bien ils désertaient, ou même, en pleine bataille, ils se tournaient contre leurs frères.

Aujourd'hui que les Arméniens n'ont plus ni rois ni princes, ils concentrent sur le Pape leur haine de l'autorité, et cela constitue un sérieux obstacle à tout projet d'union avec l'Eglise.

Un préjugé bizarre vient encore renforcer l'obstacle. Les Arméniens font de leur schisme une question de vie et de mort. Ils s'imaginent qu'ils perdraient leur nationalité en devenant catholiques. Pour comprendre la force de ce préjugé, il faut se rendre compte de l'analogie qui existe entre les Arméniens et les Juifs.

L'Arménien a du sang juif dans les veines. Des migrations nombreuses peuplèrent autrefois son pays d'enfants d'Israël, et des alliances croisèrent les races. N'avons-nous pas vu les Pagratides, juifs d'origine, primer la noblesse arménienne et parvenir au trône ?...

Comme le Juif remonte à Abraham et survit à toutes les nations, l'Arménien se glorifie d'être fils d'Haïg, d'avoir vu périr les plus grands peuples et de subsister quand même. Il est Arménien et veut rester Arménien ; il est Arménien et brave la destinée.

Comme le Juif, l'Arménien est sans patrie ; comme lui, il va chercher fortune aux extrémités du monde ; et, comme lui, il traverse les nations sans se confondre avec elles. Or, de même que le Juif ne serait plus s'il ne se rattachait à la loi mosaïque, ainsi l'Arménien fait de son schisme une question vitale. A ceux des siens qui parlent de devenir catholiques, il dit : « Prenez garde ! Vous cesserez d'être Arméniens. » Et, de fait, il ne considère plus le catholique comme Arménien. Voici deux hommes : même type, même langage. Il vous semble qu'ils sont de même race. Demanderez-vous à quelle nation ils appartiennent ? Du schismatique, on vous dira : c'est un Arménien ; de son frère, on répondra : c'est seulement un catholique.

Cette manière de s'exprimer ne date pas d'aujourd'hui. Elle était en usage du temps des anciens Jésuites. Lorsqu'un Arménien se convertissait, on le traînait devant le Pacha, et on l'accusait d'avoir cessé d'être Arménien pour devenir Franc. Qui a pu mettre dans les têtes une idée aussi absurde ? Est-ce que les catholiques anglais ou prussiens perdent leur nationalité pour n'être pas protestants ?... N'importe. Le préjugé existe, et crée à l'union une difficulté formidable. On ne saurait parler de retour au catholicisme sans se heurter contre une question de nationalité. En présence de ces obstacles, comment persuader aux Arméniens de rentrer au sein de l'Eglise ?

Deux arguments, peut-être, auraient quelque valeur à leurs yeux : le peu d'estime dont jouit le schisme, et le danger de perdre leur nationalité.

Si entêtés qu'ils soient de leur schisme, ils en comprennent le ridicule, et ne craignent rien tant que de passer pour ce qu'ils sont. Voulez-vous blesser un homme honorable ? Dites-lui qu'il est schismatique. Il vous soutiendra qu'il ne l'est pas et que vous l'injuriez. Il rougit de ce qu'il est, et il a raison. Que veut dire schismatique, en effet, sinon séparé du reste des chrétiens ? Or, qu'est-ce que celui qui se sépare de ses semblables ? Un égoïste, un orgueilleux, un querelleur, incapable de penser et de vivre comme tout le monde, réduit à s'isoler de tout le monde. Or, c'est chose honteuse et inavouable.

Pour se soustraire à cette flétrissure, les Arméniens ont essayé de se donner un nom qui leur évite la qualification de schismatiques. Ils se font appeler Grégoriens, c'est-à-dire, disciples de Saint Grégoire l'Illuminateur.

Mais cette appellation n'est pas justifiée d'abord, et puis, elle n'atteint pas le but ; elle constate la séparation, le schisme, au lieu d'en éloigner l'idée.

D'abord, les schismatiques ne sont pas disciples de Saint Grégoire, puisque l'Illuminateur était catholique ; puisqu'il fut baptisé et consacré par l'Evêque catholique de Césarée ; puisqu'il envoyait son fils, l'évêque Aristarkès, au Concile de Nicée, présidé par les envoyés du Pape ; puisqu'il est compté au nombre des Saints de l'Eglise catholique, et que jamais l'Eglise n'eût canonisé un révolté. Et puis, qu'est-ce que s'appeler Grégoriens ? Ce nom indique une origine humaine et non divine, une séparation d'avec le reste des chrétiens, un schisme. Ils s'appellent Grégoriens, comme d'autres sont Luthériens, Calvinistes, Mormons. Qui donc en agit de la sorte, à part les hérétiques et les schismatiques ?...

De ce que Saint Grégoire a converti les Arméniens au Christianisme, en résulte-t-il que les convertis doivent s'appeler Grégoriens ? Est-ce que les Allemands convertis par Saint Boniface s'appelèrent Bonifaciens ? Les Anglais imaginèrent-ils de s'appeler Augustiniens, du nom d'Augustin leur apôtre? La manière de faire des Arméniens fut condamnée par Saint Paul, dès l'origine de l'Eglise. Parmi les Corinthiens, les uns se disaient disciples de Paul, les autres d'Apollon; l'Apôtre le leur défend. « Cessez, leur écrit-il, d'agir de la sorte. Vous êtes disciples de Jésus-Christ, sans distinction aucune. »

Le nom de Grégoriens sauvera d'autant moins les Arméniens de la note de schismatiques, qu'ils sont plus schismatiques que personne. Avec qui donc sont-ils d'accord? Avec l'Eglise Grecque? Non. Avec les Eglises Syrienne, Chaldéenne, Cophte et autres de l'Orient? Non. Avec l'Eglise Russe? Non. Avec le protestantisme? Non. Avec l'Eglise Romaine et catholique? Encore moins. Ils sont donc schismatiques au premier chef, ou les mots n'ont plus de sens; schismatiques vis-à-vis des Grecs, schismatiques vis-à-vis des Russes, schismatiques vis-à-vis des Protestants, encore plus schismatiques vis-à-vis de l'Eglise universelle ou catholique, schismatiques à l'exclusion de tout ce qui n'est point Arménien, séparés du monde entier.

Pour mieux trancher la séparation, n'ont-ils pas inventé l'ère arménienne ? Ils ne comptent pas les années comme le reste de l'univers, ils ont leur comput, et ils y tiennent.

Que les Grecs aient refusé autrefois d'accepter le calendrier Grégorien, soit ; ils avaient une excuse. Ils pouvaient répondre à qui les blâmait : « Nous nous en tenons à la tradition des vieux siècles. » Sans doute, cette excuse est vaine aujourd'hui. Lorsque tous les savants du monde tombent d'accord pour préconiser l'introduction du calendrier du pape Grégoire, une petite nation de quatre millions d'hommes a mauvaise grâce à s'inscrire en faux ; et elle ne persiste évidemment que pour une raison d'amour-propre mal engagée. Mais, à tout prendre, au début, les Grecs eurent une excuse acceptable ; tandis que les Arméniens n'ont d'autre motif que le désir de faire schisme avec tout le monde. Encore une fois, ils sont plus schismatiques que personne.

Or, ils ont trop d'esprit pour ne pas comprendre le ridicule de leur situation, et ils cherchent le moyen d'en sortir.

Le problème est délicat. Il s'agit de rester schismatiques sans en avoir l'air ; de faire semblant d'être comme tout le monde et de continuer à s'isoler de tout le monde. Ce qui fait douter d'une solution satisfaisante, c'est que les Arméniens la cherchent depuis huit cents ans, sans l'avoir encore trouvée.

Je n'exagère point en parlant de huit cents ans de recherches. Le problème se posa devant les fils d'Haïg à l'époque où les Francs traversèrent leur pays pour marcher à la conquête du Saint-Sépulcre.

La race des Pagratides s'éteignait ; les débris de la nation se réfugiaient en Cilicie ; la dynastie de Roupène cherchait à en réunir les éléments épars. Les Arméniens virent, avec étonnement, passer au milieu d'eux, cette race franque, jeune, pleine de sève, faisant contraste avec la décrépitude de l'Orient. Ils se comparèrent ; ils comprirent qu'ils s'étaient perdus en suivant de faux errements ; et, délaissant les vieilles traditions de la Perse, ils introduisirent à la cour et dans l'administration du royaume, les usages des Francs. Ils créèrent des ducs, des marquis, des comtes, des barons. Ils eurent des connétables, des sénéchaux, des chambellans. Ils établirent des cours de justice semblables aux nôtres ; attirèrent les chevaliers du Temple et de Saint-Jean de Jérusalem ; fondèrent des monastères pour les religieux latins; s'attribuèrent même nos armoiries royales, car les médailles du roi Léon II le représentent « la couronne sur la tête, revêtu de ses ornements royaux, sur un trône dont les côtés sont terminés par des lions. Il tient de la main droite un globe crucigère, et de la gauche une fleur de lys. »

Les Rois allèrent plus loin encore. Ils reconnurent officiellement qu'ils devaient aux Croisés l'honneur de porter un sceptre, et quelquefois les actes du Roi commencent ainsi : *Leo, Dei gratia, rex Armeniorum, promotus divina clementia ad regalem dignitatem et sublimatus regali corona per manus imperii romani.*

Héthoum Ier fit plus. Il se déclara vassal de Saint Louis. Nous en trouvons la preuve dans le chapitre de Guillaume de Nangis, intitulé : *Des messages que ly roi d'Erménie envoya au roy Louis en Cipre.* Il y est dit : « En cel temps meismes que ly roys demouroit en Cipre, ly roi d'Erménie qui sot sa venue, li envoia messager sollempnez, un évêque hermin et aultres de ses prinses, qui aportèrent dons précieux et lettres èsquelles il étoit contenu que il offroit tout son royaume au roy Louys à faire sa volonté. »

Or, contre cette tendance des Arméniens de la Cilicie à s'assimiler avec les Francs, il y avait un parti opiniâtre, celui de la Grande-Arménie, qui se déclarait rebelle à cette innovation et repoussait toute dérogation aux anciens usages.

Il nous reste un monument curieux de cet antagonisme entre ce que nous appellerions volontiers les jeunes et les vieux Arméniens.

Le grand Nersès de Lampron, archevêque de Tarse, a cru devoir emprunter divers usages à l'Occident. Il est vivement attaqué par ses adversaires de la Grande-Arménie auprès du roi Léon ; et le roi l'avertit de ces attaques. Le Prélat répond par un argument direct. « O Roi, écrit-il, avant de nous recommander de ne point quitter les traditions de nos pères, suivez vous-même celles de vos aïeux. N'allez pas la tête découverte, comme les princes et les rois latins, lesquels, disent certains Arméniens, ont la tournure d'épileptiques : mais couvrez-vous du *scharph'ousch*, à l'imitation de vos ancêtres. Laissez-vous croître les cheveux et la barbe comme eux. Revêtez, en guise de manteau, un *toura* large et velu, et non le *ph'ilon*, ni une tunique serrée autour du corps. Montez des chevaux sellés avec le *djous chan*, et non des chevaux sans selle et garnis du *léhli* franc. Employez comme titres d'honneur les noms d'émir, de hadjeb, marzban, shaçalar et autres semblables ; et ne vous servez pas de ceux de sire, proximos, connétable, maréchal, chevalier, comme c'est l'usage des Latins. Remplacez les costumes et les dénominations empruntés à ces derniers, par les costumes et les dénominations des Perses, en revenant à ce que pratiquaient vos pères. Rétablissez à votre cour l'étiquette des anciens âges, et alors nous donnerons notre assentiment aux gens de Tzoro'ked, et nous changerons nos usages ; nous célébrerons la messe avec le capuchon arménien et le *végh'ar* (*velarium*) de deux coudées de long. Nous mettrons de côté et nous renfermerons les vêtements de soie, et nous nous présenterons devant Dieu avec une pelisse grossière et l'habit monacal. Nous porterons un cilice en disant la messe, comme ces gens-là le voudraient, et non la tunique, ainsi que Dieu le prescrivait à Aaron et à ses fils, en disant à celui-ci de faire des tuniques descendant jusqu'aux talons, ornement qu'eux méprisent. Nous mangerons publiquement de la viande, et nous nous ferons compagnons de bouteille avec les Turks, comme ils le pratiquent eux-mêmes et leur ami Basile d'Ani. Nous boirons dans des coupes ornées de sonnettes, et nous nous plairons à banqueter avec des camarades, comme le fait ce dernier. »

Ainsi débuta cette lutte entre le désir de marcher avec le reste du monde et celui de continuer à faire schisme.

La politique des Arméniens de la Cilicie n'était pas sans habileté. S'ils eussent achevé de s'identifier avec l'Occident par une profession de foi catholique, peut-être le royaume des Roupéniens subsisterait-il encore ; mais le parti rétrograde les arrêta. Le schisme fut maintenu ; et le trône s'écroula, et l'Arménie cessa d'exister.

Lorsque vint le moment suprême, les Papes, qui n'ont jamais désespéré de l'Arménie, multiplièrent vainement leurs efforts pour la sauver. Ils écrivirent aux princes chrétiens, demandèrent une démonstration armée ; mais on leur répondit : *Tirerons-nous l'épée en faveur d'une nation schismatique ?*

Cette dure leçon du passé devrait d'autant plus profiter aux Arméniens modernes, que les menaces de l'heure présente les avertissent de la nécessité de prendre un parti décisif.

Leur situation est plus critique qu'elle ne le fut jamais. Tandis que les Grecs, les Roumains, les Serbes, les Bulgares, les Monténégrins ont reconquis leur autonomie, eux n'ont pas réussi à faire un pas en avant.

Ils ont imploré l'Europe. Les plénipotentiaires du Congrès de Berlin leur ont répondu : « Nous ne savons que faire pour vous. Vous êtes sans cohésion à l'intérieur, sans alliances au dehors. Vous ne vous rattachez à rien ni à personne. On ne refait pas un peuple avec de pareils éléments. » Et, finalement, ils n'ont rien obtenu.

Leur pays n'est plus à eux depuis longtemps. Une partie appartient aux Russes, l'autre au Sultan. Il leur restait leur Eglise schismatique et leur nationalité. Toutes les deux sont au moment de périr :

Leur Eglise d'abord est plus que menacée. Les schismatiques subissent la peine du talion. Pour éviter la soumission au Pape, ils s'étaient donné un Patriarche indépendant ; et voilà que l'Aigle moscovite, franchissant les cimes neigeuses du Caucase, a fondu sur Eczmiadzin et tient le Patriarche dans ses fortes serres. Ils rejetaient les décisions doctrinales de Rome, et le Cosaque, le sabre au côté, siège dans le Conseil ecclésiastique pour imposer les volontés du Tzar. En l'année 1885, leur dernière chance d'indépendance a disparu. Le Patriarche d'Eczmiadzin était mort. L'usage voulait que son successeur fût choisi parmi le clergé arménien de Turquie, puisque les Arméniens de l'empire Ottoman forment la grande majorité de la nation. Cet usage s'imposait plus impérieux que jamais depuis que le gouvernement Russe avait promulgué une sorte de statut organique, appelé *Balogénia,* qui enlevait certains privilèges au Catholicos d'Eczmiadzin et indiquait son intention bien arrêtée d'être le maître. Le Synode désigna deux candidats, Melchisédec, Métropolitain de Smyrne, et Maghar, Archevêque arménien de Russie. Les préférences de la nation étaient pour Melchisédec. Le Tzar imposa Maghar, qui était son sujet, sa chose.

Lorsqu'il s'agit de faire reconnaître à Constantinople l'élu du Tzar, une Assemblée nationale fut indiquée, pour le vendredi 11 novembre, dans l'église de Saint-Grégoire de Galata. Une foule compacte, composée de notabilités, de commerçants et d'ouvriers, se pressait autour de l'autel. Plusieurs orateurs firent entendre des paroles indignées et protestèrent contre la confiscation de leur Eglise. L'Assemblée se leva en masse à la suite de ces discours. Elle dit : « Nous ne voulons plus du trône patriarcal d'Eczmiadzin. Nous ne serons jamais les esclaves de la Russie. » — En même temps, elle criait : « Vive notre magnanime Sultan Abdul-Hamid ! » Il fallut requérir la force armée pour mettre fin à ces démonstrations violentes, et le Conseil remit au vendredi suivant la conclusion de cette affaire épineuse. La seconde séance commença à neuf heures du matin, pour ne finir qu'à trois heures du soir. Le peuple fut exclu. On le maintint en dehors des portes ; et le Ministre de l'Intérieur fit garder les abords de l'église par une escouade de gendarmes et d'agents de police. L'Assemblée nationale délibéra. De nouvelles protestations s'élevèrent contre l'élu de la Russie, Maghar ; mais que faire ? Se séparer d'Eczmiadzin, nommer un second Patriarche qui résiderait en Turquie ? C'était augmenter la division dans la nation, et partant la faiblesse. Le Président de l'Assemblée déclara qu'il ne voyait aucun moyen d'aller contre le fait accompli, qu'entre deux maux il fallait choisir le moindre, et qu'il allait recueillir les votes au scrutin secret. Quarante et un votants, contre treize, se résignèrent à passer sous les Fourches Caudines ; le candidat russe fut proclamé, ou, pour mieux dire, on accepta le Tzar comme chef réel de l'Eglise arménienne. Le peuple ne prit pas le change. Lorsque les notables sortirent de l'église, il cria : *A bas les traîtres !* vociféra les injures les plus violentes, et appela la malédiction céleste sur les chefs qui sacrifiaient leur nation. Sans la police, on ne sait à quels excès se fût portée la foule exaspérée. On arrêta les meneurs, et l'ordre se rétablit.

C'en est donc fait de l'indépendance de l'Eglise schismatique arménienne. Le Synode et les notables ont courbé leur tête sous le joug. Armé de l'aiguillon, le Tzar leur dit : *Marche !* et ils marchent.

A cet envahissement de leur Eglise, qu'opposeront les Arméniens ? La force ? Ils ne l'ont pas. Le secours du monde chrétien ? Qu'ils n'essayent même pas de le réclamer. Qu'importe au monde chrétien que le schisme arménien soit absorbé par le schisme moscovite ? Le monde chrétien laissera faire, et l'Eglise arménienne sera écrasée...

Or, l'Eglise détruite, qu'adviendra-t-il de la nationalité ? Le schisme était son rempart, disait-on. Eh bien ! le rempart ne vaut plus rien : de larges brèches y sont ouvertes, et l'ennemi a des intelligences dans la place. Des agents astucieux circulent dans les campagnes. Ils montrent la soumission aux Russes comme un moyen de sauvegarder la foi chrétienne. Ils proposent de substituer la Croix russe au Croissant musulman. Le peuple ignorant voit briller la Croix, et il la salue. Il ne devine pas qu'une fois dans les serres de l'Aigle, sa patrie sera réduite à l'impuissance, déchirée, morcelée. Il donne la main au traître ; il l'aide à s'introduire. Il ne s'apercevra du piège que le jour où il verra l'Arménie gisante au pied de l'Ararat, le poignard dans le cœur. Or, ce jour-là, le mal sera sans remède. Ce qui reste de la nation arménienne aura disparu pour toujours dans ce vaste absorbant qu'on appelle l'Empire des Tzars.

C'est ainsi que les Arméniens schismatiques courent aujourd'hui le plus grand danger qui les ait jamais menacés.

C'est ainsi que la voix du temps leur crie, tout comme ferait celle de l'éternité : que leur schisme est un mal dont ils mourront.

C'est ainsi que leur intérêt temporel est d'accord avec celui de leurs âmes pour les pousser hors du schisme.

C'est ainsi que l'union avec Rome apparaît comme le moyen de sauver leur existence nationale, qui va périr enfin, après avoir échappé à tant de naufrages, survécu à tant de désastres.

C'est ainsi que le présent comme le passé, les avertit de se lever en masse pour acclamer l'Eglise catholique.

Mais le feront-ils ?...

Ils ne savent pas envisager la question avec un esprit large et un cœur élevé. Ils se perdent en considérations mesquines. Ils discutent cet intérêt de premier ordre comme une affaire de commerce. Ils veulent faire du surnaturel avec du naturel. Leurs passions s'érigent en oracle, lorsque la foi seule devrait parler.

A la proposition de s'unir à Rome, leur orgueil frémit et crie : *jamais!*

« On nous parle d'union, s'écrie un de leurs publicistes ; eh ! à qui donc est-ce à la faire ? Ce n'est point à nous à aller à Rome, c'est au papisme à se soumettre. Si les catholiques désirent l'union, qu'ils crachent sur l'infaillibilité du Pape et sa primauté absolutiste ; qu'ils rejettent l'orgueil et la jactance de l'Eglise Romaine ; qu'ils admettent l'égalité des Eglises, et nous les embrasserons de bon cœur. Voilà l'union et la vraie manière de la faire. »

Ainsi, le Pape devrait venir à Constantinople, pieds nus, la corde au cou, faire amende honorable à Photius. Ainsi, les millions de chrétiens du globe auraient à s'incliner devant le peuple minuscule de l'Arménie, et à lui dire : *Vous seul étiez dans le vrai. L'univers se trompait.*

A cette condition, les Arméniens daigneraient accepter le secours de la Catholicité contre les envahissements de la Russie.

Tous heureusement ne vont pas jusqu'à cette extravagance. Plusieurs daigneraient faire les avances. Seulement, en se présentant à Rome, leur premier acte serait : *de protester contre le césarisme occidental, et de réserver la souveraineté de leur Eglise.* D'après eux, « leur Patriarche devrait marcher l'égal du Pape et jouir, en Arménie, de la primauté que le Pape exerce sur le reste du monde, sans jamais accepter un ordre de Rome. »

Malgré son apparence de courtoisie, cette proposition est-elle moins absurde que la précédente ? N'est-elle pas la consécration du schisme par l'Eglise Romaine ?

Ses auteurs prétendraient se faire dire par le Pape : « Vous tenez à rester schismatiques, mais cette qualification vous déplaît, et vous me priez de la supprimer. Pour vous être agréable, je déclare que nous sommes unis, quoique plus divisés que jamais. »

Comment des hommes de bon sens s'imaginent-ils trouver un Pape et des milliards de chrétiens pour répéter pareille sottise ?

Les promoteurs de ce projet ne sont pas sincères. Je n'en veux d'autre preuve que leur irritation à propos de toute conversion au catholicisme. Ils anathématisent les convertis et provoquent contre eux les rigueurs de la Porte.

Je leur demande : Pourquoi ces colères ? Pourquoi ces voies de fait ?

— C'est que, répondent-ils, on affaiblit notre Eglise par ces défections.

— Mais, tout à l'heure, vous conveniez que l'union avec Rome fortifierait votre Eglise. Ne devriez-vous pas bénir ceux qui la préparent, l'un par sa parole, l'autre par son exemple ?

— C'est encore, reprennent-ils, que cette chasse aux prosélytes est le produit de l'intolérable ambition des prêtres latins.

—L'ambition! Mais où la voyez-vous? Ecoutez l'un des vôtres vous répondre : « Ne savez-vous pas que les peuples Français, Italiens, Espagnols se comptent par millions, et qu'ils sont trop riches en nombre pour avoir besoin de quêter parmi nous quelques unités? Ce n'est pas pour eux, c'est dans notre intérêt qu'ils offrent l'union. »

Non, ces hommes ne sont pas sincères. Leur projet n'est pas acceptable, ils le savent bien Ils ne parlent d'union que pour se donner des airs de persécutés. Ils veulent pouvoir dire : « Nous avons tendu la main à Rome, et le César pontifical a retiré la sienne. »

En présence d'un pareil état de choses, que devront faire les envoyés du Pape?

Ne leur conviendrait-il pas de secouer la poussière de leurs pieds, d'abandonner les Arméniens à leur entêtement, et de les laisser périr ?

Non. Dieu nous garde de ces inspirations de la colère !

Si nous avons exposé la vérité brutale, c'est qu'il faut bien connaître le mal pour le guérir. D'ailleurs aucune pensée malveillante ne nous a obsédés. Au contraire, plus les Arméniens sont en danger, plus s'augmente notre désir de leur être secourables.

Nous croyons que, dans leur répulsion contre l'Eglise Romaine, il entre beaucoup d'ignorance et de malentendu.

Le Pape leur fait l'effet d'un Minotaure qui se nourrit de chair humaine ; d'un Briarée aux cent bras, toujours en quête d'une proie à dévorer. Ils ne veulent pas être cette proie, et ils fuient.

Ils s'imaginent qu'une fois sa suprématie reconnue, le Pape ferait raser leurs églises comme impures, briser les trônes de leurs Evêques, dépouiller leurs Prélats des insignes de leur dignité, accumuler ruines sur ruines, afin de pouvoir s'écrier du haut des décombres amoncelés : « Apprenez que je suis le maître, et le seul maître. » Ils méconnaissent la mansuétude du Vicaire de Celui qui a dit : *Je suis le bon Pasteur*. Ils ne savent pas avec quelle délicatesse, quels égards il accueillerait leurs prélats et les chefs de la nation ; avec quelle sollicitude il chercherait, avec eux, ce *modus vivendi* qui satisferait tous les intérêts sans nuire au principe.

Oh ! nous ne leur jetterons pas la pierre parce qu'ils se trompent, et nous ne leur crierons pas : Anathème.

Nous tâcherons d'obtenir d'eux qu'ils prient, dans la sincérité de leur cœur, le divin Fondateur de l'Eglise une, sainte, catholique, apostolique, de leur ouvrir les yeux.

Par des procédés courtois et pleins d'une humble charité, nous essayerons de les amener à ne plus voir dans les prêtres catholiques des envahisseurs jaloux, des fauteurs de mesquines taquineries. Nous leur offrirons un échange de vues franc et loyal.

Ils sont intelligents ; ils comprendront, ils verront la vérité ; et ils l'embrasseront.

Alors, il n'y aura plus qu'un seul troupeau et un seul Pasteur. Alors la catholicité tout entière tendra vers l'Arménie une main fraternelle ; alors le salut viendra à celle qui allait périr.

XVII

Qu'espérons-nous des Arméniens ?

Le Pape Léon XIII a conçu l'espérance que les Arméniens deviendront la gloire et la lumière de l'Orient.

Qu'en est-il de cette espérance ?

Dieu seul pourrait nous le révéler.

Notre tâche à nous, humbles envoyés du Saint-Siège, est d'éclairer le présent et de rechercher si ce peuple est capable de réaliser les vœux du Souverain Pontife.

La leçon du présent est dure ; et nous avons dit nettement à quel degré d'abaissement le schisme avait réduit le caractère national.

Mais le présent ne trouvera-t-il pas son correctif dans le passé ?

Demandons à l'histoire si, lorsque les Arméniens étaient catholiques, ils n'eurent pas des saints, de grands prélats, des littérateurs, des guerriers, des hommes, des femmes, des enfants de toute condition, animés de vertus héroïques ; et, si nous recevons une réponse de vie, le courage naîtra au cœur de ceux qui travaillent à les ramener au catholicisme ; et le flambeau de l'espérance éclairera nos pas sur les voies de l'apostolat.

Or, les témoignages abondent. Ils sont trop nombreux pour être reproduits ici. Nous nous bornerons à choisir une fleur dans chacune des couches de ce parterre embaumé ; et la réunion de ces fleurs formera un bouquet digne de charmer les yeux.

I

Et, d'abord, l'Arménie catholique a-t-elle produit des saints ?

Oui, témoin la vierge Ripsymée.

L'empereur Dioclétien avait résolu d'épouser la plus belle vierge de son immense empire.

Des peintres avaient été expédiés partout. Ils envoyaient de merveilleux portraits, mais pas un ne répondait à l'idéal du Souverain.

Un jour, dans une vallée pierreuse de l'Arménie, ils entendirent des chants mélodieux s'échapper d'un sombre édifice. Ils entrèrent, et virent cinquante vierges, qui vivaient derrière ces murs, dans la solitude, le travail et la prière. Et, parmi ces vierges, l'une d'elles leur apparut comme une vision céleste, belle à défier toute comparaison. Ils en esquissèrent le portrait. L'empereur le vit et manda aussitôt des officiers pour lui ramener en triomphe celle qu'il voulait placer sur le premier trône de l'univers.

A cette nouvelle, le pieux essaim de ces créatures angéliques se troubla. Gaïana, leur supérieure, réunit ses filles, leur exposa le danger.

Toutes alors tombèrent à genoux et s'écrièrent : « O Seigneur des seigneurs, Dieu souverain et éternel, jette un regard de compassion sur nous. Ne livre point la sainteté de tes vierges à la dent de la bête féroce. Que le loup destructeur ne triomphe pas de tes brebis, et que l'ennemi de notre foi ne disperse pas les agneaux de la Sainte Eglise ! »

Alors, elles s'échappèrent par une issue dérobée, marchèrent longtemps avec des fatigues extrêmes dans la direction du mont Ararat, et s'abritèrent enfin dans les masures qui servaient de pressoir pour les raisins et les olives, au temps de la récolte.

Elles y vécurent en faisant des colliers de perles, qu'elles vendaient à mesure.

Les députés impériaux portèrent leurs plaintes au roi d'Arménie, dans sa ville de Vagharschag.

Thiridate aussitôt promit une riche récompense à celui qui découvrirait la perle précieuse si soigneusement cachée.

Un traître se rencontra. Des troupes circonvinrent les masures et en gardèrent les issues. Trois jours durant, ils en firent le siège, Ripsymée refusait de sortir.

Le Roi envoya de magnifiques présents. L'épouse de Jésus-Christ ne daigna même pas jeter un regard sur ces joyaux périssables.

On menaça d'user de violence. Alors Ripsymée se jeta dans les bras de Gaïana, en versant un torrent de larmes et poussant des cris de douleur.

Un peuple nombreux se réunit aux portes, attiré par la nouveauté du spectacle. Les officiers parlementaient. La foule attendait avec impatience. La frayeur des timides recluses augmentait avec le tumulte et la confusion du dehors ; elles sanglotaient, et, les bras levés vers le ciel, elles disaient : « Non, rien ne nous séparera du Seigneur Jésus, ni les persécutions, ni la mort. »

Cependant, au commencement de la première veille de la nuit, un orage violent obscurcit le ciel. Le bruit de la foudre et des torrents de pluie jetèrent le désordre parmi les soldats affolés. Saisis de terreur, ils tirèrent l'épée pour se défendre contre un ennemi invisible. Ils se frappèrent les uns les autres. Plusieurs vidèrent les arçons, et furent foulés aux pieds des chevaux.

Quelques officiers se frayèrent un passage et coururent raconter le fait au Roi.

Thiridate, en fureur, s'écria : « Quoi ! des femmes me résistent ! Eh bien ! on emploiera la force. »

De nouveaux soldats pénétrèrent insolemment parmi les timides recluses. Comme Ripsymée les repoussait de sa main délicate, ils la renversèrent et la traînèrent dehors, pendant qu'elle criait : « Seigneur Jésus, secourez-moi ! »

Quand le peuple vit la vierge, il poussa

des cris d'admiration. Les larmes et l'excès de la douleur n'avaient pu altérer sa beauté.

On l'entraîna vers le palais. Elle pleurait et priait toujours.

Thiridate la reçut comme la future souveraine de l'univers.

Incapable de comprendre cette vertu sublime, il chercha à raisonner la vierge. Ses arguments grossiers furent reçus avec mépris. Alors il appela Gaïana et l'engagea à persuader sa fille spirituelle de se laisser couronner reine. « Oh! mon enfant, s'écria Gaïana, sois ferme, et dédaigne des fleurs qui s'épanouissent aujourd'hui, et demain se flétrissent. » — Elle allait continuer, lorsque les soldats lui frappèrent la tête du pommeau de leurs épées et lui brisèrent les dents.

Alors, comme revêtue d'une force divine, Ripsymée s'élance résolument. D'un geste de souveraine, elle écarte les soldats, traverse la foule qui se sépare avec respect, et retourne à son ancienne demeure, sans qu'une seule main osât l'arrêter.

La nuit, comme elle était en prière, des satellites vinrent : ils lui lièrent les mains, ils lui arrachèrent la langue jusqu'à la racine, ils la couchèrent sur le sol, ils l'y clouèrent par les mains et les pieds ; de leur sabre ils lui arrachèrent des lambeaux de chair, et la maltraitèrent ainsi jusqu'à ce qu'elle expirât.

Alors des hommes magnanimes, des femmes intrépides se précipitèrent pour recueillir ses reliques. — Vous êtes donc aussi chrétiens ? leur crièrent les gardes. — Ils répondirent par un signe de croix spontané. — Eh bien ! mourez aussi, hurlèrent ces bêtes féroces ; et ils les massacrèrent, pendant qu'ils disaient : — Louange à vous, Seigneur Jésus !

Un peu plus tard, Gaïana et les autres compagnes de Ripsymée souffrirent également le martyre.

Telles furent les prémices des Saints de l'Arménie. Certes, ils donnent une haute idée du caractère généreux de cette vaillante nation, alors catholique.

II

Nous avons vu fleurir le lys des vierges sur la terre catholique de l'Arménie ; cherchons maintenant si les grands caractères manquaient à la forte race des fils d'Haïg.

Voici Nersès !

En ce temps-là, « grands et petits s'étaient éloignés des voies de Dieu et se livraient à la débauche comme à Sodome. » Or, une prophétie affirmait qu'il n'y avait point de salut pour l'Arménie, à moins qu'on ne lui donnât un Pasteur de la race de Saint Grégoire. Et Prélats, et seigneurs, et peuple se présentèrent devant le Roi et demandèrent pour Patriarche le jeune Nersès, petit-fils de Jousig, fils de Verthanès, fils de Grégoire l'Illuminateur. Et le Roi y consentit.

Nersès était grand, jeune et beau. Il avait vécu trois ans avec sa femme Santoukhd, de la noble race des Mamigoniens. Il en avait eu un fils nommé Sahag ; et, Santoukhd étant morte, il avait accepté la charge de Chambellan et de Conseiller du roi Arsace, son parent.

Lorsqu'il eut entendu les acclamations du peuple, il trembla, s'accusa de péché, et récusa l'honneur du Pontificat suprême. Mais le peuple insista. L'Evêque Phesdos coupa les cheveux bouclés qui formaient couronne autour de la tête du beau jeune homme, et le revêtit d'habits sacerdotaux. Le Roi fit monter

Nersès dans le char royal attelé de mules blanches, il lui donna une escorte de princes et de prélats, avec quatre mille cavaliers, et il l'envoya à Césarée recevoir l'onction épiscopale. Et lorsque Nersès fut sacré, il célébra la messe, et une colonne de feu parut au-dessus de l'autel, et on entendit la voix des anges accompagner celle de Nersès qui chantait les louanges du Dieu trois fois saint. Et, l'office terminé, on se rendit au banquet, et le visage du nouveau Prélat rayonnait comme celui de Moïse au Sinaï.

La faveur populaire créait un danger au jeune Patriarche. Le devoir exigeait qu'il réformât la nation. N'y avait-il pas à craindre qu'il ne faiblît, de peur de compromettre sa popularité ?

Il n'en fut rien.

Les Evêques, les cénobites et les solitaires habitaient avec leurs familles et menaient une vie mondaine ; Nersès les fit rentrer dans les monastères. Le peuple conservait des habitudes païennes. A la mort d'un parent, il se lacérait le visage, et accompagnait le mort avec des cris et des contorsions ridicules ; Nersès abolit cette coutume et rétablit l'honneur des sépultures chrétiennes. On se mariait entre proches parents, sous prétexte de conserver la race ; Nersès interdit le mariage entre parents jusqu'au cinquième degré. On chassait impitoyablement les lépreux ; on les noyait dans les fleuves ; on les exilait dans les forêts où ils devenaient la proie des bêtes fauves ou périssaient dans la neige. Nersès défendit de les expulser de leur famille.

Durant vingt-cinq ans, le Patriarche visita les provinces de sa juridiction, rétablissant partout la discipline. Il fit rebâtir les couvents et les églises, ordonna de construire des hôtelleries, pour les voyageurs, dans les lieux peu habités, aussi bien que des hôpitaux dans les villes, pour les malades : en sorte que, « de son temps, on ne voyait aucun mendiant dans le pays d'Arménie, et la nation ne formait qu'une famille. »

Mais voilà qu'un grand scandale fut donné par le Roi.

« La belle Pharandzem, fille du prince de Siounie, avait épousé Knel l'Arsacide, et Dirith, son beau-frère, en était jaloux. Dirith gagna le Roi et le décida à faire assassiner Knel. Le roi ne savait comment s'y prendre, de peur de Nersès. Or, un jour que tous les seigneurs accouraient à Karni pour célébrer la fête de Saint Jean-Baptiste, des satellites, embusqués sur le chemin, saisirent Knel et l'entraînèrent en un lieu écarté. Pharandzem courut se jeter aux pieds du Patriarche qui achevait sa messe, et implora son secours. Sans perdre un instant, le magnanime Prélat entra chez le Roi. Arsace usa de ruse, se couvrit la figure comme s'il dormait et se retourna sur le côté, afin de ne point entendre les supplications de Nersès, de gagner du temps et de laisser aux bourreaux le loisir de perpétrer le crime. Nersès le secoua par les mains et l'attira vers lui; mais le Roi se laissa aller comme un mort et ferma les yeux.

« Alors Nersès, sautant sur un cheval, courut pour délivrer lui-même la victime. En chemin, il rencontra le chef des exécuteurs, qui lui dit : « Suivant les ordres du Roi, nous avons tué le jeune Knel sur la colline, près du mur de la réserve des bêtes fauves. »

Nersès revint sur ses pas et maudit le Roi en ces termes : « Parce que, semblable à Caïn, tu as assassiné ton frère Knel, on t'enlèvera ta royauté ; tu sortiras de la vie par une mort cruelle, et tu seras ton propre meurtrier. »

Ensuite, il ne voulut plus avoir de rapports avec le Prince coupable, et s'en alla évangéliser les cantons de Vasbouragan.

Le Roi avait écouté le Patriarche les yeux à terre et comme frappé d'étourdissement ; mais son cœur était resté mauvais ; et, malgré elle, il épousa Pharandzem, dont il eut deux fils. Or, comme Pharandzem le détestait et lui parlait avec hauteur, il voulut la punir et obtint de l'empereur Valens qu'il lui donnât en mariage sa sœur Olympie. La jalousie gagna l'infortunée Pharandzem. Elle séduisit un prêtre du palais, nommé Merdchoumig. Le prêtre infâme mêla du poison à la sainte Eucharistie, communia Olympie avec l'hostie empoisonnée, et la concubine mourut.

Alors commencèrent pour le Roi les malheurs prédits par le Patriarche. L'empereur Valens, irrité du meurtre de sa sœur, se ligua avec Sapor, roi des Perses, et déclara la guerre à l'Arménie.

Arsace se sentit perdu. Il n'était point de force à lutter contre de tels agresseurs. Il eut recours à Nersès, se jeta à ses pieds, lui demanda pardon et le conjura de s'interposer entre lui et l'ennemi.

Nersès était un grand patriote. Son peuple était en danger. Il se dévoua. Accompagné d'une magnifique escorte de princes, il se rendit près de Valens ; il fit si bien qu'il obtint la paix et sauva sa patrie.

Sur ces entrefaites, Dieu fournit à son serviteur Nersès l'occasion de témoigner la fermeté de sa foi et de montrer sa grande âme.

Valens avait un fils malade. Il pria Nersès de le guérir. — « J'y consens, répondit le Patriarche, mais vous êtes en révolte contre votre Dieu, ô Empereur, vous suivez l'hérésie d'Arius ; abjurez l'erreur, et je prierai pour votre fils. » — L'Empereur s'obstina. Nersès lui donna quinze jours, au bout desquels l'enfant devait mourir, si le père ne venait à résipiscence. L'Empereur s'endurcit, et l'enfant mourut le quinzième jour. Alors, l'Empereur amena le Patriarche devant le cadavre et dit : « Ressuscite mon fils, ou tu mourras. » — Le Patriarche répondit : « Renonce à l'erreur, et je te rendrai ton fils. » — Et Valens ordonna que, chargé de chaînes, Nersès fût conduit dans une île déserte, avec soixante-douze prêtres, pour y mourir de faim et de misère.

Nersès, en partant, avait dit à Valens :

« Cette année même tu seras frappé de mort, et ton empire sera donné à un homme qui exécutera la volonté de mon Dieu. » — Cette parole s'accomplit, et Valens mourut.

Cependant, la mission de Nersès n'était pas finie. Des marins aperçurent la lumière d'un foyer dans l'île où on l'avait déporté. Ils en avertirent le successeur de Valens, Théodose, qui professait la vraie foi. On s'informa, et voici ce qu'on apprit : Il n'y avait dans l'île ni eau ni racines, rien que des rochers et du sable. Les exilés s'étaient jetés aux genoux de Nersès. Le Saint, ami de Dieu, avait prié. Un vent frais s'était levé, et la mer avait poussé vers le rivage du bois et du sel, avec une quantité de poissons. Le bois avait pris feu de lui-même ; et des promesses de vie avaient succédé aux menaces de mort. Théodose envoya chercher le confesseur de la foi, le combla de présents et le fit reconduire en grande pompe au pays d'Arménie.

Hélas ! c'était pour y souffrir et mourir, mais non sans avoir fait le bien et sauvé encore une fois sa patrie.

En son absence, Arsace avait commis une grande faute. Il avait bâti la ville d'Arschagavan, et pour la peupler, il avait rendu cette ordonnance : « Celui qui doit quelque chose à un autre, ou qui aura enlevé à quelqu'un sa femme, ses serviteurs, ses trésors, ses chevaux, ses mulets, ou tout ce que l'homme convoite sur la terre, peut se réfugier à Arschagavan, sûr de n'avoir rien à craindre de la justice royale. » Alors la ville était devenue un repaire de brigands et de meurtriers. Et le Roi en tirait grand profit.

Nersès avait su pardonner à Arsace lorsqu'il s'agissait de sauver la patrie, mais il restait incapable de capituler avec le mal. Il se plaignit. Le Roi n'en tint compte. Le Pontife s'adressa à Dieu, et la peste chassa de la ville tous les aventuriers. Après cela, Nersès dut se réfugier à Edesse, car le Roi furieux nomma un Patriarche à sa place.

La mesure était comble. Le Roi devait être enfin puni sans rémission. Les Grands du royaume se révoltèrent contre lui ; il se réfugia chez le roi de Perse, qui le fit enfermer au château de l'Oubli, où il se tua avec son propre glaive.

La mort du Roi mettait l'Arménie en danger. Sapor prétendait en profiter pour la conquérir. Nersès oublia ses griefs personnels, recourut à Théodose, obtint de cet Empereur que Bab, fils d'Arsace, montât sur le trône de son père, et revint, suivi d'une armée.

Une grande bataille eut lieu. Nersès veilla la nuit précédente, distribuant le corps du Seigneur à ceux qui en étaient dignes. Le Général en chef des Arméniens lui apporta son armure pour qu'il la bénît et l'en revêtît.

Les généraux, ses subalternes, vinrent aussi recevoir la bénédiction du Pontife ; et quand ils se dirigèrent vers le champ du combat, Nersès gravit la montagne pour y prier. La lutte fut ardente. Il y eut une telle poussière, une telle ombre causée par les flèches qui se croisaient en l'air, de tels mugissements des éléphants, un tel bruit de lances, que la confusion devint extrême. Les Perses enfin plièrent, et Sapor dut recourir à un déguisement pour échapper aux Arméniens.

Encore une fois Nersès fut le sauveur de la patrie. Cependant la conduite du Roi était mauvaise. Nersès l'en reprit. Le Roi lui répondit : « Si tu consens à manger avec moi, je ferai pénitence sous le cilice et la cendre. » — Le Pontife accepta. Le Roi exigea qu'il s'assît sur son propre trône, et se tînt debout devant lui pour le servir. En présentant la coupe, l'indigne monarque y jeta du poison. Nersès but avec assurance, et remercia Dieu à haute voix, en disant : « Sois béni, ô mon Créateur ! de ce que tu m'as jugé digne de boire la coupe du martyre et de subir pour toi la mort, comme je le désirais depuis mon enfance. » — Il se leva ensuite, et rentra dans son monastère.

Princes, généraux, gouverneurs de province le suivirent et le conjurèrent de prendre un contre-poison. Il s'y refusa. Le peuple se tenait réuni en masse, et il pleurait.

Alors le Pontife, regardant la foule, prononça des paroles prophétiques, que la nation arménienne conserve jusqu'à ce jour avec un pieux respect :

« Parce que la race des Arsacides a exterminé dans le pays d'Arménie les Saints de la famille de l'Illuminateur, le Seigneur à son tour l'exterminera, comme il a fait pour Israël...

« Quand cinquante années se seront écoulées, le sacerdoce sera enlevé à ma famille, qui est celle de Saint Grégoire...

« Et puis, viendra la ruine de l'Arménie.

La nation se déchirera elle-même. Sa perte sera le fruit de l'astuce et de la désobéissance. Les princes résisteront au souverain et se retireront chacun dans sa province. Ils ne se prêteront point un mutuel secours, et plusieurs feront alliance avec l'ennemi...

« Le sacerdoce sera interrompu durant plusieurs années en Arménie. Le pays sera bouleversé de fond en comble : des forteresses inaccessibles seront emportées d'assaut. Les routes fréquentées resteront désertes ; le secours ne viendra plus d'aucun côté ; alors, on dira aux montagnes : *tombez sur nous;* — et aux collines : *couvrez-nous.* »

Le pontife parla une heure entière, les mains étendues sur l'Arménie. Il entra ensuite dans l'église, se tint devant l'autel et dit : « Adieu, sainte église ; adieu, saint autel ; adieu, cohortes guerrières ; adieu à vous tous, mes frères bien-aimés ! »

Et puis, il s'assit sur le Siège patriarcal. La sueur arrosait son corps. Le mal lui causait d'horribles souffrances.

Bientôt il se leva, se dirigea vers la porte et, regardant le ciel, il éleva les mains et pria.

Il mourut debout.

Quand, après un moment de respectueux silence, on vint le conjurer de s'asseoir, on s'aperçut qu'il avait rendu son âme à son Créateur.

III.

La chaste vertu et la magnanimité des caractères ne manquèrent point à la nation arménienne catholique, nous venons d'en acquérir la preuve. Les hommes dévoués aux labeurs patients, obscurs et souvent ingrats de la science lui firent-ils défaut ?

Mesrob se lève pour protester.

La physionomie de ce père de la littérature arménienne est caractéristique. Mesrob est le type du lettré apostolique.

Elevé dans l'étude si attrayante des lettres grecques, versé dans la connaissance des affaires civiles et militaires, doué d'un jugement sain, il était d'une distinction parfaite. Aussi attira-t-il les regards du Roi, qui en fit son Chancelier.

Les honneurs venaient à lui sans qu'il les cherchât. L'avenir lui souriait. Il pouvait livrer sa barque au flot qui le portait vers de riants rivages ; mais l'amour de sa patrie le poussait à se sacrifier pour le bien commun.

On le vit tout à coup se retirer de la cour. Il s'enfonça dans le désert. Il supporta la faim, la soif, le froid, le dénuement. Il se nourrit d'herbes grossières, et coucha sur la terre nue.

Lorsque ses sens furent domptés par la mortification, il jugea qu'il était temps de se livrer à l'apostolat. Il réunit d'abord quelques disciples, les initia au grand secret de la pénitence et du renoncement. Ensuite, il sortit avec eux du désert, s'achemina vers le canton de Koghten, encore sous le charme de je ne sais quelles traditions païennes, et se mit à instruire le peuple.

Bientôt il s'aperçut que l'instruction orale ne laissait pas de traces assez profondes, si elle ne s'appuyait sur l'écriture. Dieu lui-même avait dû écrire ses Commandements sur les tables de pierre. Or l'écriture manquait dans la langue arménienne.

On connaissait bien l'usage de certains signes scripturaux, sortes de caractères cunéiformes, ou de hiéroglyphes, ou mieux encore d'écriture tironienne, mais ils étaient plus qu'insuffisants à reproduire la pensée chrétienne. Les lettrés recouraient à l'alphabet perse, grec ou syriaque, très difficile à adapter aux exigences de l'arménien. La liturgie sacrée était en syriaque. Et le peuple, qui ne comprenait rien à ce mélange d'idiomes et de signes, croupissait dans l'ignorance.

Mesrob crut faire acte d'apôtre en s'occupant de la création d'un alphabet national. Il s'adressa au patriarche Sahag et le pria de convoquer une assemblée pour étudier la question. Le roi Vram-Shapouh fut le premier à se rendre à l'invitation. Ayant appris qu'un Evêque syrien, nommé Daniel, conservait un ancien alphabet arménien, le Prince lui députa un membre de l'assemblée pour en obtenir communication. Lorsqu'il l'eut reçu, il le trouva insuffisant, et pria Mesrob d'aller en Mésopotamie solliciter des éclaircissements. La mission de Mesrob échoua. Il revint un peu triste, mais non découragé. On lui indiqua alors le savant Platos, comme capable de l'aider dans ses poursuites. Il alla le trouver à Edesse. Tout ce qu'il en obtint fut une lettre de recommandation pour le rhéteur Epiphane, très versé dans la connaissance des langues de l'Asie.

L'infatigable apôtre se remit en route. Quand il arriva, Epiphane venait de mourir, et son disciple Rufin s'était retiré à Samosate.

Ici, les Arméniens font intervenir la divinité. D'après eux, une main conduite par un bras invisible, aurait écrit sur la pierre, aux yeux de l'apôtre, les sept voyelles et les quelques consonnes sans lesquelles l'alphabet de Daniel restait inutile.

Que Dieu ait soutenu Mesrob dans une entreprise d'une telle importance, nous n'en saurions douter, mais le fait d'une révélation n'est pas prouvé.

Mesrob était allé à Samosate demander conseil au disciple d'Epiphane, devenu cénobite. On pense que Rufin lui suggéra l'idée d'introduire les voyelles grecques dans l'alphabet *Daniélien,* et l'y aida puissamment, en traçant les formes des nouveaux caractères avec son *Kalam* élégant.

Le problème était résolu. La langue arménienne avait son alphabet.

Cette invention, purement littéraire en apparence, était une œuvre capitale, utile au premier chef : utile à la cause nationale, utile à la religion ; et son infatigable inventeur fit acte de grand citoyen et d'apôtre. « Jusqu'à Mesrob, écrit un auteur arménien, la langue nationale n'était pas fixée. Nos ancêtres ne possédaient ni littérature ni histoire. »

Les Seigneurs féodaux, qui faisaient de fréquents voyages à la cour des Perses et chez les Romains, adoptaient volontiers les usages de ces peuples. Aux premiers, ils empruntaient le faste et le luxe asiatique : leurs habits brodés d'or, leurs cachemires sans prix, les tissus de soie fabriqués en Chine, les armes précieuses, les chevaux soigneusement caparaçonnés, les chiens de chasse, les festins splendides, les mets exquis, une étiquette sévère, des jardins toujours fleuris, des eaux jaillissantes, enfin tout ce qui flatte les sens et amollit l'âme. Des Romains, ils copiaient l'architecture, les théâtres, les cirques, les combats de buffles, les vastes palais, les salons spacieux, les statues de marbre. Mais pas un n'eut l'idée de s'occuper des lettres ni de l'histoire.

Il n'y avait point de littérature arménienne. Des bardes avaient, autrefois, composé des rapsodies héroïques, mais on en conservait à peine quelques strophes que le peuple chantait sans même les comprendre.

Quant aux traditions nationales, nul ne s'en préoccupait. Les Arméniens, il est vrai, revendiquent comme étant à eux, un certain nombre d'historiens qui écrivirent avant le siècle où vécut Mesrob, mais la critique repousse cette prétention inspirée par un patriotisme exagéré. Les Syriens Mar Apas Catina, Bardesane d'Edesse, Léroubna et Zenob de Glag, les Grecs Olympius, Ardithéos, Faustus de Bysance et le Perse Khorohpoud ne sauraient être les compatriotes des Arméniens. Ils écrivirent dans leur langue maternelle, et leurs œuvres furent traduites plus tard dans l'idiome national.

Il est donc incontestable que les Arméniens vivaient dans une indifférence extrême pour les œuvres de l'esprit, et ne cherchaient point à connaître l'histoire de leur passé. Leur plus brillant écrivain et leur compatriote, Moïse de Khoren, le leur reproche, et ses regrets s'exhalent en plaintes amères.

En de telles conditions, un peuple si souvent asservi, n'eût pas tardé à se confondre avec les Perses et les Syriens, et à disparaître comme tant d'autres nations de l'Asie.

Grâce à Mesrob, la littérature nationale fut

créée : elle prit un essor remarquable, elle le prit tout de suite, elle parvint d'un bond à son plus haut degré de prospérité, on traduisit en style élégant les auteurs qui racontaient l'histoire nationale en des langues diverses ; et le cinquième siècle est appelé l'âge d'or parmi les fils d'Askanès.

Mesrob n'était pas seulement Arménien, il était profondément chrétien, et son but était de réunir à jamais ses compatriotes autour de la croix du Rédempteur. Or, l'absence de livres sacrés en langage vulgaire rendait douteuse la perpétuité de la foi au pays d'Ararat. On ne pouvait exprimer ses pensées qu'au moyen de caractères destinés à transcrire les livres des idolâtres ou des sectateurs de Zoroastre ; encore les traduisaient-ils mal. L'Eglise arménienne était comme tributaire des Eglises voisines. Sa liturgie était en syriaque, et le clergé syrien exerçait une haute influence au détriment du clergé national. Le peuple se perdait dans ce mélange d'idiomes, et sa vertu en souffrait. L'invention de Mesrob changea cet ordre de choses. La Bible, les ouvrages des Saints Pères, eurent leur traduction arménienne ; la science sacrée se propagea, et la foi n'eut plus à redouter les dangers que lui faisait courir l'ignorance.

Ainsi la patrie et la religion eurent-elles à se réjouir. Ainsi les Arméniens devinrent-ils un peuple distinct des autres nations de l'Orient, un peuple inviolablement chrétien, malgré son contact avec tant de peuples encore idolâtres.

L'alphabet trouvé, Mesrob crut n'avoir rien fait encore, je ne dis pas pour sa gloire, il s'en souciait peu, mais pour le service et l'honneur de sa patrie et de son Dieu. On le vit se prodiguer sans relâche.

Il ne s'en remit point à d'autres du soin de faire valoir son invention. Il appela des enfants intelligents, se fit leur maître et les prépara à enseigner un jour eux-mêmes.

La Géorgie et l'Agounank souffraient du mal qui avait été si fatal à l'Arménie ; Mesrob leur composa des alphabets en rapport avec les exigences de leur langue, leur laissa quelques-uns de ses disciples pour les aider à en tirer parti, et revint travailler sur sa terre natale.

L'œuvre essentielle était de traduire l'Ancien et le Nouveau Testament, avec les écrits des Pères, sur le texte grec. Mais ce texte manquait dans la Grande-Arménie. Les Pères n'y autorisaient que les écrits en langue syriaque. Mesrob résolut d'accomplir son œuvre avec l'aide de ceux de ses compatriotes qui vivaient soumis aux Grecs.

Pour s'assurer le bon vouloir de l'empereur Théodose, il alla le trouver de la part du Patriarche Sahag. Le souverain de Byzance lui témoigna une bienveillance extrême; et le Patriarche grec lui conféra le titre de Vertabiet, fort prodigué aujourd'hui, mais qui signifiait alors presque un Père de l'Eglise.

De retour dans la Petite-Arménie, Mesrob présenta au général Anatole le rescrit impérial, qui l'accréditait auprès de lui. Le Général fit publier le rescrit dans toutes les provinces. On créa partout des écoles, et on leur assura des revenus sur le trésor impérial. L'œuvre de traducteur ne suffisait pas à cet infatigable apôtre. Il voulut composer lui-même des discours d'une compréhension facile, où il entremêla les textes sacrés de traits et de comparaisons tirés de la vie commune, afin de charmer les imaginations et d'arriver plus aisément à l'intelligence et au cœur.

Sa vie est un prodige. Il écrit, il parle, il agit.

Il s'enfonce au désert, il vit dans les cavernes, il se nourrit d'herbes sauvages et se refuse presque le sommeil ; il écrit.

Cependant, il apprend qu'une ville, qu'une province sont abandonnées, ou qu'un désordre y règne ; aussitôt il quitte sa solitude, et il prêche.

La mort vint le visiter au pays d'Ararat. Elle fut douce au vaillant soldat du Christ, à l'ouvrier infatigable de la vigne du Seigneur. C'était la fin du combat ; c'était le repos. Quelques disciples étaient près de lui, et, avec eux, Vartan, le généralissime des troupes arméniennes. Mesrob étendit les mains sur eux. Il les bénit. Il leur recommanda la concorde, l'amour de Dieu et de la patrie. Ensuite, il mourut en invoquant le Père, le Fils et le Saint-Esprit.

IV

Au tableau de la vertu modeste de Mesrob, nous ferons succéder celui du mâle courage des guerriers, et nous verrons les Arméniens combattre et vaincre pour leur patrie et pour leur foi.

Le trône d'Arménie était renversé.

Les Arméniens expiaient durement la faute qu'ils avaient commise en livrant leur roi Ardachir.

Un Marzban les tyrannisait au nom de la Perse.

Les Mages sacrifiaient au soleil en face des églises du vrai Dieu.

Les autels du Christ chancelaient.

Plusieurs princes découragés abandonnaient leur patrimoine, fuyaient le pays de l'Ararat, et se réfugiaient de l'autre côté de l'Euphrate, sur les terres grecques.

La situation devenait intolérable pour ceux qui restaient. Un souffle de révolte agitait l'Arménie. La tempête était dans l'air. La moindre brise devait la faire éclater.

Une circonstance heureuse produisit le choc.

Les Ibériens s'étaient révoltés contre les Perses ; et le Roi, pour les châtier, avait ordonné la levée en masse des Arméniens. Les princes se réunirent, ils résolurent de faire semblant d'obéir au Souverain, de lever des troupes, de les organiser, de les conduire au camp des Perses avec une apparente soumission, mais de ne point combattre les Ibériens, qui étaient chrétiens, et de fondre sur les Perses à la première occasion favorable.

Ils n'avaient fixé ni le jour ni l'heure de l'exécution; la Providence s'en chargea.

Au moment où ils arrivaient fièrement pour opérer leur jonction avec les troupes du Roi, un traître prévint le Général persan de leurs intentions. A tort, le Général s'imagina que les Arméniens allaient l'attaquer sur l'heure. Il n'était pas prêt. Le vertige le prit. La nuit tombait. Il en profita pour fuir. Les Arméniens remercièrent Dieu. La trahison qui devait les perdre, devenait leur salut. Ils s'élancèrent à la poursuite des fuyards, tuèrent, firent des prisonniers, ramassèrent du butin, et résolurent de se constituer sans retard en royaume indépendant.

Sahag, de la famille des Pagratides, jouissait de la considération générale; ils le mirent à la tête du royaume. Ils confièrent l'épée de généralissime à Vahan, de la famille des Mamigoniens. Les troupes prêtèrent serment.

Cependant, les Perses, revenus de leur frayeur, ne tardèrent pas à prendre l'offensive.

Les princes les reçurent de pied ferme. Seulement ils crurent prudent d'empêcher le Généralissime de se commettre dans une première rencontre ; et son frère Vasag fut désigné pour engager la lutte avec la fleur de la noblesse et l'élite des guerriers.

Encouragés par les paroles émouvantes des prêtres, solennellement bénis par le Patriarche, les soldats chrétiens, au nombre de quatre cents à peine, se dirigèrent vers le fleuve Araxe, et se trouvèrent bientôt en face de sept mille Persans. Vasag échelonna sa petite troupe sur le dernier versant des montagnes, dans un terrain difficile, presque inexpugnable. Ensuite, il poussa droit à l'ennemi, feignit de se repentir de sa témérité, se replia avec un désordre apparent, attira les Perses dans ses positions, et, divisant ses troupes en quatre cohortes, reprit une vigoureuse offensive.

La victoire était à lui, lorsqu'un prince infâme le trahit, passa à l'ennemi avec cent hommes, et compromit le succès.

Vasag ne s'émut pas.

Avec ses trois cents fidèles, il culbuta les Perses. Le Marzban Adervechnasb fut tué, ainsi que les généraux des Mèdes et des Caduciens ; et le champ de bataille resta couvert de morts.

L'hiver approchait. Les Perses n'osèrent continuer la lutte. Ils se replièrent, et les Arméniens eurent devant eux la longue saison des neiges pour compléter leur organisation.

Dès le printemps de 482, Adernersch, chef intrépide et habile, envahit leurs frontières avec mission de s'emparer de Vahan, mort ou vif. Il passa l'Araxe et poussa jusqu'à la province d'Ardaz.

Vahan accourut, bien disposé à ne point se livrer à celui qui prétendait le saisir. Il arriva le soir. Sans donner à ses troupes le temps de se reposer, il les disposa en bataille. Au point du jour, il fit sonner la charge. Les Caduciens, célèbres pour leur valeur, entrèrent en lice avec une sorte de dédain. Ils étaient soutenus par la troupe des Siouniks, qui étaient des Arméniens apostats. La mêlée ne tarda pas à devenir générale. Les Perses rompirent l'aile droite des Arméniens, et crièrent victoire. Mais Vahan s'élança comme l'aigle fond sur sa proie. Il tua de sa main un des quatre généraux persans, pendant que son collègue Gamsasagan Nevich faisait mordre la poussière à un second général. Le Marzban arménien Sahag et le général persan Adernersch se rencontrèrent. Après avoir brisé leurs lances l'un contre l'autre, ils se battirent à l'épée, et puis se saisirent corps à corps. Le général persan, renversé de cheval, prit la fuite à travers la mêlée. Les Perses suivirent leur général. Les chrétiens les poursuivirent jusqu'à ce qu'ils fussent sûrs de les avoir mis dans l'impossibilité de présenter un nouveau combat, et allèrent se délasser près des sources de l'Euphrate.

La trahison du roi des Ibériens vint alors compromettre leurs succès.

Les Arméniens auraient dû pouvoir compter

sur l'alliance de ce Prince, sur sa neutralité du moins. N'avaient-ils pas refusé de le combattre ? Ce misérable eut le triste courage d'abuser de leur bonne foi pour les perdre. Il appela Vahan à son secours, l'entraîna, sous de fallacieux prétextes, dans un pays aride et montagneux, où les soldats manquaient de tout, et le mit en face des Perses, au moment où la petite armée arménienne était en plein désarroi. Vahan n'était pas de force à lutter, mais l'honneur, l'y obligeait; il harangua ses troupes, leur rappela que la palme du martyre serait la récompense de ce combat entrepris pour Dieu ; et il engagea une lutte désespérée. Le dévouement des héros chrétiens semblait balancer la fortune, lorsque le misérable Roi des Ibériens se sauva et que des traîtres arméniens passèrent à l'ennemi. La déroute alors commença. Le marzban Sahag et le prince Vasag se firent tuer plutôt que de se rendre. Vahan quitta le dernier le champ de bataille, et courut se réfugier dans une forteresse.

C'en était fait, en apparence, de l'insurrection arménienne. Il n'y avait plus d'armée. Le Généralissime était réduit à se cacher. L'ennemi pouvait impunément parcourir le pays et le soumettre, lorsque, soudain, la Perse rappela ses troupes.

Vahan fit alors une lourde faute. Il eut le tort de s'imaginer que la Perse renonçait à la lutte. Il ne fit aucun préparatif de résistance durant l'hiver, et fut pris au dépourvu lorsque, à la fonte des neiges, le Persan Hazaravough passa l'Araxe, et vint mettre le siège devant la ville de Tovin.

La défense était impossible.

Vahan se concerta avec ses amis. « Ce n'est pas à la ville qu'ils en ont, disait-il, mais à nous. Fuyons dans la montagne. L'ennemi négligera la ville pour nous poursuivre. »

Son raisonnement parut juste.

La difficulté était de s'échapper.

Hardiment, les princes sortirent, frappant à leur droite et à leur gauche, traversèrent le camp ennemi, et, gagnant de vitesse, atteignirent la Chaldée Pontique.

L'été se passa en escarmouches. Le Général persan traquait Vahan, et Vahan lui échappait toujours ; parfois même il lui infligeait des coups sensibles.

Au bout d'un certain temps Hazaravougd fut remplacé par Shapour.

Celui-ci crut triompher par la ruse. Il tenait prisonnières deux princesses, femmes des amis de Vahan. Il fit proposer à leurs maris de les leur rendre s'ils trahissaient leur chef. Mais Nerieh et Hravad répondirent que, même pour sauver ce qu'ils avaient de plus cher, ils ne trahiraient ni Dieu, ni la patrie, ni l'honneur. Shapour revint à l'emploi de la force. Vahan restait sans armée. Il voulut reprendre avec Shapour le système qui consistait à se dérober, à fatiguer l'ennemi toujours en marche pour le poursuivre, et à lui faire, à l'occasion, le plus de mal possible. Il résolut de se réfugier sur le territoire grec pour y concerter ses plans.

Il était en route, lorsqu'un léger incident vint modifier sa tactique. Trois princes et une douzaine de braves qui composaient son arrière-garde, furent atteints par un détachement de Perses. Ils se retournèrent vaillamment, tuèrent soixante-douze hommes et rejoignirent leur chef.

Cet exploit exalta le courage des fugitifs. Appelant à eux les habitants d'Erez, ils revinrent droit sur Shapour, lui tuèrent six cents hommes, et jetèrent une telle consternation parmi les deux mille autres, qu'ils lâchèrent pied.

Shapour ne pouvait rester sous le coup de cette humiliation. Il revint avec quatre mille hommes. Vahan n'en avait que cent ; il fit face à l'ennemi.

« En vérité, s'écria Shapour, voilà une poignée de fous ; qu'on les saisisse et qu'on les enchaîne. » — Au premier choc, les Arméniens lâchèrent pied ; mais leurs princes voulurent faire expier à Shapour sa plaisanterie. Quatre d'entre eux reconnurent dans les rangs des Perses le prince de Siounik, l'apostat. Ils se précipitèrent sur lui, lui percèrent la poitrine d'un coup de lance et succombèrent après avoir vengé l'honneur des princes chrétiens. Vahan et sa suite donnèrent tête baissée dans l'armée ennemie, firent une trouée, traversèrent les lignes et s'échappèrent.

Parvenus à quelque distance du champ de bataille, ces vaillants hommes s'arrêtèrent, regardèrent fièrement les Perses, firent parader leurs coursiers agiles et partirent rapides comme des aigles.

Les Perses étaient trop démoralisés pour continuer la lutte. Leur Général les ramena en lieu de sûreté. Et Vahan prit la route de Tovin, où il rendit grâces à Dieu de ses succès extraordinaires.

En ce temps-là, mourut le roi de Perse.

Cet événement changea la face des affaires.

Tous les généraux qui avaient combattu les Arméniens, persuadèrent au nouveau Roi qu'il ne les soumettrait jamais par la force, et que mieux valait leur faire des concessions raisonnables.

Balas le comprit et nomma Marzban d'Arménie un seigneur nommé Nikhar, poli, juste, affable, plus diplomate que général.

C'était en 484.

Le nouveau Gouverneur fit camper ses troupes à la frontière, et envoya prévenir Vahan qu'il venait avec des dispositions pacifiques.

Vahan rassembla son conseil. Il fut décidé qu'on n'entendrait aucune proposition avant d'avoir obtenu les trois conditions suivantes :

La première était qu'on leur accordât le plein et entier exercice du culte chrétien, et la destruction des pyras.

La seconde exigeait qu'on rendît la justice, et qu'on distribuât les places et les récompenses d'après les règles de l'équité, selon le mérite, sans jamais accorder de faveur ni de dignité pour fait d'apostasie.

La troisième tendait à ce que le Roi s'occupât lui-même de l'administration de l'Arménie, sans prêter l'oreille aux délateurs.

Cinq princes portèrent cette réponse au Marzban, qui les accueillit avec les plus grands honneurs. Le conseil se réunit. Il trouva les trois conditions équitables, et promit d'y souscrire si Vahan se présentait lui-même.

Vahan consentit à ce qu'on lui demandait, se mit à la tête d'un petit corps de troupes, s'arrêta à une journée du camp de Nikhar, et lui envoya demander des otages. Quand il les eut reçus, il s'avança avec une escorte de princes et cent soldats.

Or, voilà qu'à l'entrée du camp, il fit sonner toutes ses trompettes. Un officier persan, indigné, courut à lui, en disant : « Ne sais-tu pas que l'honneur de faire sonner toutes ses trompettes est réservé au seul Général en chef? — Et c'est pour cela que je fais sonner, répondit fièrement Vahan. Ne suis-je pas Général en chef? Commencez par me faire sujet de la Perse, alors, j'en suivrai le cérémonial mieux que personne. » — Après cela, Vahan fit son entrée majestueuse et fière. On réunit le conseil ; on eut la délicatesse d'en exclure les princes arméniens apostats. Ensuite on députa au Roi des conseillers intimes pour lui demander sa sanction.

Vahan pensa qu'il était mieux de se présenter lui-même à la cour, sans attendre la réponse. Le Roi le reçut avec magnificence ; il souscrivit à tout.

Lorsque Vahan revint en Arménie, ce ne fut pas de la joie, mais presque du délire. Princes, peuple, clergé, Patriarche en tête, allèrent à sa rencontre et le conduisirent triomphalement, de ville en ville, jusqu'à Tovin, où l'on rendit à Dieu de solennelles actions de grâces.

Cependant l'œuvre de réparation restait incomplète ; un étranger, en la qualité de Marzban, gouvernait toujours les Arméniens. La Perse fut la première à ressentir ce qu'il y avait de blessant dans ce procédé, et Vahan lui-même fut nommé Marzban.

A cette nouvelle, le peuple se porta en foule dans les églises, qui retentirent des bruyantes actions de grâces d'une multitude ivre de joie.

Accompagné du clergé et des princes, Vahan

se transporta au palais du gouvernement et entra en possession de sa dignité.

L'Arménie avait à peu près reconquis son autonomie.

De tels faits n'ont pas besoin de commentaire. Ne redisent-ils pas assez haut l'héroïsme dont sont capables les Arméniens pour Dieu et la patrie ?

V

En terminant, cherchons une vue d'ensemble. Rassemblons en un groupe les prêtres, les princes, le menu peuple, et voyons si nous ne rencontrerons pas semées à profusion, parmi la foule, cette force, cette constance, cette magnanimité, ce mépris du danger et de la mort que nous voyions, toute à l'heure, se refléter sur quelques mâles figures détachées. Rappelons les jours néfastes qui suivirent la chute d'Ardachir et la déposition du roi Isaac. L'héroïsme abonde dans ces jours de deuil.

La grande iniquité était consommée. C'en était fait de l'antique royauté. Princes et peuple courbaient la tête sous le joug de l'étranger. Leur beau royaume était devenu simple province d'une monarchie païenne.

Dans leur imprévoyant égoïsme, des traîtres avaient prêté la main à l'envahisseur. Les imprudents croyaient jouir en paix du fruit de leur forfait, parce que, sauf un lourd tribut, ils semblaient devoir rester maîtres dans leurs principautés respectives. Mais le temps vint bientôt où ils paieraient cher leur manque de patriotisme.

Isdegerb avait succédé à Vram. « Insolent, fier, au dire d'un contemporain, il s'imaginait pouvoir soulever des tourbillons dans les quatre parties du monde par un seul de ses rugissements. Turbulent et sanguinaire, il détestait le repos et cherchait les occasions de vomir son venin ou de décocher ses flèches empoisonnées. Le seul nom de Jésus-Christ le mettait en fureur ; aussi envoya-t-il des Mages au pays d'Arménie avec cette instruction : « A dater du mois de novasart, le christianisme est supprimé. Les églises seront fermées. Les prêtres n'enseigneront plus la religion. Les moines et les religieuses seront chassés de leurs couvents. Les princes et le peuple apprendront des mages à pratiquer le culte de Zoroastre. Aucun animal destiné à la nourriture des hommes ne sera tué sans avoir été offert au Soleil notre Dieu. On ne se lavera pas les mains sans urine de bœuf. On ne tuera ni les loutres, ni les renards, ni les chèvres. Les

serpents, les lézards, les grenouilles, les fourmis et autres animaux malfaisants ne vivront pas. Le mariage chrétien est abrogé. Les hommes épouseront plusieurs femmes, afin de multiplier la nation arménienne. Les pères pourront épouser leurs filles, les fils leur mère, les petits-fils leur aïeule. Ainsi l'avons-nous ordonné ; ainsi voulons-nous qu'il soit fait. »
Cet édit jeta la consternation parmi les Arméniens. Le désespoir mit le fer à la main des plus timides. La nation se souleva. Un héros nommé Vartan, fut proclamé Généralissime. Il fit des prodiges de valeur : il se défendit héroïquement contre les troupes d'Isdegerb, il remporta des victoires, mais une défaite sanglante termina ces luttes du faible contre le fort ; Vartan périt sur le champ de bataille ; princes et prêtres se virent traînés en captivité ; les Mages triomphants élevèrent des pyras sur les hauts lieux, et l'abomination de la désolation régna sur l'Arménie.

Alors, ce peuple vaincu se révéla plus grand dans la défaite qu'il ne l'avait été au sein de la victoire. Il résolut d'abandonner tout ce qu'il possédait plutôt que d'apostasier. Jeunes gens, époux, vieillards s'enfuirent au désert ou dans les gorges de montagnes abruptes. Ils y plantèrent la croix, et, pourvu qu'il leur fût permis de l'adorer, ils se déclarèrent exempts de regrets.

Des femmes délicates, entourées dès le berceau de tous les raffinements du luxe, sortirent pieds nus de leurs palais pour habiter des cavernes. Elles renoncèrent aux essences et aux parfums. Personne ne versa plus l'eau de roses sur leurs mains, personne ne leur présenta désormais des serviettes frangées d'or pour les essuyer. La vaisselle plate et les coupes enrichies de pierres fines disparurent de leurs tables. Les maîtres de cérémonies cessèrent de se tenir à la porte de leurs somptueux salons pour recevoir les convives. Et celles qui se nourrissaient de cervelles, de moelle de veau et de gibiers exquis, se contentèrent de légumes grossiers. On ne distingua plus la maîtresse des servantes. Toutes portaient le même vêtement grossier, et chacune faisait le ménage à son tour. Nulle n'étendait les lits pour une autre. La paille et le foin servaient de couche commune. Une couverture rude et noire les abritait à peine du froid, et elles dormaient la tête sur la pierre ou sur quelque tronc d'arbre.

Les glaces de nombreux hivers se fondirent ; le printemps ramena souvent l'hirondelle voyageuse et les fleurs aux couleurs variées, sans que rien fit prévoir la fin de leurs maux ; cependant la longueur de l'épreuve n'ébranla point leur constance.

Mieux que cela ! Leur résignation devint plus grande à mesure que les jours de la tristesse se multipliaient.

Au commencement, elles arrêtaient les voyageurs pour les questionner, avec une avidité fiévreuse, sur le sort de leurs maris ou de leurs fils. A la fin, elles se résignèrent, et se contentèrent de prier dans le silence.

Des princes étaient tombés aux mains de l'ennemi durant la bataille où périt Vartan. Leur captivité fut cruelle. Ceux qui, escortés de lévriers aux pieds agiles, couraient, légers comme des gazelles, à travers les fraîches vallées de l'Arménie, virent leurs mains et leurs pieds entravés par des fers pesants. A leurs fiers châteaux solidement campés sur le versant des montagnes, succédèrent des cachots ténébreux sous un soleil brûlant. Ils couchèrent sur la terre nue comme les bêtes fauves. Leur nourriture fut le pain de l'affliction et l'eau amère de l'angoisse. Si le Roi essayait de les séduire en leur promettant honneurs et richesses à la condition d'adorer le Soleil, ils lui répondaient par le signe de la Croix. Le Roi, plein de rage, aggravait leurs tortures. Les princes ne s'en étonnaient pas. Ils s'y attendaient. Ils ne mollissaient pas. Or, cette captivité dura neuf ans et six mois.

Les prêtres captifs avaient été livrés à la discrétion du chef des Mages. Cachot infect, nourriture grossière et insuffisante, rien ne fut épargné pour ébranler leur constance. Leur geôlier espérait les amener à l'apostasie ; il ne se doutait pas que ce serait à lui de céder. Les jours s'écoulaient. Comme il ne recevait aucune plainte, il s'étonna et soupçonna les gardes de faire passer des vivres aux prisonniers pour de l'argent. Une nuit, il s'approcha d'un soupirail pour surveiller sans être vu. Les prêtres chantaient les louanges du Crucifié avec autant d'ardeur que jadis dans leurs églises resplendissantes de dorures. Après le chant, ils s'étendirent pour dormir. Alors le Mage vit chacun de leurs corps resplendir comme une lampe ardente. Il entra, réveilla les prêtres et leur dit sa vision. Les prêtres lui expliquèrent les mystères divins. Le Mage crut au Rédempteur et mêla sa voix, tout à l'heure païenne, aux voix sacerdotales qui chantaient les louanges du Christ. A l'aube du jour, les gardes le trouvèrent dans cet exercice. Ils en avertirent le Roi. Pour étouffer le scandale, le Prince fit saisir sans bruit le chef des Mages, et l'envoya dans un pays lointain, avec ordre à ses gardes de le faire périr en chemin. Pour les prêtres, on les conduisit dans un lieu solitaire et rocailleux. On les traîna par les pieds sur les roches coupantes. Lorsqu'ils furent réduits en sang, on leur offrit la vie, à la condition d'abjurer leur foi. Sahag répondit au nom de tous en proclamant le Christ Fils de Dieu. On lui abattit l'épaule d'un coup de sabre. Ensuite on le laissa vivre pour être témoin du meurtre successif de ses frères. Enfin on l'acheva tandis qu'il priait ainsi : « Seigneur Jésus, recevez nos âmes au séjour de ceux qui vous ont aimé et servi. »

Les serviteurs des princes et des prêtres ne furent pas moins admirables que leurs maîtres. Lorsqu'on vit que ni la faim, ni la soif, ni la plus odieuse misère n'ébranlaient leur constance, on les roula sur des rochers aigus au point qu'ils en perdirent connaissance durant trois heures. On les battit de verges, et ils ne cédèrent point. On leur coupa les oreilles, et ils présentèrent leurs autres membres à la mutilation ; mais l'intention de leurs bourreaux n'était pas de les tuer ; par un raffinement de cruauté, ils se refusaient à en faire des martyrs. On les conduisit dans les plaines de la Babylonie, et on les y abandonna sans ressources. En cette situation, ces hommes généreux, s'oubliant eux-mêmes, se firent mendiants, mais non pour eux. Ils s'en allèrent raconter partout les souffrances de leurs princes captifs, demandant l'aumône pour les soulager. A mesure qu'ils réalisaient une petite somme, l'un d'eux allait porter ce tribut de reconnaissance à ceux qui les avaient nourris aux jours de la prospérité. Plusieurs moururent dans cet exercice, et les survivants y persévérèrent aussi longtemps que dura la captivité.

Qui n'admirerait de tels dévouements ?...

Ah ! plaignons les Arméniens, et pleurons sur leurs fautes, mais ne les méprisons pas. S'ils furent rebelles, si, aujourd'hui encore, ils déchirent le manteau de l'Eglise, leur mère, ils l'expient cruellement.

Considérons plutôt les vertus héroïques dont le catholicisme les rendit capables; ramenons-les aux vraies traditions des fils d'Haïg, des fils du premier roi chrétien, Tiridate, des fils de Grégoire, le saint, l'apôtre, l'illuminateur; inspirons-leur cette foi qui en fit des héros : alors ils sortiront des ténèbres ; alors ils secoueront le joug de l'esclavage ; alors ils seront le peuple saint, le peuple destiné, dans l'intention du Souverain Pontife, à illuminer l'Orient; alors se fera la résurrection de leur patrie ; alors, dans les transports d'une sainte allégresse, nous la saluerons de nos vœux ; et, du fond de l'Occident, nous crierons à cette noble contrée de l'Orient :

« Lève-toi, Arménie, lève-toi ! Ouvre les yeux à la lumière. La gloire du Seigneur a brillé sur toi. Tandis que les ténèbres environnent tant de contrées de l'Orient, et que la nuit enveloppe leurs habitants, voilà que le Seigneur s'est levé pour toi. On ne verra plus l'iniquité et la violence ravager ton territoire. Ce ne sera plus le soleil qui t'éclairera pendant le jour, ni la lune durant la nuit, mais le Seigneur lui-même sera ta lumière. »

FIN

APPENDICE

Documents historiques,

&ra

I. — LISTE DES PRINCES ARMÉNIENS DE LA RACE D'HAÏG.

2107 — 351 ans avant J.-C.

Av. J.-C.		Av. J.-C.	
2107	Haïg.	1182	Interrègne.
2026	Arménag, son fils.	1180	Schavarsch II.
1980	Aramaïs, son fils.	1137	Berdj Ier.
1940	Amasia, son fils.	1102	Arpoun.
1908	Kegham, son fils.	1075	Berdj II.
1858	Harma, son fils.	1035	Pazoug.
1827	Aram, son fils.	985	Hoï.
1769	Ara, son fils.	941	Housag.
1743	Gaatos, son fils.	910	Ampag II.
1725	Anouschavan, son fils.	883	Gaïbag.
1662	Bared.	838	Pharnabace Ier.
1612	Arpag.	805	Pharnag II.
1568	Zavan.	765	Sgaïorti.
1531	Pharnace Ier.	748	Baroïr.
1478	Souz.	700	Hratchéa, son fils.
1433	Havanag.	678	Pharnabace II.
1403	Vaschdag.	665	Radjoïdj, son fils.
1381	Haïgag Ier.	630	Gornhag, son fils.
1363	Ampag Ier.	622	Phavos, son fils.
1349	Arhnag.	605	Haïgag II, son fils.
1332	Schavarsch Ier.	569	Érovant Ier, son fils.
1326	Noraïr.	565	Tigrane Ier, son fils.
1302	Vesdam.	520	Vahakn, son fils.
1289	Gar.	493	Arhavan, son fils.
1285	Korhag.	475	Nersch, son fils.
1267	Orontes.	440	Zareh, son fils.
1242	Endsag.	394	Armok, son fils.
1227	Kelag.	385	Païkam, son fils.
1197	Horoï.	371	Van, son fils.
1194	Zarmaïr.	351	Vahé, son fils.

II. — PREMIÈRE BRANCHE DES ROIS ARSACIDES D'ARMÉNIE.

150 ans avant J.-C. — 56 ans après J.-C.

SELON M. J. SAINT-MARTIN,		SELON M. L'ABBÉ CAPPELLETTI (2),	
DANS SES FRAGMENTS D'UNE HISTOIRE DES ARSACIDES.	DANS SES MÉMOIRES SUR L'ARMÉNIE (1).	D'APRÈS MOÏSE DE KHOREN ET LES AUTRES HISTORIENS D'ARMÉNIE	
PREMIÈRE BRANCHE, Av. J.-C.	**PREMIÈRE BRANCHE** Av. J.-C.	SANS DISTINCTION DE BRANCHES Av. J.-C.	
VALARSACE (*Vagharshag*) Ier, frère de Mithridate Ier, roi des Parthes ... 150 ou 149	 149	 149	
ARSACE (*Arschag*) Ier .... 128 ou 127	 127	 130	
ARTAXES (*Ardaschès*) Ier .... 115 ou 114	 114	 114	
TIGRANE (*Dikran*) Ier (3), appelé aussi (Ardaschès) .... 90 ou 89	 89	TIGRANE II (4) 89	
Vers l'an 55, il associe à la couronne Artavasde, le plus jeune de ses fils.			
ARTAVASDE ou ARTABAZE (*Ardavazt*) Ier. Il règne seul l'an 56	 56	 40	
		ARSCHAM (5), fils d'Artaxès Ier et frère de Tigrane II .... 36 Il meurt en l'an 16.	
ARTAXÈS ou ARTAXIAS II .... 34 (6) Il est détrôné peu après. En cette même année 34, Alexandre, fils de Marc-Antoine et de Cléopâtre, reçoit de son père la couronne d'Arménie.	 34	.... Pas mentionné.	
ARTAXÈS II remonte sur le trône 30	 30	.... Id.	
TIGRANE II 20	 20	.... Id.	
TIGRANE III .... sans date.	.... sans date.	.... Id.	
ARTAVASDE II, prince du sang royal, mais usurpateur .... sans date.			
	TIGRANE III remonte sur le trône 6	.... Id.	
TIGRANE IV, fils de Tigrane III, vers l'an 2	 5	.... Id.	
.... Pas mentionné.	ERATO, veuve de Tigrane III .... 2(7) Elle abdique peu après.	.... Pas mentionnée.	
		ABGARE, fils d'Arscham .... 1 Il règne environ 38 ans.	
Ap. J.-C.	Ap. J.-C.	Ap. J.-C.	
ARIOBARZANE, prince mède, placé sur le trône d'Arménie par les Romains, vers l'an 3	 2	.... Pas mentionné.	
ERATO .... sans date. Elle succède à Ariobarzane et ne règne que fort peu de temps.	ERATO remonte sur le trône 5	.... Pas mentionnée.	
VONONÈS, vers l'an 15	Interrègne.		
.... et des Parthes .... 16 ou 17 Il est chassé par Germanicus en l'année 18.	.... 16 .... Pas mentionné.	.... Pas mentionné. .... Id.	
ZÉNON, fils de Polémon, roi de Pont .. 18 Il prend le nom d'*Artaxias*.	 18	.... Id.	
	TIGRANE IV, fils d'Alexandre, fils d'Hérode, roi des Juifs .... sans date.	.... Id.	
ARSACE II, fils d'Artaban III, roi des Parthes 34	 35	.... Id.	
MITHRIDATE, frère de Pharasmane, roi d'Ibérie .... 35 Après avoir été plusieurs fois dépossédé et rétabli, il est assassiné, en l'an 50, par son neveu Rhadamiste.	 35		
		AXANOUR, fils d'Abgare, succède à son père, l'an .... 38 SANATRUX (*Sanadrough*), fils d'une sœur d'Abgare, succède à Axanoun, l'an .... 43 (8) Il meurt en 67. — Troubles jusqu'en 68.	
RHADAMISTE, fils de Pharasmane .... 50 Il est bientôt détrôné.	 51	.... Pas admis.	
TIRIDATE (*Dertad*) Ier, frère de Vologèse Ier, roi des Parthes .... 50 ou 51	 52	.... Id.	
RHADAMISTE remonte sur le trône .... 52 Les Romains recouvrent l'Arménie en 54. — La guerre recommence en 58.			
TIGRANE V, arrière-petit-fils d'Archélaüs, roi de Cappadoce, et d'Hérode, roi des Juifs (9) 60	 60	.... Id.	
Interrègne 62			
TIRIDATE Ier reçoit à Rome, des mains de Néron, la couronne d'Arménie (10) 66 Il meurt en 75.	.... 62 Il règne 11 ans environ.	.... Id.	

(1) Tome I, p. 410-414. — (2) *L'Armenia*, t. II, p. 15 et suiv. — (3) « C'est Tigrane II, remarque M. Saint-Martin (*Mém. sur l'Arménie*, t. I, p. 410), si l'on compte le prince du même nom, qui fut contemporain de Cyrus ». — (4) Voy. la note précédente. — (5) Les rois d'Arménie, que l'abbé Cappelletti place après Artavasde Ier, sont considérés par M. Saint-Martin comme ayant régné à Édesse et à Nisibe, et comme appartenant à la deuxième branche des Arsacides d'Arménie. Voy. le tableau ci-après. — (6) M. Saint-Martin (*Fragm. d'une hist. des Arsacid.*, t. I-er, p. 94) fait observer que, depuis la captivité et la mort d'Artavasde Ier, jusqu'au milieu du ne siècle de notre ère, aucun des rois d'Arménie dont il est question dans les auteurs grecs ou latins, n'est mentionné par les historiens arméniens. — (7) M. Saint-Martin n'admet pas que le règne d'Érato seule ait commencé dès cette époque. — (8) Selon M. Saint-Martin, de l'an 44 à l'an 55 de notre ère, Sanadroug (Sanatrucès), appelé au trône d'Édesse l'an 36, régna sur la partie seule de l'Arménie qui est située vers les sources du Tigre et de l'Euphrate. — (9) Dans ses *Mémoires sur l'Arménie* (t. I, p. 411), l'auteur dit que Tigrane V était « fils d'un certain Alexandre, de la race d'Hérode, et neveu de Tigran IV ». — (10) M. l'abbé Cappelletti (*L'Armenia*, t. II, p. 25 et 26, note 3), ne tenant pas compte, à ce qu'il paraît, du témoignage des historiens occidentaux, n'admet sur la liste des rois arsacides d'Arménie qu'un seul prince du nom de Tiridate, celui qui régnait en 286 de J.-C., selon lui, en 259, selon M. Saint-Martin. Il reproche avec beaucoup de vivacité aux écrivains modernes d'avoir répété, l'un après l'autre, qu'un prince appelé Tiridate reçut des mains de Néron la couronne d'Arménie.

III. — SECONDE BRANCHE DES ROIS ARSACIDES D'ARMÉNIE.
38 ans avant J.-C. — 314 ans après J.-C.

SELON M. J. SAINT-MARTIN.		SELON M. L'ABBÉ CAPPELLETTI, D'APRÈS MOÏSE DE KHORÈNE ET LES AUTRES HISTORIENS D'ARMÉNIE.		SELON M. J. SAINT-MARTIN.				SELON M. L'ABBÉ CAPPELLETTI D'APRÈS MOÏSE DE KHORÈNE ET LES AUTRES HISTORIENS D'ARMÉNIE.	
DANS SON HISTOIRE DES ARSACIDES.	DANS SES MÉMOIRES SUR L'ARMÉNIE.	SANS DISTINCTION DE BRANCHES.		DANS SES FRAGMENTS D'UNE HISTOIRE DES ARSACIDES.		DANS SES MÉMOIRES SUR L'ARMÉNIE.		SANS DISTINCTION DE BRANCHES.	
BRANCHE (1). Av. J.-C.	DEUXIÈME BRANCHE. Av. J.-C.		Av. J.-C.	DEUXIÈME BRANCHE.	Ap. J.-C.	DEUXIÈME BRANCHE.	Ap. J.-C.		Ap.
fils d'Ar-						Chosroès II, fils de Tiridate II, et surnommé le Petit	316(5)		
fils d'Ar-						Dinan II, son fils	325		
il frère de	38		38			Arsace III, son fils	341	Arsace II, fils de Diran II (en 381), il arrive de disparaître dans le Château de l'Oubli.	
Manouei		Il meurt en l'an 10.						Baron de Par, second fils d'Arsace II.	
(chounai), ara-	9 ou 8		10			Bap, son fils. — Arménie-Marcelline le nomme Para.	370		
ou Manouei	3 ou 2		5			Varaztad, fils d'Anob, frère d'Arsace III	377		
35 ap. J.-C.		Arsace (sans surnom), fils d'Artham. Il règne environ 38 ans.	1			Arsace IV et Valarsace (Vagharchag) II, tous deux fils de Bab.	382	Arsace III et Valarsace II, tous deux fils de Bab.	
	Ap. J.-C.		Ap. J.-C.						
o 42 ou 43, ceur d'Ab-	35		36					Ils règnent Pun sur la partie orientale de l'Arménie, l'autre sur la partie occidentale. — Valarsace meurt dans l'année même.	
en	50 ou 51(?)	Il meurt en l'année 42.	43						
		Il meurt en l'année 67. Trachées en 67.				Arsace IV, seul.	383		
e déclare roi	68		58			Partage de l'Arménie entre les Romains et les Perses. Arsace IV continue de gouverner la partie occidentale, comme vassal de l'empereur de Constantinople. Le roi de Perse, Schahpour III, donne la partie qui lui était échue à Khosrou III, issu d'une autre branche des Arsacides.	387		
	75	Artoxès, fils de Soumtrous (Soumdroug), est proclamé roi simultanément.	68						
III, fils de	88	Artaxès II, fils de Soumtrous	78						
						Arsace IV meurt en...	389		
						Après sa mort, l'empereur d'Orient donne le gouvernement de l'Arménie grecque à Kazavon, fils de Sbaraspad, de la famille des Gnonarsagans, issue de la race des Arsacides de Perse. Ce général se soumet bientôt après à Khosrou III, qui se reconnaît alors tributaire de l'empire. Cette conduite mécontente le roi de Perse, Bahram IV. Khosrou est détrôné, on l'enferme dans le Château de l'Oubli, institué dans la Susiane.		Chosroès III	
		Artavasde IV, fils d'Artaxès III	170	Artavasde II, fils d'Artaxès II	178				
		Diran Iᵉʳ son frère	171	Il meurt en l'année 190.					
		Tigrane VI, son frère. Il est détrôné, en 181, par Lucius Verus, qui donne la couronne à Soheimé, issu d'une autre branche des Arsacides.	142	Diran Iᵉʳ, autre fils d'Artaxès II. Tigrane III, frère de Diran Iᵉʳ, et surnommé le Dernier	131 152				
		Vagharche ou Vologèse, fils de Tigrane VI	178	Valase (Vagharsch), fils de Tigrane III	194 ou 135				
		Chosroès (Khosrou) Iᵉʳ, son fils, surnommé le Grand	198		214			Bahram — Schahpour (Vrham-Schahpouh), frère de Khosrou III, est placé sur le trône par Bahram IV.	292
				Il est assassiné, en 259, par Artavazde (Ardaschir), roi de Perse.				Khosroup III, réuni sur le trône, après la mort de son frère, par le roi de Perse, Izdedjard Iᵉʳ.	414
		Ardeschir, roi de Perse, de la race des Sassanides. L'Arménie reste pendant 27 ans (de 222 à 259) sous la domination du ce prince ou de son fils Schahpour Iᵉʳ.	232					Sciamouen, fils d'Izdedjard Iᵉʳ	415
		Tiridate II, fils de Chosroès et surnommé le Grand	259	L'usurpation et la domination tyrannique du roi de Perse durèrent 27 ans (de 259 à 289).	280				
		Interrègne. Sanadroug, prince arsacide, et Pacour (Paquor), de la race des Artzrouniens, usurpent le titre de roi, le premier dans le nord de l'Arménie, le second dans le midi.		Il meurt en 341.		Interrègne.		Il meurt à Ctésiphon en 419.	
				Interrègne	342	Arsace IV, fils de Bnagur-Schahpour et appelé aussi Ardaschès, est élevé sur le trône par le roi de Perse, Bahram V. Il est détrôné, et le royaume des Arsacides d'Arménie est démembré, l'an...	422 428		

IV. — MARZBANS QUI GOUVERNÈRENT L'ARMÉNIE AU NOM DES ROIS DE PERSE.

428-564.

428. Véh Mihir Schahpour, nommé par Bahram V. Le prince Vahan, de la race des Amadouniens, fut chargé de l'administration intérieure du pays, et Vartan Mamigonéan, prince de Daron, surnommé Medz (le Grand), fut pendant dix-neuf ans sharabied ou généralissime.

442. Vasag, prince des Siouniens, nommé marzban par Jezdedjerd II, roi de Perse.

452. Adrormizt-Arschagan, Persan nommé aussi par Jezdedjerd II.

464. Aderveschnasb-Iozmentéan, Persan, nommé par Fyrouz.

481. Sahag, asbied ou chevalier, de la race des Pagratides. Il se révolta contre les Persans, et mourut en combattant contre eux, après un gouvernement d'un an et sept mois.

483. Schahpour-Mihranéam, Persan, nommé par Fyrouz, gouverne pendant six mois. Nikhor-Veschnasb-Tad, Persan, nommé aussi par Fyrouz, gouverne pendant quatre mois.

484. Antégan, Persan, nommé par Fyrouz, pendant sept mois.

485. Vaham, surnommé Medz (le Grand), de la race des Mamigonéans, prince de Daron, fils de Hmaïéag, frère de Vartan le Grand. Il s'était révolté contre les Persans, et il contraignit le roi Balasch de le nommer marzban. Il fut ensuite confirmé dans sa dignité par Kobad, frère de Balasch et fils de Fyrouz.

511. Vart, frère de Vahan. Il se révolta contre Kobad, qui le destitua et l'emmena prisonnier à Ctésiphon.

515. Pourzan, Persan, nommé par Kobad.

518. Mejej, prince de la race des Kénouniens, nommé par Kobad, et confirmé par son fils Chosroès le Grand, ou Kosrou-Anouschrewan.

548. Tenschabouh ou Tenschahpour, Persan, placé aussi par le même roi.

552. Veschnasvahran, Persan, placé aussi par le même roi.

558. Varaztad, Persan, nommé aussi par Chosroès.

564. Souren-Djihrveschnasbouhen, Persan, gouverneur placé par le même roi. Il fut tué par Vatan, prince des Mamigonéans, qui s'était révolté.

V. — DYNASTIE DES PAGRATIDES.

748-1079.

Dep. J.-C. 748. Achod, fils de Vasag, créé patrice et gouverneur de l'Arménie par Merwan II, dernier calife de la race des Omniades.

758. Sempad, fils d'Achod, tué en combattant contre les Arabes.

781. Achod, surnommé Messager carnivore, son fils.

820. Sempad, surnommé le Confesseur, son fils. Il souffrit le martyre à Bagdad.

859. Achod, surnommé le Grand.

890. Sempad Ier, dit le Martyr, son fils.

914. Achod II, Bras de fer, son fils.

921. Achod, frère de Sempad Ier, se fait, avec l'appui des Arabes, déclarer roi à Tovin.

928. Apas succède à son frère Achod II.

952. Achod III, dit le Miséricordieux.

977. Sempad II, dit le Dominateur.

989. Kakig Ier, surnommé Roi des rois, frère de Sempad II.

1020. Jean, nommé aussi Sempad, fils de Kakig Ier.

1040. Interrègne.

1042. Kakig II, fils d'Achod IV.

1079. Il est assassiné par les Grecs dans la forteresse de Cybistra, et la monarchie des Pagratides en Arménie fut entièrement éteinte.

VI. — DYNASTIE DES ROUPÉNIENS ET DES LUSIGNAN.

1080-1393.

N. B. — Avant tout, il est nécessaire de jeter les yeux sur le tableau chronologique des princes de la dynastie de Roupén, afin d'avoir un canon auquel nous puissions rapporter les dates qui se présenteront à nous dans le cours de ce travail. Les éléments de ce tableau ont été empruntés à la Chronique du connétable Sĕmpad, frère du roi Héthoum I*er*. La position élevée et intime de cet écrivain à la cour de Sis semble être une garantie de son exactitude.

ÈRE arménienne.	ÈRE CHRÉTIENNE.	
	Vers 1080..................	Roupèn I*er*, dit *le Grand*, s'établit dans le Taurus.
		BARONS
547	25 fév. 1098 — 24 fév. 1099...	Constantin I*er*, fils de Roupèn, se rend maître de la forteresse de Vahga et fonde la dynastie des Roupéniens ; il reçoit des croisés le titre de *baron*.
549	25 fév. 1100 — 23 fév. 1101...	Mort de Constantin ; son fils Thoros I*er* hérite de son titre et de sa principauté.
578	17 fév. 1129 — 16 fév. 1130...	Thoros meurt ; il a pour successeur son frère Léon I*er*.
585	16 fév. 1136 — 14 fév. 1137...	Léon est fait prisonnier par l'empereur Jean Comnène, qui s'empare de ses États, et l'emmène à Constantinople.
588	15 fév. 1139 — 14 fév. 1140...	Il meurt dans les fers.
590	14 fév. 1141 — 10 fév. 1142...	Thoros II, son fils, s'échappe de Constantinople et revient en Cilicie, où il reprend possession des États de son père.

ÈRE armén.	ÈRE CHRÉTIENNE.	
613	9 fév. 1164 — 7 fév. 1165....	Sdéph'ané, frère de Thoros, est tué par les Grecs.
617	8 fév. 1168 — 6 fév. 1169....	Mort de Thoros; son jeune fils ROUPÈN II lui succède sous la tutelle de Thomas, cousin germain de Thoros, et baïle (régent) d'Arménie.
618	7 fév. 1169 — 6 fév. 1170...	MLEH, frère de Thoros, s'empare de la principauté de Cilicie. Thomas s'enfuit à Antioche, et le jeune Roupèn est mis en sûreté dans la forteresse de Hr'om-gla, où il meurt l'année suivante.
624	6 fév. 1175 — 5 fév. 1176....	Au bout de sept ans, les grands tuent Mleh. ROUPÈN III, fils aîné de Sdéph'ané, est placé par eux sur le trône.
634	3 fév. 1185 — 2 fév. 1186.....	Il est pris en trahison par le prince d'Antioche (Boëmond, dit *le Bambe*); mais bientôt après il recouvre la liberté.
636	3 fév. 1187 — 2 fév. 1188....	Mort de Roupèn III; il est remplacé par son frère LÉON II.
		ROIS.
646	31 janv. 1197 — 30 janv. 1198.	Le 6 janvier, jour de l'Epiphanie (1198), Léon est sacré roi sous la suzeraineté de l'Eglise de Rome et de l'empire d'Occident.
668	26 janv. 1219 — 25 janv. 1220.	Mort de Léon. Sire Adam de Gastim, et ensuite le grand baron Constantin, sont créés baïles du royaume.
671	25 janv. 1222 — 24 janv. 1223.	PHILIPPE, fils de Raymond le Borgne, prince d'Antioche, est appelé au trône et épouse Zabèl (Isabeau), fille et héritière du roi Léon. Il est détrôné par les grands et renfermé dans la forteresse de Partzerpert, où il meurt dans l'année.

ère armén.	ÈRE CHRÉTIENNE.	
675	24 janv. 1226 — 23 janv. 1227.	Héthoum Ier, fils de Constantin, est choisi pour roi par les évêques, les nobles et le patriarche Constantin 1er; on lui donne en mariage la reine Zabèl.
715	14 janv. 1266 — 13 janv. 1267.	Léon, fils de Héthoum, est fait prisonnier, et son frère Thoros est tué en combattant les Egyptiens.
717	14 janv. 1268 — 13 janv. 1269.	Léon est rendu à la liberté.
719	13 janv. 1270 — 12 janv. 1271.	Mort de Héthoum 1er; son fils Léon III est sacré l'année suivante.
738	8 janv. 1289 — 7 janv. 1290..	Léon meurt; son fils Héthoum II lui succède.
746	6 janv. 1297 — 5 janv 1298..	Le roi Héthoum se rend avec son frère Thoros à Constantinople, laissant l'administration du royaume à son autre frère Sempad; celui-ci, à leur retour, se saisit d'eux et les met en prison.
748	6 janv. 1299 — 5 janv. 1300..	Sempad fait aveugler Héthoum et étrangler Thoros. Constantin II, quatrième frère, chasse Sempad et monte sur le trône. Héthoum règne de nouveau après avoir expulsé du pays Constantin et Sempad; au bout de quelque temps, il abdique en faveur de son neveu.
	1305......................	Léon IV, fils de Thoros.
756	4 janv. 1307 — 3 janv. 1308..	Le roi Léon et son oncle Héthoum sont tués par Philargh'ou, général mongol, le 17 novembre.
757	4 janv. 1308 — 3 janv. 1309..	Oschin, frère de Héthoum, est sacré à Tarse.
769	1er janv. — 30 déc. 1320.....	Mort d'Oschin; la Cilicie est envahie par les Egyptiens.
770	31 déc. 1320 — 30 déc. 1321..	Léon V, fils d'Oschin, est couronné.
780	29 déc. 1330 — 28 déc. 1331..	Il épouse, en secondes noces,

ère armén.	ÈRE CHRÉTIENNE.	
		Constance, fille de Frédéric II, roi de Sicile, et veuve de Henri II, roi de Chypre.
		ROIS LUSIGNAN.
	1342	CONSTANTIN III, Jean (Djivan), fils de Zabloun ou Zabèl (Isabeau), fille de Léon III, mariée à Amaury, comte de Tyr, frère de Henri II, roi de Chypre.
		Il est tué par les grands après un an de règne.
	1343	GUY, frère de Constantin.
		Il périt comme lui, après un règne de deux ans.
811	1345	CONSTANTIN IV, descendant de Léon V, et fils du baron Baudouin, maréchal.
	21 déc. 1361 — 20 déc. 1362	Sa mort.
	1363	Interrègne de deux ans.
	1365	LÉON VI, fils présumé de Constantin IV, et né d'une mère arménienne.
		Il épouse Marie, nièce de Philippe de Tarente, empereur titulaire de Constantinople.
	1375	Il est fait prisonnier par le sulthan Mélik-el-Aschraf Scha'ban, et conduit en Egypte.
		Destruction définitive de la royauté arménienne.
	1378	Léon est délivré par l'intervention de Jean Ier, roi de Castille, et de Pierre IV, roi d'Aragon.
	1393	Il meurt à Paris, à la cour de Charles VI, le 29 novembre, premier dimanche de l'Avent.

VII. — PATRIARCHES D'ARMÉNIE
JUSQU'A LA MOITIÉ DU XVIIIe SIÈCLE.

Saint Thadée.....	Martyrisé. Un des soixante-douze disciples.
Saint Atthée.....	Evêque d'Edesse, sacré par Saint Thadée, martyr.
Théophile........	Successeur de Saint Atthée.
Saint Grégoire l'Illuminateur......	
Aristarcès, 7 ans.	Fils de Saint Grégoire et sacré par lui. Assista, au nom de son père, au concile de Nicée, martyrisé.
Vertassès, 15 ans.	Frère aîné d'Aristarcès.
Hésichius, 6 ans..	Fils de Vertanès, martyr.
Panierces, 5 ans..	
Nercès-le-Grand, 4 ans...........	Petit-fils d'Hésichius. Il prédit les malheurs de sa nation et aussi son retour opéré par des missionnaires romains. Empoisonné en haine de la foi par le roi Pabas (Bab), auquel il reprochait ses crimes.
Isaac Ier..........	
Zaven............	Catholiques.
Asbarakès........	
Isaac II..........	Fils de Nersès le Grand. Il fut déposé à la demande des princes arméniens, qui renversèrent également du trône le roi Ardachès, en qui finit la dynastie des Arsacides.
	Il fut rétabli sur son siège.
	Sous son pontificat parut Saint Mesrob.
	Il fut le dernier patriarche de la race de Saint Grégoire l'Illuminateur.
Suormach (Joseph).	Martyr.
Kiut.............	Transféra le siège patriarcal à Tovin, et y emporta la relique de Saint Grégoire l'Ill., pour se mettre hors de la portée des rois de Perse.
Jean Mantacourt..	Reçut le concile de Chalcédoine, d'après le témoignage de Nersès de Lampron.

PAPKEN............
SAMUEL............
MUSCE............
ISAAC III............ } Unis à l'Eglise Romaine.
CHRISTOPHORE Ier..
LÉONCE II........

Ainsi, depuis saint Grégoire l'Illuminateur, dix-neuf patriarches conservèrent, durant 200 ans, l'intégrité de la foi.

NERCÈS............ | Surnommé Achdaraghensis, tint à Tovin, en 520, un conciliabule de dix évèques. On y déclara une seule nature en Jésus-Christ.

JEAN II............
MOÏSE Ier........
ABRAHAM............ } Hérétiques.
JEAN III............
GOMIDAS............
CHRISTOPHORE II..

Sous ces sept patriarches, durant 112 ans, nulle interruption dans l'erreur.

JÉSER............ | En 622, Héraclius réunit un concile pour mettre fin au schisme.
On anathématise le concile de Tovin, on revient à l'union avec l'Eglise Romaine.

NERSÈS III........
ANASTASE........
ISRAËL............ } Catholiques.
ISAAC IV........
ELIE............

L'union dure 105 ans.

Jean ORYNIENSIS... | Rassemble un concile à Manaskierd, en 727. On professe de nouveau l'erreur.

DAVID Ier........
TIRIDATE Ier...... } Schismatiques.
TIRIDATE II........

— 549 —

Syon............	
Isaïe............	
Etienne Ier......	
Joab............	
Salomon.........	Schismatiques.
Georges.........	
Joseph II........	
David II.........	
Jean V...........	
Zacharie.........	Leur succéda en 862. Concile à Chiraghuan. On abjure l'erreur. On redevient catholique.
George II........	
Machdonest......	On ne sait s'ils furent constants dans la foi.
Théodore Ier.....	
Jean VI..........	Ecrivit une lettre pour soutenir les deux natures en Jésus-Christ. Cependant, dans le siècle actuel, cette lettre fut mise à l'index.
Elysée...........	??...
Ananie..........	
Vahan...........	Travailla à l'extinction du schisme ce qui lui valut d'être renversé de son siège.
Etienne II.......	
Kacik Ier........	Il est croyable qu'ils furent schismatiques.
Serge Ier........	
Pierre...........	Frère de Kacik. Les schismatiques le chassèrent pour mettre Dioscore à sa place, puis chassèrent Dioscore et rétablirent Pierre.
Kacik II.........	En 1060, il transporta le siège à Sébaste, en Cappadoce, pour se soustraire aux Turcs.

Vacance de 4 ans. — Troubles causés par les prétentions de l'empereur Constantin Doucas.

Grégoire - Ughaïaser...........	Fils du prince Maghistros, n'épargna aucun effort pour éteindre le schisme, mais ne réussit pas.
Basile...........	Son parent. Catholique.
Grégoire III.....	Fils d'une sœur de Grégoire II, envoya deux fois des ambassadeurs à Rome : la 1re à Innocent II, la 2e à Eugène III.

— 550 —

Nercès IV surnommé Glajensis.	Frère de Grégoire III. Ardent catholique, habile théologien, littérateur. Les Arméniens l'honorent comme un saint.
Grégoire IV......	Neveu de Saint Nercès, transporta le siège patriarchal à Sis, pour se soustraire à l'esprit envahissant des Grecs, en 1171. Concile de Tarse, en 1177, présidé par Nersès de Lampron, évêque de Tarse. Il ouvre le concile par un si beau discours que tous promettent d'abjurer l'erreur. Malheureusement le concile est interrompu par la mort de l'empereur Manuel, et il n'eut pas de conclusion.
Grégoire V......	
Grégoire VI.....	Ecrit au pape Innocent III des lettres pleines de soumission.
Jean VII.........	
Jean VIII.......	
Constantin Ier...	Le pape lui envoya le pallium, la croix et l'anneau.
Grégoire VII. ...	Surnommé le théologien. Il pressa les rois Hayton et Léon III de convoquer un concile à Sis, pour traiter de la réunion avec l'Eglise Romaine, mais il mourut, en 1307, avant l'ouverture de l'assemblée.
Constantin II.....	Très bon catholique. Synode ouvert en 1307. 36 évêques, 10 vertabiets, 7 abbés. Le roi y assiste. Réunion à l'Eglise. Comme les schismatiques s'insurgeaient contre le concile, on en réunit un second à Adana, en 1316. 18 évêques, 5 vertabiets, 2 abbés. Le roi présent. Nouvelle profession de foi catholique. Mais rage des schismatiques.
Constantin III.... Jacques II....... Mékhitar......... Mesrob.......... Constantin IV.... Paul Ier..........	Excellents catholiques.

Théodore II...... Garabed Ier...... David IV......... Garabed II...... Grégoire VIII.... Paul II.......... Constantin V.... Joseph III....... Grégoire IX.....	Excellents catholiques.

Ensuite presque tous les patriarches sont schismastiques.

Ciriaque.........	Enlève de Sis la relique de Saint Grégoire et se fait élire patriarche à Ezmiadzin par les schismatiques. Il est chassé deux ans après, en 1447. Mais on lui donne un successeur à Ezmiadzin, quoiqu'il y eût un patriarche à Sis. Sont patriarches à la fois. Zacharie, qui veut
Grégoire X...... Aristarcès II..... Zacharie.........	régner seul, emporte la main de Saint Grégoire dans l'île d'Aghatmar et crée un nouveau patriarcat.
Sergius II........ Jean IX et Sergius III........	En 1476, Jean reporte la relique à Ezmiadzin, et y occupe le siège avec Sergius, son concurrent.
David et Melchisédec.......... Hamid............	Ne pouvant payer l'impôt au roi de Perse, les deux premiers s'associent Hamid, qui était riche, et lui proposent d'être 3e patriarche. Hamid, catholique romain, qui était riche, accepte, paie les dettes, et s'efforce de rétablir la vraie foi. Il est chassé par le roi de Perse et meurt à Tigranocerte, en 1606. David et Melchisédec ne pouvant s'entendre, le roi de Perse emporte la relique à Ispahan, casse David, et nomme Melchisédec. Mais Melchisédec a promis au roi de payer plus qu'il ne peut, il s'effraye, se sauve à Constantinople, et nomme au patriarcat son neveu Isaac V.

Isaac V............	David accourt, conteste la nomination d'Isaac. Mais pendant qu'ils se disputent,
Moïse	Vertabet, appelé à Ispahan pour apprendre aux Persans à blanchir la cire, plaît tellement au schah qu'il le nomme patriarche. Moïse était catholique et travailla dans ce sens. Il mourut, après trois ans, en 1632.
Philippe...	Zélé catholique, obtient du roi de rapporter la relique à Ezmiadzin (après trente ans); il mourut en 1655.
Jacob III.........	Très bon catholique, va à Rome faire sa soumission, et y meurt.
Eléazar-Glaivtse	Bon catholique, favorisa les missionnaires de Rome.
Mahabiet.........	Paraît avoir été catholique, mais la politique lui fit ménager le roi de Perse et les schismatiques, et il ne fit pas grand'chose d'utile à la foi. Mort en 1706.
Alexandre........	Guerre secrète aux catholiques. Peau de brebis. Loup furieux.
Asvadour	Laissa vivre les catholiques en liberté. Il est le 120ᵉ patriarche.
Hajrabed	
Abraham II.......	
Abraham III......	
Hazar	
Minas............	
Alexandre	
Isaac	
Jacques..........	
Simon.	Schismatiques.
Lucas............	
David............	
Daniel...........	
Efrem	
Jean.............	
Nersès V........	
Matthéo	

Cette liste s'arrête à 1858.

VIII

Rit des Arméniens schismatiques.

Nota. — Cet exposé est littéralement extrait des *Mémoires des missions de la Compagnie de Jésus dans le Levant,* publiés par le P. Fleuriau.

Le Rit de cette Nation consiste particulierement dans la Liturgie, dans les Sacremens, dans les Fêtes, dans les jeûnes, dans le Chant, et dans les prieres publiques. J'en ferai autant d'Articles.

Article premier.

De la Liturgie.

Dans les Eglises, le pavé est couvert de nattes, ou de tapis ; la coûtume est de quitter par respect ses souliers, lorsqu'on y entre. Les Autels sont de pierre, sans Reliques : simples, étroits, et faits de maniere, qu'on peut aisément tourner tout au tour. Le Crucifix est peint, ou fait de nacre de perles, enchassées dans du bois. Le Calice et la patene, ressemblent aux nôtres.

On les couvre d'un voile de crespon, sans pâle. Le sanctuaire est separé de l'Eglise, par un grand rideau, qu'on tire pendant le mystere de la sainte Messe. Il est rare qu'on dise deux Messes en un jour, dans la même Eglise ; mais on n'en dit jamais qu'une sur chaque Autel. Le Prêtre qui doit la dire, couche dans l'Eglise, pendant la semaine. On n'y celebre que des Messes Hautes, et toujours à la pointe du jour ; mais la veille de l'Epiphanie, et la veille de Pâques, les Messes se disent le soir.

Le Celebrant porte un bonnet rond, dont la pointe se termine en croix ; son Aube est étroite et courte ; il a sur chaque bras un manipule, qui est une espece de manche, qui ne monte que jusqu'au coude : son Etole est ornée de croix ; les extremitez en sont étroites. L'Amict du Prêtre est comme un colier de Moine, d'argent ou d'or, d'où pend une toile sur les épaules ; il est ensuite revêtu d'une Chape. Les Prêtres assistans, n'ont simplement qu'une Chape sur leurs habits.

Les Diacres ont une Aube, sans ceinture, et une étole sur l'épaule gauche, qui pend devant et derrière. Les Soudiacres et les Clercs ont un surplis, ou une Aube étroite, qui descend jusqu'aux talons. Le Surplis, ou l'Aube, sont marquez de croix, peintes en fleurs sur la poitrine, sur les deux manches, et sur le milieu du dos, avec quatre autres croix plus petites, aux quatre coins.

Les Ceremonies des Prêtres à l'Autel, sont celles-ci : le Prêtre habillé se lave les mains, dit l'Introït au pied de l'Autel, et fait seul sa confession, en termes presque semblables aux nôtres. Le Prêtre assistant dit *Misereatur* ; le Celebrant, étant monté à l'Autel, le baise trois fois : l'Archidiacre lui porte l'Hostie, qui est d'un pain sans levain, et le Prêtre la place dans un trou fait exprès dans la muraille, semblable à celui, où l'on met les Buretes dans quelques-unes de nos Eglises. Il y pose aussi le Calice, après y avoir mis du vin pur, et sans eau. Le Diacre dit du milieu de l'Eglise, ces paroles : *benissez Seigneur.* Le Celebrant poursuit seul, disant : *benediction et gloire au Pere et au Fils* : et recite le Pseaume, l'Antienne, et l'Hymne du jour ; les Clercs chantent trois fois le Trisagium, avec l'addition de Pierre Gnaphée : *Saint Dieu, Saint fort, Saint immortel,* qui avez été crucifié pour nous, ayez pitié de nous : les Clercs ayant fini, le Celebrant lit le Pseaume, la Prophetie, et l'Epitre propre du jour ; il se tourne vers le Peuple, et dit ; *la paix soit avec vous,* et *avec vôtre esprit,* répondent les Clercs ; ces paroles se répetent sept fois pendant la Messe.

Le Diacre lit l'Evangile du jour. Je rapporterai ici mot à mot le Symbole, qui se chante après l'Evangile ; afin qu'on y voye les changemens, et les additions qui y ont été faits, et qui ne doivent point être attribuez, ni à la disette, ni à aucune proprieté de la Langue Armenienne. Dans ce Symbole il est clair, qu'en parlant du Saint Esprit, le schisme y a supprimé ces mots, qui *procede du Père et du Fils.* Les *oblata* se font ensuite de cette manière. Le Celebrant, le Diacre, et les Clercs les portent en procession autour de l'Autel, et chantent : *le Corps du Seigneur, et le Sang de la redemption est en presence*, et le peuple se prosterne. Le Prêtre étant remonté à l'Autel, et s'étant lavé les doigts, se tourne du côté du Diacre, et lui donne le baiser de paix. Le Diacre dit alors. Donnez-vous la paix mutuellement dans le baiser de pureté ; et vous, qui n'êtes pas dignes de communiquer aux Mysteres, descendez à la porte, et priez. Le Celebrant étant venu à la Consecration, il prononce d'abord ces paroles. *Prenant le pain dans ses saintes, divines, immortelles, immaculées, et agissantes mains, il benit, rendit graces, rompit, donna à ses Disciples choisis, saints, et assis...*

Le Prêtre continuë, et profere les paroles Sacramentelles, telles que nous les proferons sur le pain, et sur le vin, qu'il éleve pour être adorez du peuple. Après la Consecration, et quelques Prieres faites avec des benedictions, le Celebrant leve le voile, qui couvre le Calice, et prenant l'Hostie en main, dit trois fois : *Par ceci tu seras veritablement le pain beni, le Corps de nôtre Seigneur, et Sauveur Jesus-Christ*. Il ajoûte, et dit trois fois, *ton Saint Esprit cooperant* ; et couvre le Calice. Après ces paroles, le Prêtre prie pour tous les Etats réguliers, et séculiers. Le Diacre en chantant, fait mention des Saints, et en particulier des saints *Thadée*, *Barthelemy*, Gregoire l'Illuminateur, ausquels il joint *Jean* Orodnicti, *Gregoire* Dukeratsi, et Barsam, tous trois heretiques. Il fait aussi mémoire d'*Abgare*, *Constantin*, *Tiridate*, et *Theodose*.

L'Oraison Dominicale est chantée par le peuple. Après l'Oraison, le Prêtre se tourne deux fois vers le peuple, et lui montrant l'Hostie sur le Calice, dit d'abord, *les choses saintes aux Saints* : et à la seconde fois, il ajoûte: *mangez le saint venerable Corps, et Sang de notre Seigneur, et Sauveur Jésus-Christ, avec sainteté, lequel descend du Ciel, habite parmi nous; il est la vie.*

L'*Agnus Dei* se dit dans les termes, dont nous nous servons, ou approchant, et le Celebrant fait la Communion. La Communion étant faite, le Diacre dit au peuple: *Approchez avec crainte, et avec Foy, et communiquez au Saint : j'ai peché contre Dieu. Nous croyons au Pere, Dieu vrai; nous croyons au Fils, Dieu vrai; nous croyons au Saint Esprit, Dieu vrai. Nous confessons et croyons, que c'est le vrai Corps, et Sang de Jésus-Christ, qui nous sera en remission de nos pechez.* Les Clercs répondent, et chantent : *nôtre Dieu, et nôtre Seigneur nous a apparu : beni celui qui vient au nom du Seigneur.* Alors le peuple communie : le Celebrant le benit, et chante : *faites vivre, Seigneur, vôtre peuple;* les Clercs poursuivent en chantant : *nous sommes remplis de vos bontez.* Le Diacre ajoûte, *avec foy et avec paix;* et les Clercs avec lui disent, *nous rendons graces.* Le Celebrant marche ensuite vers le milieu de l'Eglise, il y fait quelques prieres, et les finit en se tournant du côté du peuple, disant : *la plenitude de la Loy, et des Prophetes; vous êtes le Christ Dieu :* puis il monte à l'autel, et après trois adorations, *Seigneur Jesus-Christ,* dit-il, *ayez pitié de nous.* L'Evangile de Saint Jean se recite à la fin de la Messe, selon la coûtume de l'Eglise Latine.

Pendant la Messe, les Officians ne font aucune genuflexion ; mais seulement des inclinations : le Celebrant benit le peuple plus de 50. fois, étendant la main, sans tourner le corps. Le Diacre prononce presque autant de fois, et en même temps ces paroles : *Benissez, Seigneur.*

Avant la Messe les Armeniens font une profession de Foy, qui est heretique. Elle commence par un exorcisme, et finit par une confession de toutes sortes de crimes, les plus capables de choquer les oreilles pieuses, et chastes.

Pour ce qui est de l'Office divin, qu'on récite dans les Eglises Armeniennes, l'ancienne Langue de la Nation, qu'on peut appeler un Armenien litteral, y est seul en usage ; mais son intelligence est réservée aux Ministres des Autels, lesquels très-souvent ne sçavent autre chose, que le lire. C'est non seulement par ce Rit singulier, que la Nation se distingue des autres Societez Chrêtiennes ; mais encore par l'administration des Sacremens, où ils ont introduit des abus à corriger, et d'autres à abolir ; comme on le va voir.

Article II.

Des Sacremens.

Du Sacrement de Baptême.

L'Evêque, ou le Prêtre, qui administre le Sacrement de Baptême, reçoit d'abord l'enfant hors de la porte de l'Eglise, qu'on tient fermée : il y recite le Pseaume 130e. et diverses prieres. Ensuite se tournant vers l'Occident, il répete trois fois l'exorcisme ; puis s'étant tourné vers l'Orient, il fait trois fois les demandes ordinaires, sur la créance des principaux articles de la Foy, et dit le Pseaume *Confitemini*, qui est le cent dix-septième. Alors la porte de l'Eglise s'ouvre, et étant ouverte, on marche vers les Fonds Baptismaux. Le Prêtre y oint l'enfant d'huile benite. Il recite à haute voix le Pseaume, *Vox Domini super aquas*, et le 3e. Chapitre de Saint Jean, où Jesus-Christ instruit Nicodeme de la nécessité d'une régeneration spirituelle, que le saint Baptême opere en nous ; puis il benit l'eau des Fonds. Il y plonge le Crucifix, et y répand le Saint Crème, disant trois fois, *Alleluia,* avec ces paroles: *Que cette eau soit benite, ointe et sanctifiée.*

Après ces premieres ceremonies, le Prêtre demande le nom qu'on donne à l'enfant, et le nommant alors par son nom, il le plonge entierement, trois fois, dans l'eau des Fonds, disant à chaque immersion : *N. serviteur de J. C. qui se présente de sa propre volonté au Baptême, est maintenant baptisé par moi, au nom du Pere, du Fils, et du Saint-Esprit. Vous êtes racheté par le sang de J. C. délivré de la servitude du péché; vous êtes fils adoptif du Pere celeste, cohéritier de J. C. temple du Saint-Esprit.* Cette forme convient mieux avec la nôtre, que celle des Grecs, en ce qu'elle indique le Ministre, qui baptise ; mais c'est un abus de la repeter à chaque immersion ; car le Sacrement ayant son integrité, et par consequent son efficacité dès la premiere immersion ; c'est pécher contre son unité, de réïterer deux fois l'immersion, et les paroles, qui sont la matiere, et la forme du Sacrement.

Un autre Rituel Armenien, que j'ai vû, prescrit une differente maniere de conferer le Baptême; mais qui n'est pas moins condamnable. Le Prêtre dit à la premiere immersion, *au nom du Pere*; à la seconde, *au nom du Fils*; et à la troisième, *au nom du Saint-Esprit*. Cette repetition, *au nom*, est contraire à l'institution de J. C. dans laquelle les Saints Peres remarquent contre les Ariens, et les Macedoniens, que les 3. personnes de la Sainte Trinité sont énoncées sous le mot *au nom*, une fois prononcé, pour marquer l'unité des trois personnes en essence.

A ces erreurs des Armeniens, il faut ajoûter un nouveau reproche qu'ils méritent, qui est d'attendre le 8e. jour après la naissance d'un enfant pour le faire baptiser: car il n'arrive que trop souvent, que l'enfant meurt pendant cet espace de temps, sans Baptême. Quelques-uns de leurs Docteurs, pour se mettre à couvert de ce juste reproche, soûtiennent que dans cette occasion, le Baptême n'est pas absolument nécessaire à *l'enfant;* et c'est ce qui a donné occasion de les accuser, de ne pas croire le peché originel. Cependant il est certain que la Nation en general, croit la nécessité du Baptême.

Du Sacrement de Confirmation.

La Confirmation se donne aux enfans, incontinent après le Bâptême: le même Prêtre administre l'un et l'autre Sacrement; tel est l'usage ordinaire des Eglises du Levant. Leur Crême n'est pas seulement composé d'huile d'olive, et de baume; ils y ajoûtent le suc de differens aromates, confondu dans du vin. Comme l'huile d'olive est très-rare dans le Pays, quelques Eglises y avoient substitué l'huile de cesanne; mais ils l'ont retranchée, n'étant pas une matiere convenable.

La benediction de saint Cresme est attribuée au seul Patriarche des Armeniens; il en envoye chaque année une portion aux Evêques, pour en faire la distribution aux Prestres. Ceux-ci craignant souvent d'en manquer y ajoûtent une huile étrangere, et s'exposent à l'altérer considerablement. Le Rituel prescrit aux Ministres de la Confirmation, de faire premierement le signe de la croix avec le Crême, sur le front de l'enfant, qui vient d'être baptisé ; et il prononce ces paroles : *la suave onction, au nom de Jesus-Christ, est répanduë sur vous, le sceau des dons celestes au nom du Pere, du Fils, et du S. Esprit.*

Il ne répete point l'invocation des trois personnes de la Ste Trinité, aux onctions suivantes. A celle des yeux, il dit : *l'onction de la sanctification éclaire vos yeux, afin que vous ne vous endormiez jamais dans le sommeil de la mort.* Aux oreilles, *l'onction de la sanctification, pour vous faire entendre les Commandemens de Dieu.* Aux narines, *l'onction de la sanctification vous soit au nom de Jesus-Christ, une garde à votre bouche, et une porte forte sur vos levres.* Dans le creux des mains, *l'onction de la sanctification, soit en vous au nom de J. C. la cause des bonnes œuvres.* Sur la poitrine, *l'onction de la sanctification, formera en vous un cœur pur, et renouvellera l'esprit droit dans vos entrailles.* Sur la paume des mains, il dit : *l'onction de la sanctification, vous fera au nom de J. C. un bouclier pour repousser les flèches du malin esprit.* Sur les pieds il dit : *l'onction de la sanctification dirigera vos pas à la vie éternelle.*

Après toutes ces onctions faites, le Ministre met une couronne sur la teste de l'enfant, et le communie étant encore à la mamelle.

Du Sacrement de l'Eucharistie.

Les Armeniens administrent le Sacrement de l'Eucharistie, d'une maniere, qui leur est particuliere. Le Prêtre ne consacre qu'une seule Hostie, quelque grand que soit le nombre des Communians. Leur Hostie est ronde ; mais trois ou quatre fois plus épaisse que les nôtres. Après avoir compté ceux qu'il doit communier, il rompt l'Hostie en autant de petites parties, qu'il y a de communians ; il les fait tremper toutes dans le Sang de Jesus-Christ, et les en tirant avec les doigts, il les porte dans la bouche des communians, qui se présentent à lui, étant tous debout.

Cette maniere de donner la Communion, avoit commencé à s'introduire dans l'Eglise Latine, vers la fin du IIe siecle ; mais les Papes Pascal, et Urbain s'y opposerent : le premier écrivit contre cette pratique, à Ponce, Abbé de Clugny ; et le second la défendit dans le Concile de Clermont. La raison est que, selon l'institution de Jesus-Christ, la participation de son Sang se doit faire en le bûvant. C'est par la même raison, qu'environ l'an 1053, le Cardinal Humbert desaprouva la pratique de l'Eglise de Constantinople, de donner la Communion dans une cuillere, qui contenoit une particule de l'Hostie consacrée, et trempée dans l'espèce du vin. Les Grecs gardent encore aujourd'hui cette pratique; et les Armeniens, celle de communier les enfans immédiatement après le Baptême, et la Confirmation, nonobstant le grand inconvenient, dont ils sont souvent témoins, que les enfans rejettent la particule de l'Hostie, qu'ils ne peuvent avaler.

Nous ne nous taisons pas sur cet abus, non plus que sur un autre, qui lui est contraire : c'est la rareté des Communions parmi les adultes; car plusieurs passent les années, sans s'en approcher, ou n'en approchent que deux fois l'année; sçavoir, le Samedi saint, et le jour de l'Epiphanie. Le malheur est, que plusieurs de leurs Evêques, et de leurs Vertabjets, qui sont leurs Docteurs, autorisent cette coupable négligence, par leur mauvais exemple : car à peine disent-ils la sainte Messe, une fois l'année. Ils croyent beaucoup faire, que d'assister en certains jours, à celles des simples Prêtres, sans vouloir y communier; sous prétexte que ce seroit avilir leur dignité, de recevoir la Communion de la main d'un Prêtre leur inferieur.

Quant à leur maniere de donner le saint Viatique aux malades; leur Rituel ordonne, que le Prêtre sera précédé de la Croix, et d'un Encensoir : il récite des Pseaumes, des Epitres, et des Evangiles, le Symbole de la Foy, auquel il ajoûte le Trisagion. Je ne sçai pourquoi ils ont pour pratique, de ne donner la communion, même aux malades, que quarante jours après la précedente communion.

Du Sacrement de la Penitence.

L'incapacité des Prêtres Armeniens a introduit plusieurs abus intolerables, dans l'usage du Sacrement de Penitence. Le Confesseur, pour avoir plutôt fait, et pour recevoir sa retribution, a par écrit une longue liste de pechez, qu'il récite, sans y supprimer les plus énormes. Le penitent, soit qu'il s'en connoisse coupable, ou non, répond: *J'ai peché contre Dieu.* Si un Confesseur mieux instruit de son devoir, interroge son penitent, il ne lui dira mot sur l'accusation, qu'il lui fera de pechez griefs. Mais s'il vient à s'accuser de quelques faits, qui sont plutôt des superstitions, que des pechez, comme d'avoir tué un chat, ou un oyseau, alors le Confesseur prenant un ton sévere, fait de rudes reprimandes à son penitent, et lui impose de rigoureuses penitences. Il n'oublie pas sur-tout de le questionner, s'il n'a point de biens d'autrui; car si le cas y échoit, il s'applique, ou à son Eglise, la restitution, qui est dûë à l'homme volé.

Pour ce qui est des Prélats, et des Vertabjets, qui ne daignent pas recevoir la communion d'un inferieur, ils se croiroient trop humiliez, qu'on les vît aux pieds d'un Prêtre, pour recevoir l'absolution de leurs pechez.

Les termes dont les Armeniens se servent, pour prononcer l'absolution, sont differens de ceux, que les Grecs y employent. Les termes de ceux-là sont absolus, et ceux des derniers, ont une forme deprécatoire. Voici la formule des Armeniens: *Que Dieu, qui a de l'amour pour les hommes, vous fasse misericorde : qu'il vous accorde le pardon des pechez, que vous avez confessez, et de ceux, que vous avez oubliez, et moi par l'autorité, que me donne l'Ordre Sacerdotal, selon les divines paroles, tout ce que vous avez délié sur la terre sera délié dans le Ciel: avec les mêmes paroles, je vous absous de tous vos pechez, que vous avez commis par pensées, paroles, et œuvres, au nom du Père, du Fils, et du S. Esprit.*

Du Sacrement de l'Extreme-Onction

Les Armeniens reconnoissent l'Extreme-Onction, pour un des sept Sacremens, instituez par Jesus-Christ; mais ils en ont presque aboli l'usage, sous prétexte que l'Extreme-Onction, ayant, disent-ils, la vertu d'effacer les pechez, les peuples se prévaloient de cette opinion, pour s'exempter de la peine de confesser leurs pechez, et de faire penitence. Ainsi pour corriger cet abus, ils ont supprimé le Sacrement de l'Extreme-Onction.

Il faut cependant remarquer ici, que dans les Eglises d'Orient, on l'administre indifferemment aux sains et aux malades; car disent-ils, Jesus-Christ l'a institué pour guérir les maladies du corps et de l'ame; et c'est pour nous instruire de ce double effet du Sacrement, qu'on l'appelle l'onction des infirmes : or il arrive assez souvent, que le corps étant en santé, l'ame est malade par la grieveté de ses pechez.

Mais les Armeniens ont une pratique bien singuliere, à l'égard des Prêtres après leur mort.

Un Prêtre vient-il de mourir, on en avertit aussi-tôt un autre Prêtre, qui apporte le saint Crême, et qui en fait des onctions en forme de croix sur la main, sur le front, et sur le haut de la teste du cadavre, disant : *Que la main de ce Prêtre soit bénie, ointe, et sanctifiée par ce signe de la sainte Croix, par cet Evangile, et par le saint Crême, au nom du Pere, du Fils, et du Saint-Esprit.* Il répete la même formule, en faisant les deux autres onctions : c'est dans cette dernière céremonie, concluent quelques-uns de leurs Docteurs, que consiste, à proprement parler, le Sacrement de l'Extreme-Onction. Les Armeniens ont encore pour pratique, de laver les pieds de tous ceux, qui sont à l'Eglise. Après les avoir lavez, les Prêtres les oignent de beure, en memoire du parfum, que la femme pécheresse répandit sur les pieds du Sauveur. Ils se servent de beure, faute d'huile, qui est rare dans le Pays : l'Evêque le bénit, devant que de commencer le lavement des pieds et dit en le bénissant : *Seigneur, sanctifiez ce beure, afin qu'il soit un remede contre toutes les maladies, qu'il donne la santé à l'ame et au corps, de ceux qui en reçoivent l'onction.* Leur rubrique porte, que cette pratique est recommandée par les Apôtres inspirez du Saint-Esprit.

Du Sacrement de l'Ordre.

Le rit que les Armeniens observent dans les Ordinations, est conforme, plus qu'aucun autre des Eglises d'Orient, à l'Eglise Romaine. Aussi se glorifient-ils de l'avoir reçû du Pape S. Gregoire le Grand, pour lequel ils conservent une singuliere veneration.

Les Prieres que fait l'Evêque en donnant les Ordres, sont belles et édifiantes. Elles ne s'éloignent pas, ou fort peu, du sens de celles, que l'Eglise Romaine employe dans les Ordinations : ainsi je ne rapporterai ici que ce qu'il peut y avoir de different entre leur usage et le nôtre.

La Tonsure chez les Arméniens est, comme parmi nous, l'entrée dans l'Etat Ecclesiastique ; avec cette difference, que le rit Romain ne donne aucun Office au Tonsuré dans l'Eglise, et que le rit Armenien le charge du soin de tenir l'Eglise propre, et nette, c'est pourquoi l'Evêque met entre les mains du Tonsuré un balet, et lui dit : *Recevez le pouvoir de nettoier l'Eglise de Dieu, et qu'en même temps le Seigneur vous nettoye des pechez que vous avez pû commettre.*

Les Grecs confondent les autres quatre Ordres, qu'on apelle moindres, dans celui de Lecteur. Mais les Armeniens les distinguent, et celui qui les reçoit, reçoit de l'Evêque, ainsi que dans le rit Romain, ce qui doit estre de son Office : le Portier reçoit les clefs de l'Eglise, et l'Evêque lui dit : *comportez-vous, comme ayant à rendre compte à Dieu, des choses qui sont fermées sous la clef, et qui vous sont données ; soyez vigilant, priez tandis que vous ouvrez et fermez la porte de l'Eglise.* L'Evêque ensuite le conduit à la porte, et le Diacre dit trois fois à l'Evêque, *enseignez-le.* L'Evêque met la clef dans la serrure, disant aussi trois fois : *Faites ainsi.* Les autres moindres se donnent avec les céremonies, et les avertissemens qui leur sont propres.

L'Habit de Soûdiacre est une Aube, et rien plus. Celui du Diacre, est l'Aube sans ceinture, et une étole. Ils reçoivent de l'Evêque, ce qui est propre de leur Ordre, et l'Evêque leur donne en même temps les instructions convenables à leurs emplois.

L'Ordination des Prêtres Armeniens a des ceremonies particulieres, que je rapporte ici. Elle commence par le chant de plusieurs Pseaumes, et d'autres Prieres ; l'Evêque s'informe ensuite des qualitez du Diacre, qui lui est présenté, de ses mœurs, de sa capacité, de la naissance, qui doit être d'un Mariage légitime. Son information faite, et jugée favorable, l'Evêque impose sa main droite sur la tête du Diacre, et prononce les paroles suivantes : *Dieu Tout-puissant, créateur de toutes choses, Redempteur vivifiant, et réparateur des hommes, qui par votre bonté infinie, accordez à votre sainte Eglise, les graces et les dons visibles et invisibles, nous nous adressons aujourd'hui à votre charité bienfaisante envers les hommes, vous suppliant d'accorder à celui-ci votre serviteur, que par cette vocation, et cette imposition de mes mains, il reçoive dignement votre Esprit saint, et le don de bien gouverner, par la grace de notre Seigneur et Redempteur, qui nous appelle tous par une vocation sainte, selon les Ordres differens, pour servir Dieu, et pour glorifier avec action de grace le Pere, le Fils, et le Saint-Esprit, maintenant et toujours, et dans les siecles. Ainsi soit-il.*

L'Evêque après cette Priere, fait deux nouvelles impositions de la main sur la tête du Diacre, qu'il Ordonne, il lui met l'Etole sur le col, une espece de Mitre sur la tête, un Amict sur les épaules, une Chappe, au lieu d'une Chasuble ; il accompagne ces actions de différentes Prieres, et toutes conformes à chaque action. Mais il faut remarquer, que lorsque l'Evêque lui donne et met la ceinture, il lui dit : *Recevez du S. Esprit le pouvoir de lier, et de délier, que notre Seigneur Jesus-Christ donna aux saints Apôtres, lorsqu'il leur dit : Tout ce que vous aurez lié sur la terre, sera lié dans le Ciel, et ce que vous aurez délié sur la terre, sera délié dans le Ciel.* Ces paroles finies, l'Evêque lui fait une onction dans les mains, et sur le front, et lui présente ensuite le Calice avec le vin, et la Patêne avec l'Hostie, en disant : *Recevez, prenez ; car vous avez reçu le pouvoir de consacrer, et de faire le saint Sacrifice, au nom de notre Seigneur J. C. tant pour les vivans, que pour les morts.*

L'Ordination du Prêtre finit enfin par la benediction, que l'Evêque lui donne en ces termes : *Que la benediction de Dieu, Père, Fils, et Saint-Esprit, descende sur vous, qui avez reçu l'accomplissement de l'Ordre de Prêtrise, pour offrir le Corps et le Sang de Notre-Seigneur J.-C. pour la paix, et pour la remission des pechez. Ainsi soit-il.*

Il y auroit ici une question à examiner, et que je ne fais que proposer ; sçavoir, si la partie essentielle de l'Ordination des Prêtres Armeniens, consiste dans l'imposition des mains de l'Evêque sur la tête du Prêtre Ordonné, ou dans la tradition du Calice et de la Patêne : si on décidoit qu'elle consiste dans la tradition du Calice et de la Patêne, il s'ensuivroit que le pouvoir de lier et de délier, seroit donné au Prêtre devant le pouvoir de consacrer, le Prêtre ayant déjà reçu de l'Evêque la ceinture, et par conséquent le pouvoir de lier et de délier, devant que d'avoir touché au Calice et à la Patène : auquel cas il y auroit un contre-temps, et un abus manifeste. Cette raison donne sujet de croire, que les Armeniens mettent la partie essentielle de l'Ordination Sacerdotale, dans l'imposition des mains de l'Evêque, sur la tête du Prêtre Ordonné, laquelle précede le temps, où l'Evêque lui donne la ceinture et le Calice, avec la Patène à toucher ; en effet, lorsque l'Évêque lui met le Calice, et la Patène entre les mains, il lui dit ces paroles, qui supposent que le pouvoir de consacrer lui a été donné. *Recevez, et prenez ; car vous avez reçu le pouvoir de consacrer, et de faire le saint Sacrifice*, etc.

Les heretiques, qui ne perdent jamais aucune occasion de faire glisser par-tout le venin de leur heresie, ont inseré dans leur Rituel une profession de Foy, qu'ils font prononcer aux Ordinans, avant leur Ordination, et qui est conçuë en ces termes. *Nous croions en Jesus-Christ une personne, et une Nature composée ; et pour nous conformer aux Saints Peres, nous rejettons et détestons le Concile de Calcedoine, la Lettre de S. Leon à Flavien : nous disons anatheme à toute secte, qui introduit deux Natures.*

Du Sacrement de Mariage.

Les enfants des familles Armeniennes se reposent absolument sur leurs peres et meres, ou sur leurs plus proches parens, pour le choix de la personne, qu'ils doivent épouser, et pour les conventions matrimoniales. Le Mariage se celebre à l'Eglise ; les contractans s'y rendent de grand matin : la future épouse y est conduite par sa famille, son visage est couvert d'un grand voile, qui la cache aux yeux de tous les assistans, et c'est à l'Église seulement que son futur époux la voit pour la première fois. Le Rituel contient de très-belles Oraisons, pour la benediction de l'anneau des fiançailles : la benediction nuptiale, que le Prêtre donne ensuite aux fiancez, est exprimée en ces termes: *Benissez, Seigneur, ce Mariage d'une benediction perpetuelle, et accordez-leur par cette grace, qu'ils conservent la Foy, l'Espérance, et la Charité ; donnez-leur la sobrieté, inspirez-leur de pieuses pensées, conservez leur couche sans souillures, afin que fortifiez de toute part, ils perseverent dans votre bon plaisir.*

Après la célebration du Mariage, ceux qui ont été invitez, reconduisent les nouveaux Mariez chez les parens de l'épouse, avec des cris de joye, et des frapemens de mains, qui en sont les marques publiques. La ceremonie des Nôces finit, en présentant un bassin à tous les conviez, qui y mettent leur present, selon leurs facultez, et chacun d'eux reçoit un mouchoir des mains de l'épouse.

Les Nôces chez les Armeniens sont défenduës, depuis le Dimanche de la Quinquagesime, jusqu'à la Pentecôte. Les empêchemens de leurs Mariages, qu'on appelle dirimans, sont ceux-ci. Contracter avec une personne infidele, qui n'est point baptisée. Avoir embrassé la Profession Religieuse. Etre déja engagé dans le Mariage. Etre lié de consanguinité, et d'affinité jusqu'au quatrième degré, avec la personne qu'on voudroit épouser. Le Mariage entre parens du mari et de la femme, jusqu'au troisième degré, est défendu. Deux frères ne sçauroient épouser les deux sœurs, ni des cousins germains, des cousines germaines, ni même issues de germains. L'empêchement provenant de l'adoption legale, se termine au second degré. Celui de l'adoption spirituelle, s'étend au troisième. Mais pour borner cet empêchement à un petit nombre de personnes, toute une famille ne prend pour tous les enfans, qui en naissent, que le même parain, et la même maraine. Les Armeniens ne mettent point au nombre des empêchemens, ceux qui proviennent du crime, ni ceux qu'on appelle simplement empêchans.

Il y a sujet de douter, si l'Ordre de Prêtrise est chez eux un empêchement, qui rend un second Mariage nul et invalide, ou s'il n'est seulement qu'illicite ; la raison de douter est, qu'un Prêtre, qui contracte un second Mariage, après la mort de sa première épouse, en est puni par la dégradation, sans passer cependant pour concubinaire. On le dépouille des honneurs, privileges, fonctions, et habits du Sacerdoce ; et n'est admis que comme laïque, à la participation des Sacremens.

Pour ce qui est des troisièmes Nôces, les Armeniens les reprouvent, et les jugent illégitimes de droit divin ; mais leur pratique y est contraire : car si un particulier s'obstine à demander dispense pour un troisième Mariage, et sur un refus, menace de se faire Mahometant, alors son Curé, sans avoir recours, ni au Patriarche, ni à son Évêque, la lui accorde promptement. Les Armeniens croyent avoir remedié à de grands desordres, par la coûtume établie parmi eux, et qui tient lieu de Loy, qui est qu'un homme veuf, ne peut épouser qu'une veuve en secondes Nôces.

A l'occasion du Sacrement de Mariage, dont nous venons de parler, je rapporterai ici une pratique extraordinaire de cette Nation ; mais qui lui est commune avec d'autres Nations du Levant. Les Armeniens celebrent la mémoire du Baptême de Notre-Seigneur le 6e. Janvier, et voici de quelle manière ils font cette Féte. Ils s'y préparent par un jeûne très rigoureux. Le jour de la Fête, ces peuples courent en foule sur le bord d'une riviere, ou d'un ruisseau voisin. Le Patriarche, ou un Evêque, ou un Vertabjet en son nom, ne manque pas de s'y rendre. Il commence la ceremonie par la lecture de plusieurs Prieres, et Leçons tirées des saintes Écritures, et qu'ils appliquent à cette Fête. Il benit ensuite les eaux de la riviere, et y verse du saint Crême. Alors, disent les Armeniens, les eaux boüillonnent à gros bouillons ; merveille dont ils sont les seuls, qui s'apperçoivent. Mais ce qui est au vû de tout le monde, c'est l'empressement avec lequel ce peuple superstitieux et grossier, se jette à corps perdu au milieu des eaux, et y va chercher les parties du saint Crême, qui surnage, pour s'en frotter les yeux, le visage, et la tête. Leur dévotion en ce jour est si fervente, que le froid du mois de Janvier, souvent excessif, et les eaux à demi glacées, ne les empêchent pas de s'y plonger. Ce trait de superstition, et plusieurs autres semblables qu'on ne rapporte pas, font voir de quelle extravagance sont capables, ceux qui se laissent dominer par le schisme. Comme cette Fête ridicule ne manque jamais d'y attirer une grande foule de peuples, de toutes Nations, et que les désordres en sont inseparables, les Magistrats Turcs s'y transportent pour y remedier, et sçavent toûjours se faire bien payer de leur présence.

Article III.
Des Fêtes et jeûnes des Armeniens.

Les Armeniens ont très-peu de Fêtes pendant l'année, qui ne soient précedées par plusieurs jeûnes, et comme ils ont un grand nombre de Fêtes, la plus grande partie de l'année se passe aussi en jeûnes. Mais ce qui est infiniment à leur loüange, c'est qu'ils les observent avec une regularité, si exacte et si severe, que ni l'âge, ni les maladies, ni le travail journalier, ni les longs et pénibles voyages, ne leur sont point une raison pour s'en dispenser. Les plus reguliers sont à jeun jusqu'à trois heures après-midi; ceux qui le sont moins, avancent leur repas. Mais tous s'interdisent l'usage de la viande, du poisson, des œufs, du laitage, et d'un mets particulier fait avec des œufs de poisson, et qu'on nomme *Caviât*. Ce seroit un relâchement parmi eux, si quelqu'un usoit de l'huile d'olive, et buvoit du vin. Enfin on peut dire, que dans leurs jeûnes, ils ne vivent que d'herbes, et de légumes cuits dans l'huile de sesanne, laquelle ne vaut pas mieux que l'huile de navette. Outre les jeûnes qui leur sont ordonnez pendant l'année, ils ont encore cinq jours, où le seul usage de la viande leur est défendu ; et ces jours s'appelent *Nevagadik*. Au reste le grand nombre de jeûnes qu'ils observent, les prévient si en faveur de leur Eglise, que lorsqu'ils la comparent à l'Eglise Romaine, ils traitent les Chrétiens Européans d'hommes lâches, sensuels, et effeminez, et prennent de là occasion de faire l'éloge de la sainteté de leur Eglise.

Je ne m'arrêterai point ici à faire un détail particuculier de leurs jours de jeûnes, et de toutes leurs Fêtes ; le recit en seroit ennuyeux. Je rapporterai seulement ce qui merite d'être remarqué. Les Armeniens ne disent point de Messe les jours de jeûnes : ils ne la celebrent que les jours de Fêtes ; parce que dans ces jours ils ne jeunent point. Les mercredis et vendredis sont jours de jeûne, à moins qu'une Fête particuliere ne les en dispense. Ils n'ont pendant l'année que quatre Fêtes mobiles, qui sont l'Epiphanie, la Circoncision de Notre Seigneur, la Purification de la Ste Vierge, et son Annonciation. Si le 15 Août n'est point un Dimanche, la Fête de l'Assomption est renvoyée au Dimanche suivant. Il en est de même de la Fête de l'Exaltation de la sainte Croix, qui ne doit être celebrée qu'un Dimanche. Ces deux Fêtes sont precedées de plusieurs jours de jeûnes. Le samedi qui precede la Fête de l'Assomption, est employé à dire anathême au Concile de Calcedoine, et à saint Leon. Ils font la Fête des trois cens dix-huit Peres du Concile de Nicée, avec la même ceremonie, le samedi, veille de la

Nativité de la Sainte Vierge, renvoyée au Dimanche suivant, lorsque le 8e. Septembre est un jour ouvrable.

La Fête de Saint Serge soldat, et de son fils, tous deux Martyrs, et de leurs quatorze Compagnons, est celebre parmi eux. Ils la solemnisent le samedi devant la Septuagesime. Elle est précedée de cinq jours de jeûnes, si rigoureusement observez, que plusieurs filles et garçons s'abstiennent de presque toute nourriture, pendant ces jours-là.

Le Dimanche de la Quinquagesime s'appelle, *Pariégsentan*; c'est-à-dire, bonne vie ; comme si ce jour annonçoit les jours de salut, le Carême commençant le samedi suivant. Tous les samedis du Carême, sont destinez à des Fêtes particulieres. Celle de S. Gregoire l'Illuminateur se fait le 5e samedi.

Le Dimanche suivant, qui est celui des Rameaux, est solemnisé, comme dans l'Eglise Romaine, par la benediction des Palmes, et la Procession. A son retour, un Prêtre accompagné du Diacre, entre dans l'Eglise, et en ferme la porte. L'Officiant, qui est à la tête de la Procession, frappe à la porte, et chante les paroles suivantes : *Ouvrez-nous, Seigneur, ouvrez-nous la porte des misericordes, à nous, qui vous invoquons les larmes aux yeux.* Le Prêtre et le Diacre, qui sont dans l'Eglise, répondent : *Qui sont ceux qui demandent que je leur ouvre? Car c'est ici la porte du Seigneur, par laquelle les justes entrent avec lui.* L'Officiant, et ceux qui l'assistent, répondent : *ce ne sont pas seulement les justes, qui entrent, mais aussi les pecheurs, qui se sont justifiez par la confession et la penitence.* Ceux qui sont dans l'Eglise, répliquent : *c'est la porte du Ciel, et la fin des peines, promise à Jacob. C'est le repos des justes, et le refuge des pecheurs : le Royaume de Jesus-Christ : la demeure des Anges : l'assemblée des Saints : un lieu d'asile, et la maison de Dieu.* L'Officiant et ses Diacres ajoûtent : *ce que vous dites de la sainte Eglise, est juste et vrai ; parce qu'elle est pour nous, une mere sans tache, et que nous naissons en elle, enfans de la lumiere et de verité. Elle est pour nous l'esperance de la vie, et nous trouvons en elle le salut de nos ames.*

Après ce pieux et touchant dialogue, la porte de l'Eglise s'ouvre, la Procession entre, et l'Office finit par d'autres prières très-édifiantes. Les jours suivans, et celui de Pâque, n'ont rien qui leur soit singulier. Les saintes pratiques de l'Eglise Romaine, pendant la Semaine Sainte, ne sont point observées, et ne sont point en usage. Ils celebrent la Messe le Jeudi saint, et plusieurs y communient.

La seconde Ferie de Pâque est employée à visiter les cimetieres, où ils lisent des prieres, et des Evangiles. Depuis Pâque jusqu'à l'Ascension, ils n'ont point de jeûne, ni les mercredis, ni les vendredis. Depuis l'Ascension jusqu'au dernier jour de l'année, les Armeniens celebrent plusieurs Fêtes, qui leur sont particulieres, et qui sont précedées par cinq jours de jeûnes. Les principales sont la Fête de l'Invention des Reliques de S. Gregoire l'Illuminateur, celle où ils font memoire du jour, auquel ce saint Patriarche fut retiré du puits, où Tiridates l'avoit fait jetter, la Fête des deux cens Peres du Concile d'Ephese, celle de S. George, des Archanges, de Jonas, de S. Jacques de Nisibe, et de plusieurs hommes illustres de l'Ancien Testament. J'ai parlé de la Fête de S. Serge soldat, qui est celebre parmi les Armeniens ; mais je n'ai rien dit du jeûne, qui la précede, et qu'ils appellent d'*Artzibut*. Ce jeûne fait le sujet d'une grosse querelle, qui est entre les Grecs et les Armeniens ; car ceux-là font un crime aux Armeniens, de faire un tel jeûne; et voici l'histoire, sur laquelle est fondé le reproche, que les Grecs leur font, *Artzibut*, disent-ils, étoit le chien d'un Evêque, qui précedoit son maître en tous lieux, et qui annonçoit son arrivée : l'Evêque fut si affligé de la mort de son chien, qu'il ordonna cinq jours de jeûne pour le pleurer. C'est donc pour pleurer ce chien, disent les Grecs aux Armeniens, que vous jeûnez ces cinq jours. Une fable aussi absurde que celle-ci, ne meritoit pas que S. Nicon, et le Patriarche Isaïe, en fissent un chef d'accusation. Mais ce qu'il y a ici de réel, c'est que le mot d'*artzibut*, signifie un avant-coureur, ou un Messager, et que le jeûne de S. Serge venant dans la semaine de la Sexagesime, annonce, que le Carême suit de près.

Il ne nous reste plus qu'à parler de l'Office, et du chant de l'Eglise Armenienne, pour finir tout ce qui regarde son rit. Les Prêtres ont pour Breviaire, le Pseautier ; ils le recitent en psalmodiant en differens temps, soit dans le chœur, ou chez eux. Ils chantent dans le chœur des hymnes, des leçons tirées des saintes Ecritures, des Oraisons, et autres Prieres. Pendant le Carême, ils vont trois fois à l'Eglise ; le matin, à midi, et le soir : les autres jours, ils n'y vont que deux fois ; le matin, pour y dire Matines, et la Messe, lorsqu'ils la doivent celebrer ; et le soir, pour dire Vêpres. Leur chant est très-pesant, et imite en cela leur langue : ils sont persuadez qu'il n'y en a pas de plus beau que le leur, ils le notent par des points, sur les voyelles, et s'accordent parfaitement en chantant. Ils ont grand soin d'apprendre à leurs enfans, tous les chants de l'Eglise.

IX

Élégie lamentable sur la dévastation de la patrie arménienne, la ruine du patriarcat, de la royauté et de la noblesse;

Par Stéphanos, évêque de Siounie en 1287.

Nota. — La littérature arménienne est peu connue, peut-être aimera-t-on à en trouver ici un spécimen. L'auteur reprend en abrégé l'histoire de son pays sous la forme d'une élégie.

« Une voix claire et formidable, semblable au rugissement des vents, un cri d'une violence effroyable, parti de l'Ararat, remplit l'univers, dans les quatre directions, déchire les oreilles des hommes de toutes les races, frappe les intelligences, et brise les cœurs d'épouvante.

« Cette voix suscite une tristesse ineffable, arrache des larmes d'émotion, fait pousser des sanglots et de lamentables gémissements.

« C'est un appel au chagrin et à la douleur, une invitation à partager l'affliction produite par la triste nouvelle, à pleurer et à répéter une triste myriologie.

« Toute nation qui entend ce cri lugubre frémit, se réveille du sommeil de la mort, et se hâte d'accourir

« La multitude forme une caravane mêlée, qui, se foulant l'une l'autre, vient remplir la maison d'Aram, la plaine d'Ararat.

« Elle arrive à Nor-Kaghack d'Arménie, nommée d'abord Vardgès, et quand l'Arsacide Vagharch eut agrandi le cercle de son enceinte, et y eut établi sa cour appelée de son nom, Vagharchabat.

« Ils y voient la reine du roi céleste, l'habitacle de la gloire du Seigneur Jésus, la mère de lumière de la race d'Haïc dépouillée, sur la sellette de la honte, couverte du cilice de deuil, la chevelure arrachée comme celle d'une tête chauve, les mamelles desséchées, comme celles d'une femme sans époux, se frappant le sein à grands coups de pierre et versant des flots de sang, ramassant des cendres et les mettant sur son crâne.

« Des essaims de femmes l'entourent ; des légions de musiciens, debout près d'elle, font retentir les trompettes bruyantes et tirent des cors une plaintive harmonie ; les unes poussent de pénibles sanglots, d'autres déchirent leurs chevelures, puis s'approchant de la reine éplorée lui demandent :

— « D'où vient, d'où vient ce cri formidable, cet appel effrayant comme le tonnerre ?...

« Qui est là, qui est là, sur un divan, avec cet air de grande reine ?...

« Quel est, quel est ce chagrin ineffable, tel qu'il n'en fut et n'en sera jamais ?... »

Ouvrant alors sa bouche mélancolique, tirant un soupir du fond de sa poitrine, et laissant échapper de ses narines un nuage de fumée, ainsi répond la grande souveraine :

— « C'est moi, c'est moi, qui fus fiancée au pays de Thorgon.

« Autrefois belle comme le ciel, pourquoi ne suis-je plus qu'une sorte de spectre?

« Autrefois soleil, fils de l'empyrée, je ne suis maintenant que ténèbres profondes.

« Tenant autrefois une couronne de la main incréée de mon Jésus, devenue maintenant une servante inutile, les animaux me foulent de leurs pieds.

« Jadis fiancée dans la chambre nuptiale, serrée dans les bras de mon époux, maintenant courtisée par un étranger, je suis un être sans valeur, comme de l'eau répandue.

« Celles qui m'entourent ici sont mes filles du temps passé, les églises d'Arménie, rassemblées autour de moi pour remplir l'univers de leurs plaintes.

« Prêtez l'oreille à ma parole, écoutez le récit de mes chagrins ; j'invoque ici la milice d'en haut, j'élève ma voix vers le ciel.

« Les voilà qui s'abaissent vers ma demeure, qui, mêlés aux fils de la terre, écoutent mes tristes plaintes, et compatissent à mes cruelles douleurs ; pleurant et gémissant à l'unisson, ils associent à mon affliction leurs lamentations interminables ; car, si la perte d'une brebis leur cause un ineffable chagrin, quel est le nombre de celles que j'ai perdues ?...

« Ciel, et vous, milice céleste, écoutez-moi.

« Terre et tout ce que la terre renferme, prêtez attention.

« Jadis monarque suprême, puissant et invincible, debout dans le pays d'Askanaz, dominant peuples et tribus, depuis la porte des Huns et le Caucase, baigné par la mer Caspienne et par celle des Khazars, jusqu'aux régions inférieures de Gamr (la Cappadoce) et à la frontière de Cucuse, depuis le Pont septentrional jusqu'à l'Hyrcanie persane, le soleil étendait sur moi ses rayons puissants, triomphateurs.

« Grande et glorieuse souveraine, par la grâce du pontife immortel, je donnai le jour à des fils charmants, à des filles belles comme la lumière ; j'avais des troupes innombrables, comme il convient à un roi. Ainsi que les astres lumineux, les voix de mes serviteurs me proclamaient ; des fêtes, telles que l'homme n'en voit pas, se célébraient annuellement chez moi ; les livres des sages y sourdaient comme les eaux du Tigre et de l'Euphrate ; et avec mes enfants royaux, je me livrais à une joie brillante.

« Soudain, je fus frappée d'un malheur inouï dans le genre humain ; mon roi, celui des cieux, m'atteignit d'un coup terrible et renversa l'édifice de ma joie. Le soleil qui m'éclaira, s'obscurcit ; mon époux, me laissant veuve, fut chassé dans la région inférieure ; mon fils, le vigoureux Arsacide, l'aîné de ma progéniture, but un poison mortel et périt sur le sein de sa mère. Je parle du dernier Artachès, en qui s'éteignit l'étincelle de la race Arménienne.

« Toutefois, il restait un autre nouveau-né, élevé soigneusement, source de ma consolation, de mon orgueil et de mes espérances ; il était de la maison de Judas et portait le joli nom de Pagratide.

« Hélas ! Quel triste souvenir, quelle plaie douloureuse m'a laissés le second fils ! quelle blessure incurable, que nul baume ne peut guérir !

« Arrivé à l'âge viril, on le plaça sur le trône royal ; on mit sur sa tête, en guise de diadème, la couronne des anciens rois. Par là, je fus un peu consolée. Ces Pagratides avaient leur trône à Ani, et commandaient aux Ibériens, aux Aghovans, et à toute l'Arménie jusqu'à l'Assyrie. Le premier d'entre eux fut Achot, puis Sembat, son fils, martyrisé à Dovin et suspendu au bois comme le Sauveur ; d'autres les suivirent à leur tour, succédant de père en fils jusqu'à Gagic, le dernier, qui passa sans retour au pays des Grecs et y fut exterminé par la race méchante des Horhoms.

« C'est ainsi qu'ils disparurent sous le cruel tranchant d'une épée puissante.

« Où est mon fils aîné, l'Arsacide, le premier de ma maison ?... Où sont ses frères cadets les Pagratides, qui en ont été les seconds ?... Où sont mes glorieux patriarches de la race Arménienne, qui, jusqu'à Hovseph d'Hoghotsim, reposaient dans mon cénacle ?... Ils allèrent à Dovin, sur l'invitation du saint général Varthan Mamigonien, chef des troupes Arméniennes. Le bienheureux Giout fut installé à Saint-Grégoire (Dovin); ses successeurs jusqu'à Govannès de Garhni résidèrent au même lieu, sans cesser de me soigner comme il convient à une mère.

« Cependant Ismaël devint puissant, le sabre du fils d'Agar sépara en deux la maison d'Aram, par la main du maudit Houssouf, qui en livra les lambeaux à deux rois, les Pagratides et les Ardzrouni. Gagic, fils de Dérénic, prit la couronne à l'encontre de Sembat, ce qui causa la ruine complète de la maison d'Arménie.

« Bien des trônes s'écroulaient, des maisons, des villas s'effondraient ; des princes disparaissaient, sans laisser de traces, et s'endormaient avec leurs familles exterminées ; semblables à la fumée qui s'évapore, les nobles s'effaçaient entièrement ; les églises, démolies, dévastées, tombaient dans l'esclavage ; bourgs et villages, villes et forteresses furent saccagées, démantelées, et s'éclipsèrent en quelques jours, sans qu'il en restât vestige. Toutes les provinces de l'Arménie ressemblaient à des tisons demi-rongés par le feu. A ce spectacle, les vieilles femmes passant sur la route, branlaient la tête, et, l'esprit frappé de stupeur, continuaient leur chemin en soupirant.

« Cependant les derniers des Pagratides, destinés à survivre quelques années, frémissaient et se lamentaient ; circulant au milieu de ces existences brisées, les patriarches abordaient çà et là, au gré de la vague, jusqu'à Grigoris dit Pahlavouni. Préférant la science à tout, Grigoris mit en sa place le vieillard Gorg et se rendit au pays de Constantinople où il s'occupa de traductions, et revint ensuite dans sa patrie. A la nouvelle de la prise de sa ville natale, d'Ani, enlevée aux troupes du chef Pagratide, par l'impur Arphaslon, il passa auprès du grand prince Gog-Vasill, et demeura dans le grand couvent dit Carmir-Vauk. Là, il manda près de lui son parent Ter Barsegh, homme considérable et énergique, qu'il fit sacrer dans la maison archiépiscopale d'Haghbat. Il ne revint plus, et mourut là, à Camir-Vauk.

« Quant aux rois restés en Arménie, Gagig, fils d'Achot, et l'autre Gagig, de Kars, s'étant rendus auprès des empereurs Grecs, ils passèrent comme l'ombre grâce à la perfidie de cette race abominable. L'un fut envoyé dans une île, où il disparut; l'autre reçut la citadelle de Dzamend, et fut plus tard étranglé par la main d'un chien de pope. L'autre Gagig, de Vanand, mourut la même année, laissant pour héritier de sa couronne le brave et généreux Sennékérim. Celui-ci ayant donné ses possessions à l'empereur grec Diogène, reçut en échange cent domaines ruraux, ainsi que la ville de Sébaste. Ils errèrent de lieu en lieu, et brillèrent quelque temps ; mais ce n'étaient plus que rêves de gens éveillés sur leur couche.

« Cependant il s'alluma encore pour nous un autre flambeau dans la maison Sisacane, de Baghk : ce fut le noble Sembat, issu d'une grande race, le premier entre les descendants d'Haïc, le bras droit de la nation arménienne, haut, puissant et invincible. Ceux-là prirent la couronne royale, et déployèrent contre l'ennemi leur force et leur audace. Grâce à la force du pays, ils ne passèrent, de même que les rois Pagratides, que bien longtemps, plus de cent vingt années après eux. Les derniers furent Sénékérim et son fils Grigor. Celui-ci fut également supprimé au temps d'Eltcouz, par la nation maudite des Persans, qui avaient déchaîné la guerre sur notre pays. C'est en six cent plus quinze de notre comput qu'ils furent définitivement exterminés, passèrent et disparurent comme des ombres, comme les figures fantastiques d'un rêve ; se flétrirent comme des fleurs blessées par le soleil ; se séchèrent comme les feuilles d'un arbre touffu, atteintes par un vent brûlant ; comme une forêt du Liban ; comme les lauriers, les platanes et les cyprès, tranchés par la hache. Maintenant, il n'y en a plus la moindre trace ; ils ont passé comme l'herbe sans valeur ; et je reste ici, seule et veuve, mise à l'écart, déconsidérée.

« Maintenant, isolée, dans une plaine déserte, comme un animal à la steppe, j'élève mes yeux endoloris, je pousse de plaintifs gémissements. — « Où êtes-vous, mes enfants ?... Venez vers votre vieille mère soigner, en bons fils, celle qui vous donna le jour ? — Mais non ; au lieu d'eux, je ne vois que hérissons et lapins, des Scythes, des troupeaux de Turks ou leur dégoûtante progéniture, qui n'ont cessé de me fouler aux pieds, qui sont les auteurs de tous mes maux.

« Hélas ! mille fois hélas ! Tous les malheurs se réunissent contre moi ; comparez ma splendeur première à ma dernière humiliation. Où étais-je ? Où m'a-t-on précipitée ?... On m'a fait descendre du ciel sur la terre et tellement enfoncée dans les abîmes, que je n'ai plus de salut à espérer. Où sont mes anciens rois ? Où sont mes pontifes ?... Où sont mes rois antiques, mes nobles et seigneurs apanagés, mes princes-primats, les légions de mes satrapes, leurs armées et leurs camps, renfermant des multitudes innombrables ?... Où sont mes docteurs, mes prêtres, mes diacres de l'ambon, les grammatistes du temple, les lecteurs des saints livres, les psaltes présidant au chant ?...

« Où sont mes vêtements de fines étoffes, ceux en gaze et en pourpre, en soie, en mousseline, en tissu de l'Inde ?...

« Où sont mes ceintures brodées d'or et de perles ?...

« Où sont mes bandelettes d'Ophir, le diadème de ma tête en or pur, relevé de pierres très précieuses ; les escarboucles et pierreries étincelantes, les rubis, les sardoines ; les bracelets ornant mon bras, les anneaux de ma jambe, les chants harmonieux de mes serviteurs, les douces senteurs des parfums, la lumière brillante des lampes, pareilles aux étoiles du ciel ; les offrandes du saint sacrifice, continuellement célébré chez moi, les propitiations adressées au créateur, et qui sauvaient mon pays ?...

« Puis-je donc maintenant, avec convenance, comparer mes gloires antiques, enlevées par le souffle des vents, avec l'état où m'ont réduite les événements postérieurs ?... O vous qui voyez ma personne, et qui entendez ma voix plaintive, pleurez sur mes malheurs et, du matin au soir, lamentez-vous sans fin, plaignez mon affliction.

« Vous qui voyez ou apprenez les maux dont je suis atteinte, criez sur moi de toute votre force, pleurez d'une voix pitoyable, attirez les voyants d'autrefois, Jérémie, Ezéchiel, avec le prophète Baruc, ces Israélites des anciens jours, experts en fait de lamentations, afin qu'ils se livrent à une affliction sans bornes. S'ils déplorent comme il convient, l'extinction de ma race, leur tête sera une mer, et leurs yeux des sources intarissables de larmes. Dans leur extrême tristesse des vicissitudes de mon sort, ils diront: « — Malheur à toi, ville antique, demeure du roi céleste! Comment as-tu été abaissée jusqu'à ressembler à une chambre à fruits, à un jardin, à une vigne dont la clôture est brisée, à une jonchée ravagée par les pourceaux! Au lieu des légions de l'empyrée, ce sont celles des mauvais anges qui mènent leur ronde chez toi ; au lieu de chants élégiaques, tu n'entends que les danses des démons et des hérissons; des amas d'impuretés de toute espèce remplacent chez toi les parfums du nard ; au lieu des ministres du culte, tu sers de repaire aux monstres, et l'offrande du saint sacrifice a fait place à des étables de chèvres.

« Ah! malheur, malheur sans fin sur toi ! Malheur et millions de malheurs, sur tes antiques fiancés dont il ne reste plus de trace, sur les Arsacides, tes aînés; sur les Pagratides, leurs cadets ; sur tes Siouniens et Ardzrouniens, sur Mamicon et les Aghovans, sur Chirac et Vanand, sur Taron et Dzophk, sur tout ce qui tient à toi, tant que tes maux seront sans limite ni mesure, et que, pour toi, l'infortune s'adjoindra à l'infortune, durant l'éternité sans fin. »

« Maintenant, vous, mes filles premières nées, réunies autour de moi, pour exprimer votre ineffable affliction au sujet des affronts dont je suis atteinte, Dovin, capitale de l'Arménie; Ani, forteresse de Chara ; Siounie, Aghovanie, Ibérie ; toi aussi, antique Amaras, de Grigoris, tombeau du saint apôtre Thaddée, dans l'Artaz; Haghbat, Bedchni ; Amatouniens, vous qui occupiez l'Aragadz, Auberd, Bagovan, Kars et le Bazen; ville de Carin, Haute Arménie, maison de Vaspouracan ; et vous, Taron, Sasounk, Dzophk ; et vous, autres contrées de l'Arménie, de la Mésopotamie et de la Grèce, région inférieure de la Cilicie, objets de la vénération de nos ancêtres, nous mettons fin à nos douloureuses lamentations, nous terminons ce triste discours.

« Nous ne devons pas désespérer du Verbe immortel, qui, de pierres insensibles, suscite des fils d'Abraham ; au contraire, supplions-le avec ferveur, embrassons ses pieds, persévérons du matin au soir, veillons ; que le sommeil ne nous surprenne pas.

« Qui sait?

« Peut-être la mesure des maux qui nous ont accablés, prendra-t-elle fin, ainsi que l'esprit mauvais qui nous tourmente depuis longues années.

« Peut-être, nous accordera-t-il une nouvelle restauration, qui nous fera oublier la gloire ancienne ; peut-être relèvera-t-il le trône royal et aussi la crosse patriarcale ; peut-être restaurera-t-il le siège de la souveraineté, redonnera-t-il de l'éclat à notre gloire, et l'augmentera-t-il au delà de nos espérances.

« Peut-être nous fera-t-il crier d'une voix retentissante, que notre fin l'emporte sur le commencement.

« Alors, tous, d'un commun accord, nous rendrons hommage à notre Sauveur.

« Père, Fils et Saint-Esprit, honneur à vous !

« Gloire et honneur au Verbe incréé, dans les années éternelles et sans fin, maintenant et dans l'éternité ! »

X

Firman obtenu par M. de Châteauneuf,
Ambassadeur de France à Constantinople,
en faveur des Jésuites d'Arménie.

SULTAN SOLIMAN, FILS D'IBRAHIM KHAN,
TOUJOURS VICTORIEUX.

Suprêmes vizirs, très honorés conseillers, qui mettez l'ordre dans le monde, qui réglez les affaires publiques, qui terminez les différends de l'univers par la pénétration de vos jugements, qui soutenez la fabrique de l'empire et de la prospérité, qui appuiez les colonnes de la félicité et de la gloire par la droiture de vos conseils, vous qui avez été honorés de plusieurs grâces du roi très haut ; mon vizir Pacha, possesseur du gouvernement d'Egypte ; mon vizir Pacha, possesseur du gouvernement d'Alep ; mon vizir Pacha, possesseur du gouvernement de Damas ; mon vizir Pacha, possesseur du gouvernement de Tripoli ; mon vizir Pacha, possesseur du gouvernement de Diarbékir ; mon vizir Pacha, possesseur du gouvernement de Bagdad ; mon vizir Pacha, possesseur du gouvernement d'Erzeroum ; que Dieu Très-Haut rende votre gloire éternelle !

Et vous, très grands princes, très grands et magnifiques seigneurs, possesseurs de la puissance et de la dignité ; possesseurs de la gloire et de la vénération, choisis pour être approchés des grâces du roi très haut ; bégliers-beys dans les pays de Mossoul, de Riha, d'Eden, de Marach, de Chérifzul, de Chypre, de Natolie et de Romélie, que vous croissiez toujours ! Et vous qui, par la vivacité et la certitude de vos jugements, qui vous font surpasser les autres musulmans, avez été choisis sur tous ceux qui font profession de l'unité de Dieu, trésors de vertus et de sciences que vous possédez parfaitement ; vous qui élevez l'explication de la loi et de la foi, qui êtes les héritiers des sciences des prophètes et de ceux qui ont prêché leur loi, et qui avez été choisis pour être approchés des grâces du roi qui vous favorise, Cadis d'Égypte, d'Alep, de Damas, de Diarbékir, de Phrigie, de Marach, que votre vertu et votre gloire aillent toujours en croissant ; très excellents juges, lumières de science et d'éloquence, juges qui vous trouverez dans les gouvernements de Natolie et de Romélie, lorsque vous recevrez ce commandement auguste, sachez que le Baron de Châteauneuf, l'exemplaire de tous les grands qui professent la religion du Messie, et qui réside à ma très heureuse Porte, en qualité d'ambassadeur de l'empereur de France, (que ses derniers jours soient tres heureux), ayant envoyé à ma sublime Porte une requête par laquelle il me représente que, parmi les Religieux français, les Religieux jésuites, étant occupés à enseigner les sciences du Messie, en lisant paisiblement l'évangile, en vertu des augustes capitulations et des nobles patentes qu'ils ont de ma grâce entre leurs mains, faisant voyage, allant et venant dans les villes, bourgs et villages qui se trouvent dans les susdits gouvernements ; plusieurs, Syriens, Grecs, Arméniens, Cophtes et autres chrétiens mes sujets, qui suivent d'autres sectes du Messie, allant de leur bon gré trouver les dits religieux Jésuites pour leur proposer des questions touchant les cérémonies qui appartiennent aux sciences du Messie, et pour se faire résoudre les doutes et les difficultés que leurs propres prêtres et religieux n'ont pu leur résoudre ; d'autres chrétiens de diverses sectes les molestaient, ou faisaient molester les dits Religieux, ou les dits autres chrétiens, qui, conformément aux augustes capitulations, et aux augustes patentes qui sont de ma grâce entre leurs mains, avaient la volonté de se faire résoudre leurs difficultés, les faisant accuser par devant les officiers de la Justice, et leur faisant faire des avanies. Ayant eu recours aux archives des commandements, par lesquels il est ordonné que les Evêques de la nation française et les Religieux des Franks, de quelque nation qu'ils soient, ne soient empêchés ni molestés par qui que ce soit pour avoir fait leurs cérémonies dans les lieux où on les a faites anciennement dans l'état où les choses se sont trouvées, et par lesquels il est encore ordonné que les dits Jésuites, allant dans les villes, bourgs et villages, qui sont dans la Romélie, la Natolie, l'Egypte, et autres lieux de mes royaumes bien gardés, demeurant et habitant dans les

— 596 —

églises et les lieux où il y a des consuls, faisant le service suivant leur rite et leurs cérémonies, prêchant et enseignant dans les écoles les sciences du Messie ; que personne, soit spahis, soit janissaires, soit officiers de la justice, ne s'ingère à les troubler pour avoir de l'argent, et ne moleste les dits Religieux, suivant les augustes capitulations, et suivant mes nobles commandement, qu'ils ont de ma grâce entre leurs mains.

Mon noble commandement, qui a été donné, et qui s'est trouvé signé et scellé à la marge, a ordonné que cela fût exécuté suivant les augustes capitulations.

J'ordonne que dès que mon noble commandement sera parvenu jusqu'à vous, il soit exécuté suivant l'ordre qui émane de moi à cet instant, et suivant mon noble commandement, qui a été donné auparavant, et suivant les augustes capitulations, voulant qu'entre les Religieux français, les Religieux Jésuites, habitant, voyageant, allant et venant dans les villes, bourgs et villages qui se trouvent dans les dits gouvernements, disent en toute assurance les prières de la liturgie et de la messe ; lisent l'évangile, et s'occupent à enseigner les sciences du Messie. *Plusieurs Syriens, Grecs, Arméniens et Cophtes, et autres chrétiens mes sujets des sectes du Messie, ayant la volonté d'aller trouver de leur bon gré les dits Religieux Jésuites pour se faire résoudre les difficultés et les doutes que leurs propres prêtres et Religieux n'ont pu résoudre touchant les questions sur les sciences du Messie et sur leurs cérémonies ; je défends qu'aucun spahi, janissaire, ou autre officier de justice ne les moleste, ni ne les vexe, ni ne les empêche de aire toutes leurs fonctions.* J'ordonne que vous ne souffriez en cela aucune chose contre les augustes capitulations et contre mes nobles commandements qui sont de ma grâce entre les mains des dits Religieux Jésuites. Car la sincère amitié qui est entre l'empereur de France et notre heureuse Porte étant forte, constante, et persévérante, les louanges et plaintes qui nous seront portées par son ambassadeur touchant votre conduite, seront favorablement écoutées et seront très efficaces. Ainsi vous donnerez aux dits Religieux Jésuites, suivant les augustes capitulations et suivant mon noble commandement toute la protection et toute la garde qui leur sera nécessaire. Vous empêcherez qu'on ne leur fasse aucune sorte de vexation ni d'oppression contre les susdites capitulations. Que ce noble commandement qui émane de moi, soit exécuté avec tout le noble contenu. Gardez-vous bien de faire le contraire. Et ne manquez pas aussi, dès que vous aurez vu ce noble commandement que je fais, de le leur remettre entre les mains.

Ajoutez foi à mon noble sceau.

Ecrit à la fin de la lune du grand Gémaziel, l'an *Mil cent un* (1).

A Andrinople la bien gardée.

(1) Ere ottomane.

TABLE DES MATIÈRES

Exposé du sujet............................... v

Indication des sources auxquelles l'auteur a puisé ses documents historiques...................... 1

Les Arméniens et les Jésuites à Ispahan............. 7
— — à Chamakié........... 20
— — à Berlis.............. 25
— — à Erzeroum.......... 33
— — à Erivan............. 51
— — à Trébizonde......... 66
— — chassés de leurs demeures 74

LIVRE PREMIER

Les Arméniens. — Leurs malheurs. — Leur schisme. — Leur triste situation au temps actuel.

I. Qu'est-ce que les Arméniens?................ 79
II. Comment les Arméniens furent les artisans de leurs malheurs politiques....................... 101

TABLE DES MATIÈRES

III. De quelle sorte le schisme religieux consomma la ruine des Arméniens........................ 121
IV. Quelle est la situation actuelle des Arméniens?... 146

LIVRE DEUXIÈME

Les Arméniens et le Catholicisme.

I. Le Pape et les Arméniens..................... 169
II. Les Arméniens et le schisme de Tovin.......... 172
III. Les Arméniens et les envoyés du Pape dans les siècles passés............................. 176
Les Arméniens et les Dominicains............. 177
IV Les Arméniens et le Catholicisme............. 179

LIVRE TROISIÈME

Vers la fin du XIX° siècle, le Souverain Pontife Léon XIII envoie les Jésuites offrir de nouveau l'union fraternelle aux Arméniens.

I. Projet de mission........................... 197
II. Départ pour l'Arménie...................... 203
III. Amasie................................... 217
IV. Marsivan, Tokat et Sivas................... 235
V. La Cappadoce et Césarée................... 257
VI. La Cilicie et Adana....................... 279
VII. La Bithynie et la Galatie................... 309
VIII. Angora................................... 338

TABLE DES MATIÈRES 601

IX. Pourquoi les nouveaux Missionnaires semblent-ils se cantonner dans quelques centres, au lieu de se répandre partout ?......................... 346
X. Comment les Jésuites ont-ils été accueillis par les Arméniens ?........................... 355
XI. Les débuts des Missionnaires................. 370
XII. Nos écoles................................. 392
XIII. Formation des Maîtres apostoliques de Saint-Grégoire-l'Illuminateur..................... 420
XIV. Les Missions de villages..................... 430
XV. Avons-nous à craindre de rencontrer, dans les Arméniens, des hérétiques obstinés ?......... 447
XVI. L'esprit de schisme est le grand mal des Arméniens................................... 458
XVII. Qu'espérons-nous des Arméniens ?............ 484

APPENDICE

Documents historiques, etc.

I. Liste des princes arméniens de la race d'Haïg... 537
II. Première branche des rois Arsacides d'Arménie.
III. Seconde branche des rois Arsacides d'Arménie..
IV. Marzbans qui gouvernèrent l'Arménie au nom des rois de Perse........................ 539
V. Dynastie des Pagratides..................... 541
VI. Dynastie des Roupéniens et des Lusignan...... 543
VII. Patriarches d'Arménie jusqu'à la moitié du xviii° siècle................................. 547
VIII. Rit des Arméniens schismatiques............ 553
IX. Elégie lamentable sur la dévastation de la patrie

arménienne, la ruine du patriarcat, de la royauté et de la noblesse; par Stéphanos, évêque de Siounie en 1287.................. 581

X. Firman obtenu par M. de Châteauneuf, ambassadeur de France à Constantinople, en faveur des Jésuites d'Arménie...................... 593

Lyon. — Imp. Générale, Vitte et Perrussel, rue Condé. 30.

www.ingramcontent.com/pod-product-compliance
Lightning Source LLC
Chambersburg PA
CBHW060411230426
43663CB00008B/1448